世界一やさしい FXチャートの教科書1年生

鈴木拓也

ソーテック社

ご利用前に必ずお読みください

本書はFXによる外貨などの売買、投資の参考となる情報提供、技術解説を目的としています。FXによる外貨などの売買、投資の意思決定、最終判断はご自身の責任において行ってください。

本書に掲載した情報に基づいた投資結果に関しましては、著者および株式会社ソーテック社はいかなる場合においても責任は負わないものとします。

また、本書は2020年4月現在の情報をもとに作成しています。掲載されている情報につきましては、ご利用時には変更されている場合もありますので、あらかじめご了承ください。

以上の注意事項をご承諾いただいたうえで、本書をご利用願います。

Cover Design & Illustration…Yutaka Uetake

はじめに

「FXで安定して稼ぐには、何をすればいいんだろう……」

「チャート分析のやり方や、売買のタイミングが分からない……」

あなたはFXで稼ぎたいと思ったものの、こんな悩みを抱えてはいませんか？

FXで利益が出る仕組みは非常にシンプル。今後、為替相場が「上がるか」「下がるか」を予想する、たったこれだけです。

しかし、当たり前ですが勘だけを頼りに上げ・下げを予想するのは「投資ではなくギャンブル」であり、お金を減らすNG行為です。

ではどうすればいいのでしょうか？

FXで稼ぐためには相場を予想するための武器が必要です。そして、最も効果的で初心者でも扱える武器がこの本のテーマでもある**「チャート分析」**です。

本書は元メガバンク為替ディーラーの現役投資家が「FXチャート分析について基礎から実践まで体系的にまとめた入門書」です。

私は学生時代に投資を始め、メガバンク勤務時代、そして今までの投資生活を通して、ＦＸや投資に関する書籍を１００冊以上は読んできました。

また、メガバンクでは為替ディーラー業務に従事し、プロとして国内・海外で市場業務に取り組んできましたが、**ＦＸや投資をする上で絶対に欠かせないと言えるツールがチャート**です。

チャートは過去の為替レートの値動きをグラフ化したものですが、その裏には大衆心理が詰まっておりまさに情報の宝庫です。

その情報を正確に読み解くことで、上がる・下がるを当てる確率が、50％から60％、70％と上がっていきます。

また、チャート分析に加えて、新規注文から決済（利益確定・損切り）の一連の動きを資金管理術に従ってルール通りたんたんと行うことで、安定してＦＸで稼ぐことにつながっていくのです。

ＦＸはルールを守れば手堅く稼げる投資になる！

「ＦＸで億を稼ぐぞ！」「脱サラして専業トレーダーになる！」と最初は意気込んだものの、蓋を開けてみれば、思うように勝てなかったり、負け続けたりする人は多いです。

そんな初心者が勝てない理由のほとんどは、ルールを無視して誤ったトレードをしていることが原因です。

もしあなたが、明確なチャート分析や徹底した資金管理術など、何もせずに勘だけを頼りにFXをしているなら今すぐFXを止めるべきです。

本書はチャート分析1年生ということで、**FX初心者や未経験者でも読めるよう基礎から解説**していますが、「なぜこのチャート分析が機能するのか？」など、**テクニカルの背景や相場の大衆心理の部分まで幅広くカバー**しています。

是非、この書籍を何度も読み返し、FXで新たな人生を切り拓いていかれることを願っております。

元メガバンク為替ディーラー　鈴木 拓也

目次

2時限目 トレンド系チャート分析でタイミングを見極めよう

3時限目 オシレーター系チャート分析で相場の勢いを把握しよう

4時限目 MT4を使いこなしていろんな注文方法を覚えよう

6時限目 実力を高めるチャート分析演習9選

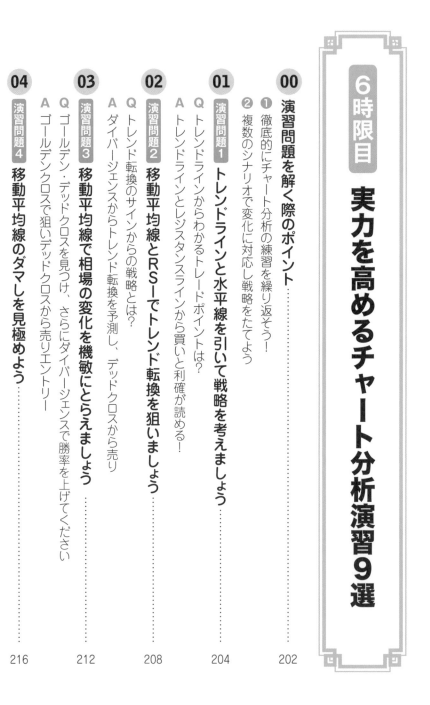

7時限目 FXの世界で稼ぎ続けるために

0時限目

FXはギャンブルではありません。投資です。

FXって危ない！
と思ってませんか？
いえいえ、違います。
ルールにしたがって
やれば安全な投資
です。

01 FXって何？ 少ない元手で大きな投資ができます

1 FXはルールを守れば手堅い投資です

皆さんは「FX」と聞いてどんなイメージを持たれるでしょうか？

書店の投資コーナーに行くと、「フリーターがFXで○億円稼いだ！」「普通の主婦が月収○○○万円稼ぐ！」といった派手なキャッチコピーが目に付き、FXはまるで一獲千金を狙える投資のような印象を持つ方もいるでしょう。

その一方で、「FXはギャンブルだ！」「FXはハイリスクハイリターンで怖い！」といった怖いイメージを持っている方もいるかもしれません。

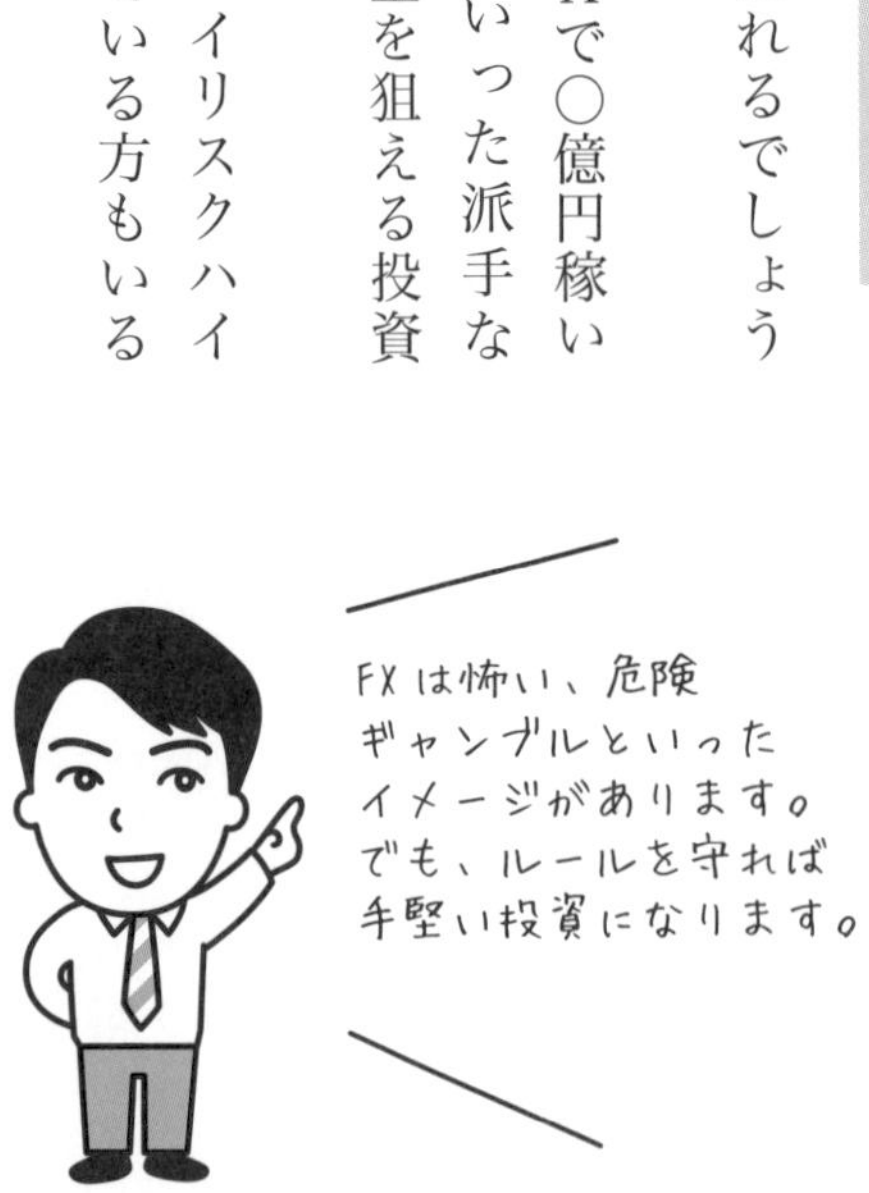
FXは怖い、危険
ギャンブルといった
イメージがあります。
でも、ルールを守れば
手堅い投資になります。

では結局、ＦＸは投資の手段としてはどうなのでしょうか？

元銀行員である私の答えは、「**ＦＸは正しくルールを守れば手堅く稼げる投資**」であるということです。

ＦＸで稼ぐにはルールがある！

もしあなたが、何の手法や根拠も持たずに勘だけで適当にＦＸをすれば、それは投資ではなくギャンブルです。

ＦＸには、**レバレッジと呼ばれる預入資金の最大25倍まで取引できる制度**があります。レバレッジとは「てこ」のことで、手元資金以上の額で取引を行うことです。

10万円を元手に１００万円の取引を行い、５万円の利益が出れば、利回り50％というてこの原理を働かせた取引ができます。

ただし、目の前の一獲千金を狙って**レバレッジを最大限きかせた25倍で取引**すれば、大きく資産を減らしてしまう危険な投資になるでしょう。闇雲なレバレッジでの取引は単にＦＸでルールを守っていない状態であり、上手くいくはずがありません。

例えば、私たちの生活で欠かせない自動車も、赤信号を無視して運転したり、速度制限を守らずにスピードを出したりすれば、

レバレッジは「てこ」の原理

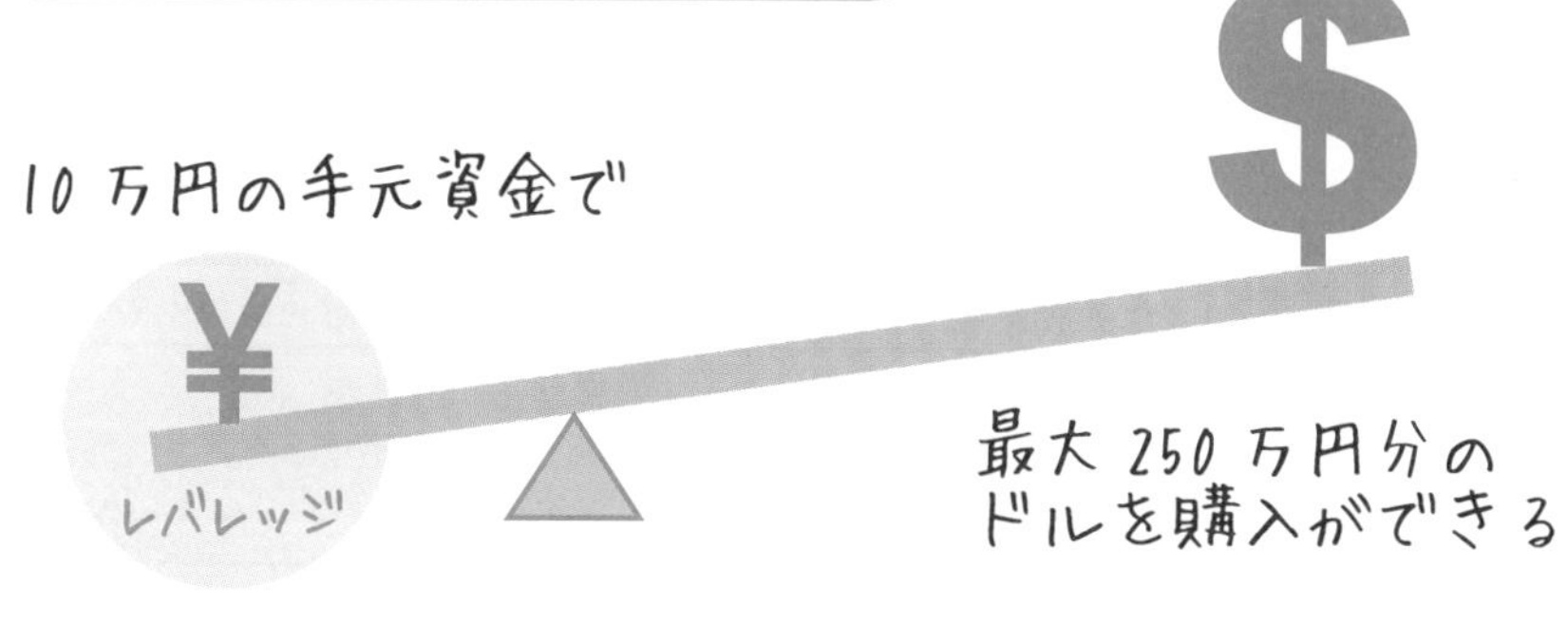
10万円の手元資金で
¥
$
レバレッジ
最大250万円分の
ドルを購入ができる

大事故の原因となり危険なものとなります。一方、しっかりと信号を守り、速度ルールを守れば、便利な乗り物になるでしょう。

これと全く同じことがＦＸにも言えるのです。

レバレッジ1倍の取引は外貨預金よりおすすめ

あとで詳しく説明しますが、ＦＸのレバレッジは自分でコントロールできます。

もし**レバレッジ1倍で取引すれば、ＦＸは銀行で取り扱っている外貨預金と全く同じ運用効果**（同じ利益や損失）になります。利益にかかる税金や預金の保護、運用のしやすさ等を考慮すれば**ＦＸが圧倒的に外貨預金よりも有利**です。

銀行が販売している外貨預金をギャンブルと考える人は少ないでしょう。円定期預金の金利が極めて低い水準になっている中、外貨預金は人気のある資産運用手段の1つになっています。

また、海外旅行に行けば誰もが米ドルやユーロへの両替を経験しますが、それらが危険と考えて海外旅行を控える人もいないでしょう。つまり、ＦＸはこんなにも私たちの身近な生活に関わっているものなのです。

● FX と外貨預金の比較

	ＦＸ	外貨預金
利益	円安、円高の両方	円安方向のみ
取引手数料	スプレッド 0.2銭前後	払い戻し時2〜50銭
レバレッジ	資金の25倍	手持ち資金のみ
差益の税	分離課税 20%	総合課税 5〜45%

2 FXで利益が出るしくみ

そもそもFXとはどんなしくみの投資でしょうか？

FXとは「**外国為替証拠金取引**」のことで、「**Foreign Exchange**」の英略のことです。

一見すると難しそうですが、**2つの国の通貨を交換する取引**のことを指します。**ドルと円といった異なる通貨の交換比率を為替レート**と言い、市場の需給でレートが刻々と変動します。

例えば、アメリカへ海外旅行に行く際に、「1米ドル＝100円」の時に1万円を両替すれば100米ドルになります。

そして、為替レートは日々変動しているので、「1米ドル＝120円」の時に持っている100米ドルを円に両替すると、1万2千円となり「2千円」増えています。

これが**FXで利益が出るしくみ**です。

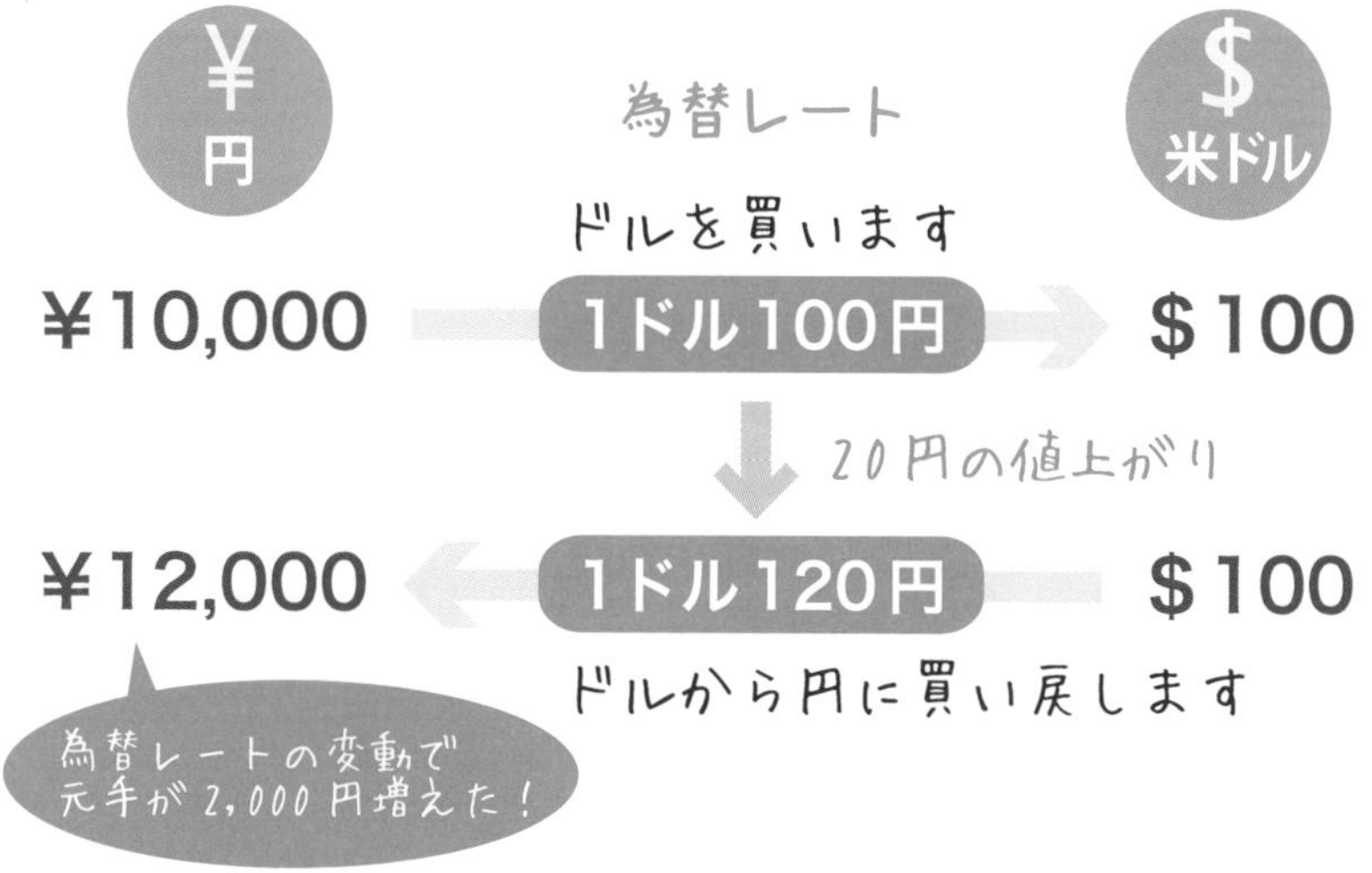

3 FXは現金でなく証拠金を元手に取引します

では、外貨預金とFXは何が違うのでしょうか？

外貨預金は実際に**円や米ドルの「現物」を取引します**。なので、銀行や空港で1万円を100米ドルへ両替すれば、実際に100米ドルを手元に受け取ることができます。

一方、FXは最初にFX会社へ**「証拠金」と呼ばれる担保**を預けて、その担保を元手に売買で発生した**「損益額」だけが口座に反映**される取引です。

例えば、米ドル円をトレードして1千円の利益が出れば、口座残高が1千円増えます。

逆に1千円の損失が出れば、口座残高が1千円減ります。

このしくみを**「差金決済取引」**と**「証拠金取引」**と言い、FXの特徴となります。なので、**直接米ドルやユーロなどを売買するわけではありません**。そのため、FXで円を売って100米ドルを買っても、銀行の両替のようにFX会社から米ドルを引き出すことはできないのです。

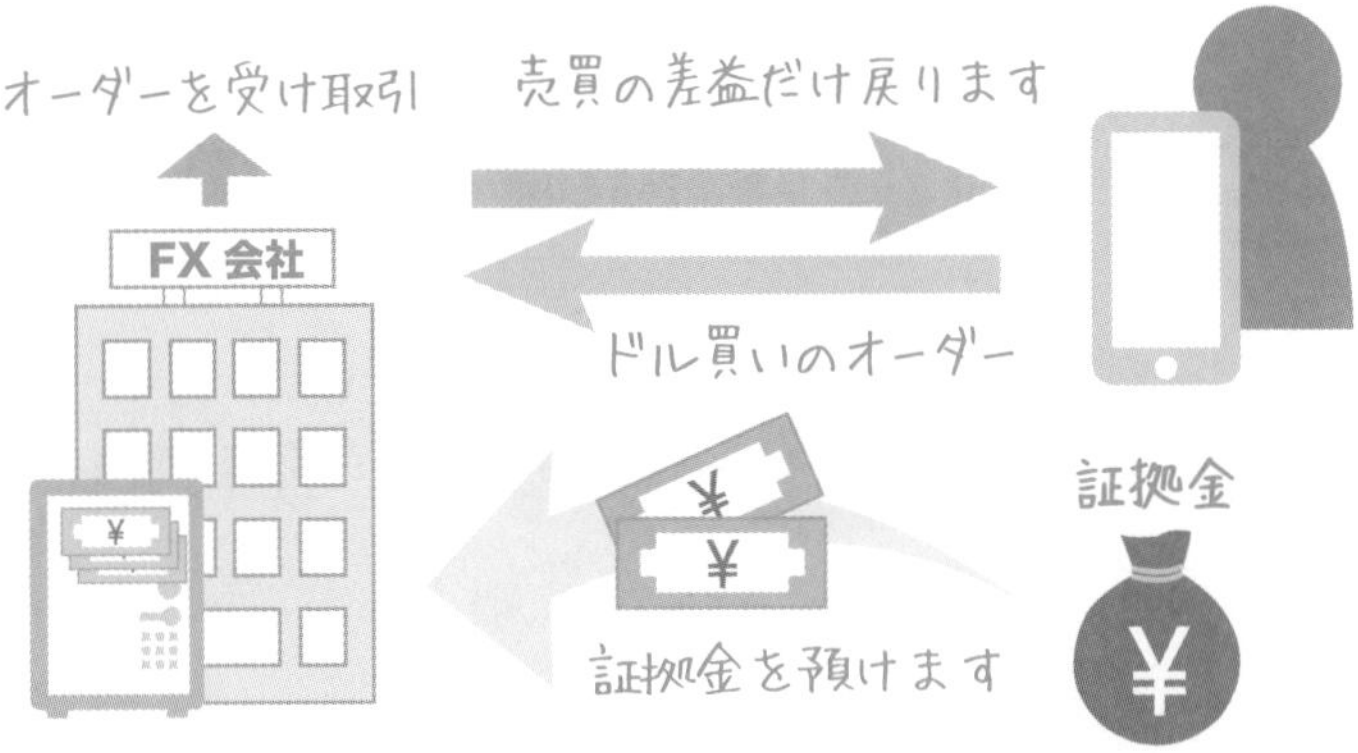

4 FXで利益が出るしくみは極めてシンプル

ＦＸが現物を売買しない**差金決済取引**と**証拠金取引**であるため、ＦＸでは、次のような取引ができます。

通貨を買っていないのに「売り」から取引ができます
円の証拠金で、円を含まない通貨ペアを取引できます

ＦＸでは「米ドルを売る」「円を買う」「ユーロを買う」など、**多数の通貨や買い・売りの選択肢**があり多少複雑です。

ＦＸの取引のしくみがよくわからない方のために、極めてシンプルに理解する方法を教えましょう！

安く買って高く売る
高く売って安く買う

たったこれだけです。

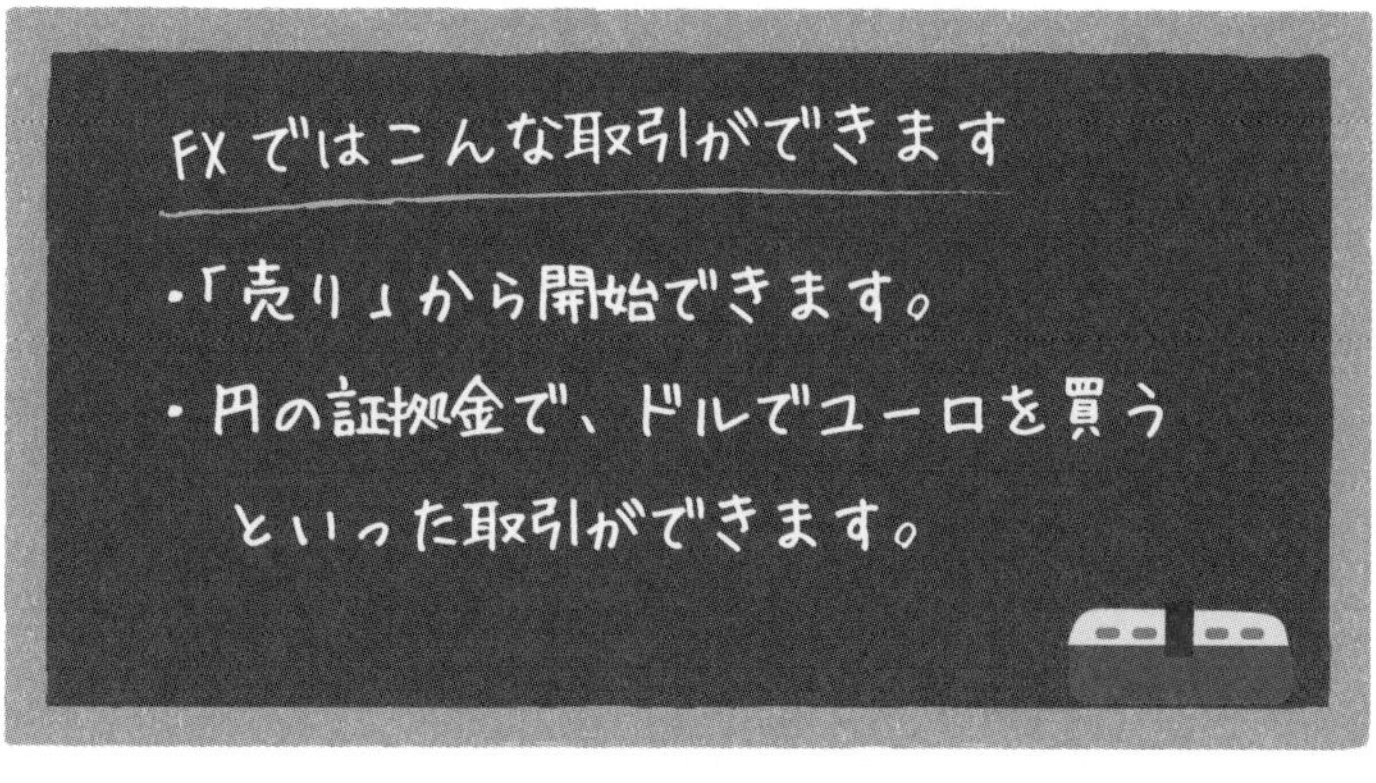
FXではこんな取引ができます
・「売り」から開始できます。
・円の証拠金で、ドルでユーロを買う
といった取引ができます。

為替レートを1つのモノの値段だと最初は考えてください。
例えば、米ドル円の場合、

99円で買って（米ドル買い・円売り）
↓
101円で売りの決済（米ドル売り・円買い）

をすれば、
1米ドルを取引した時は**2円の利益**になります。
99円でモノを買って101円で売れば、差額の2円が利益になるのと同じです。
FXでは売りからも入れるので、

101円で売って（米ドル売り・円買い）
↓
100円で買い決済（米ドル買い・円売り）

をすれば、1円の利益となります。

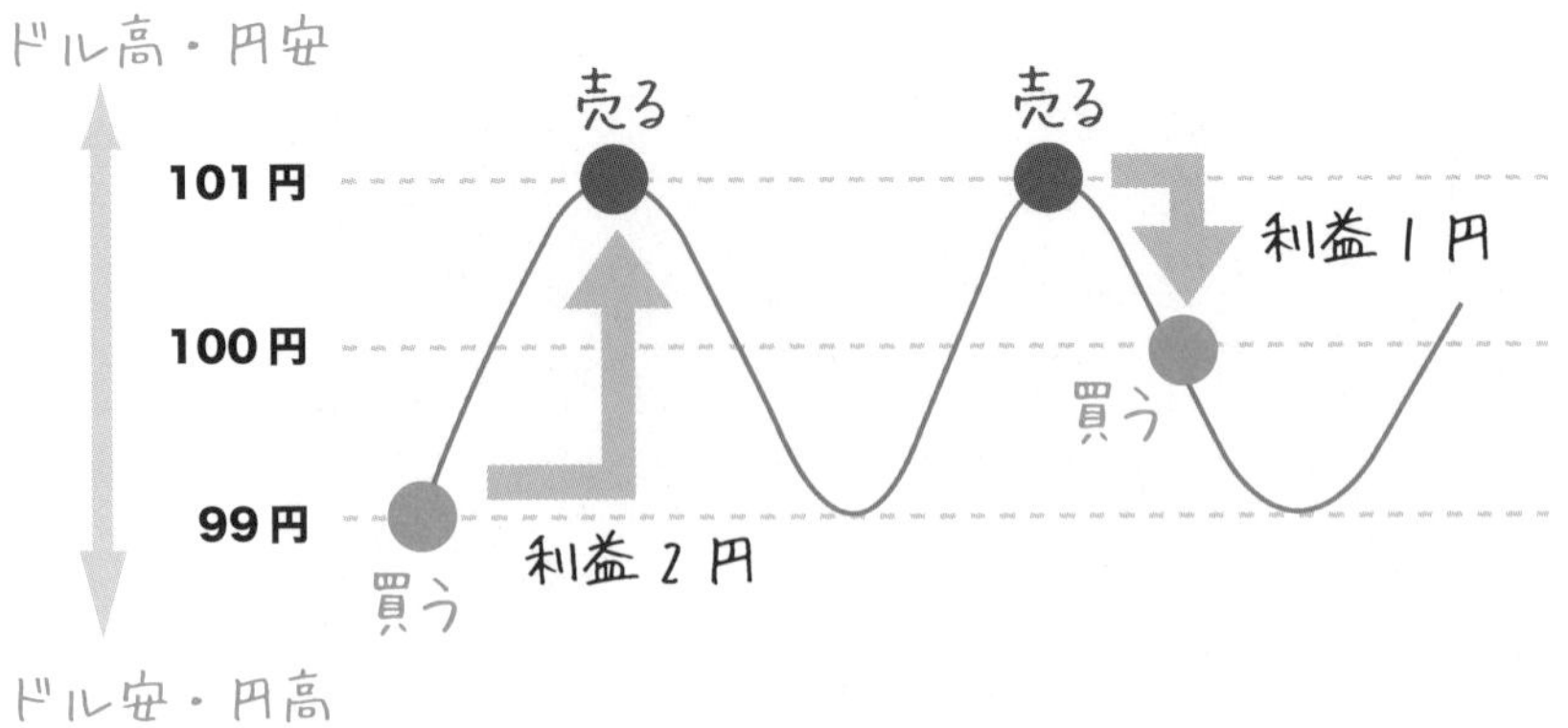

5 レバレッジを正しく理解しよう

ＦＸ＝ギャンブルと考える人の中には、

「ＦＸはレバレッジが25倍だから危ない！」

と考えている人も多いようです。これはレバレッジについて完全に誤解しており、誤った解釈と言えます。

レバレッジとは、ＦＸ会社に預けた証拠金の最大25倍まで取引できる法律で定められたしくみのことです。

例えば、10万円を証拠金としてＦＸ会社に預ければ、最大２５０万円分の通貨の売買ができます。ただ、**最大の２５０万円で必ずしも取引する必要はありません。**自動車の運転で、常に最高速度で運転する必要がないのと同じで、ＦＸも**レバレッジは自分で自由にコントロールすることができます。**

レバレッジはロットでコントロールできる！

では、レバレッジはどのように管理するのでしょうか。

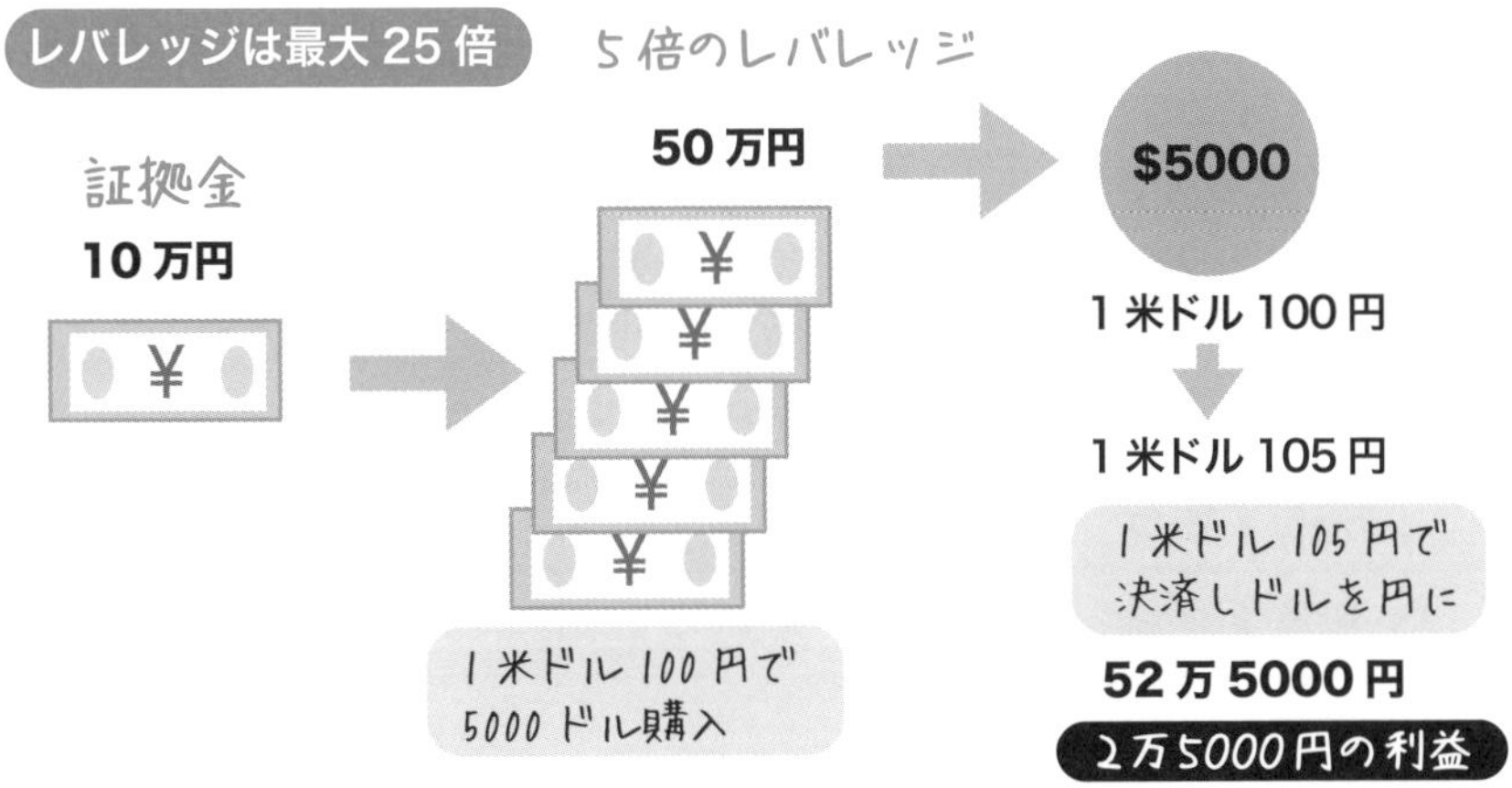

レバレッジは自分で、2倍・3倍とレバレッジ自体を設定したり変更したりするわけではありません。レバレッジは、**取引数量であるロット数を決めることでコントロール**できます。

ロット（lot）とは通貨の最低取引単位のことで、FX会社によって異なります。

1ロット＝1千通貨（小額取引可能）
1ロット＝1万通貨（資金豊富な方向け）
1ロット＝10万通貨（海外のFX会社に多い）

ちなみに、「通貨」とは、通貨ペアの先頭の通貨を指します。

例えば、
米ドル円を1ロット取引する
とは、1ロット＝1千通貨の場合
1千通貨＝1千米ドル取引する
ことを指します。1ドル110円なら11万円です。

ユーロ円を1ロット取引するとは、1千通貨＝1千ユーロ取引することを意味します。

● FX会社によって1ロットの数量が異なる

1ロットの数量	1米ドル110円のとき	最低必要証拠金※
1000通貨単位	11万円	4400円
1万通貨単位	110万円	4万4000円
10万通貨単位	1100万円	44万円

※25倍（×4％）の場合

そして、ＦＸではこのロットごとに取引量を調節できるので、１ロット、２ロットとロット単位で変更していきます。１万通貨単位の会社でも0.1ロットなどコンマを付けてロット指定できる場合もあります。

レバレッジの計算式

ここで、レバレッジはどのように計算できるのでしょうか。
レバレッジの計算式は

円換算の取引金額 ÷ 証拠金

で計算できます。
例えば、

10万円の証拠金で100万円分の取引 ⬇ レバレッジ10倍
10万円の証拠金で200万円分の取引 ⬇ レバレッジ20倍

です。
では、「**円換算の取引金額**」はどのように計算すればいいのでしょうか。

ＦＸのレバレッジは
25倍まで取引できます。
ただし！
レバレッジは自分で
コントロールしつつ
取引しましょう！

これは、通貨数量に米ドル円またはユーロ円などの円を含む通貨ペアの為替レートを掛ければ計算できます。
例えば、1米ドル＝100円の時、
1ロット＝1千米ドルの取引は円の金額にすると

1千米ドル × 100円 ＝ 10万円

となります。
1ユーロ＝120円の時、
1ロット＝1千ユーロを円に換算すると、

1千ユーロ × 120円 ＝ 12万円

です。
最初は慣れないかもしれませんが、何度も読んでイメージをつかんでいきましょう。
レバレッジの計算方法のステップをまとめると、次のような流れになります。

レバレッジの求め方

①ロット数を決める

例：1ロット ＝1000米ドルの時、10ロット取引

②円に換算した取引金額を求める

例：1米ドル ＝100円の時、
10ロット（1万米ドル）× 100円 ＝100万円

③円換算の取引金額を証拠金で割る

例：100万円 ÷ 証拠金10万円 ＝ レバレッジ10倍

例：100万円 ÷ 証拠金20万円 ＝ レバレッジ5倍

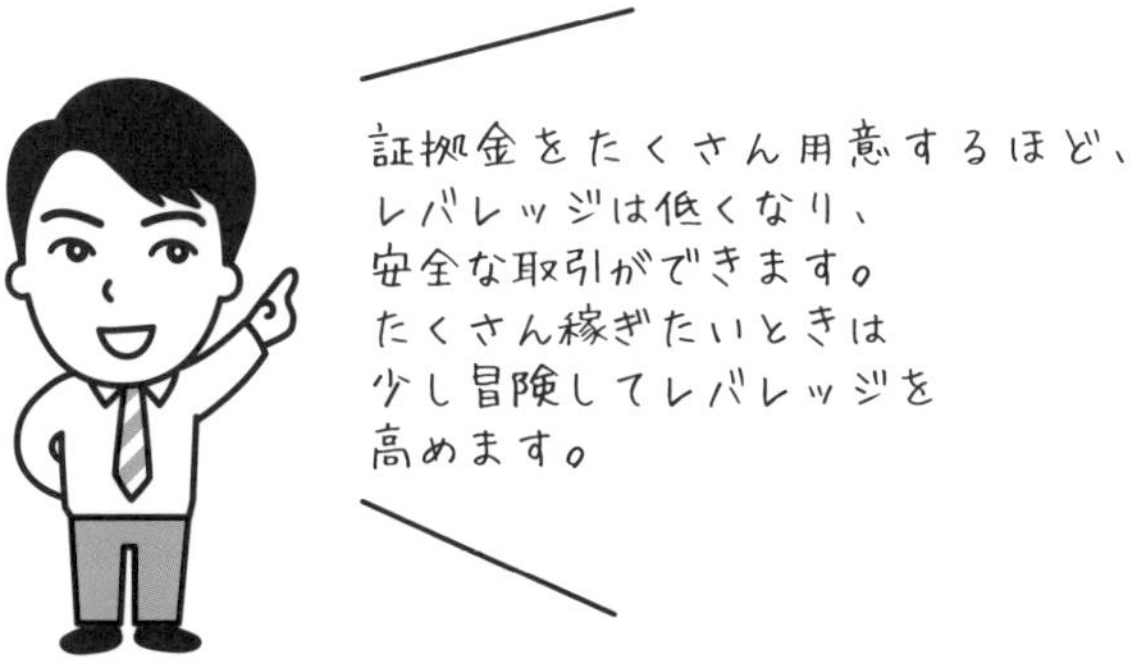
証拠金をたくさん用意するほど、
レバレッジは低くなり、
安全な取引ができます。
たくさん稼ぎたいときは
少し冒険してレバレッジを
高めます。

02 FXのメリット・デメリットを知っておこう！

1 24時間いつでも取引できます

　ＦＸは土日を除けば**ほぼ24時間毎日取引ができます**。ＦＸ会社の営業時間によっても異なりますが、一般的に月曜７時から土曜７時（米国夏時間の場合は土曜６時）まで取引が可能であり、日本の祝日も関係ありません。

　これは、外国為替取引は日本だけではなく、**世界中の市場で取引**されているためです。東京市場の取引が終わる頃には欧州のロンドン市場で取引が活発になり、その後はニューヨーク市場、オセアニアのシドニー市場と移り、再び東京市場がスタートするといった流れです。

FXは平日24時間
やっているので、
生活スタイルに合わせて
取引することができます！
仕事に影響が出ないよう
ゆとりをもってできますね。

ちなみに「〇〇市場」とは、その時間帯に取引量が多い場所を意味しており、**各市場の時間が明確に決まっているわけではありません**。そして、東京に住んでいても、ロンドンやニューヨークの時間に取引ができます。

世界の市場が開いている時間帯によっても通貨ごとに動き方の特徴もあります。

株であれば平日9時から15時までしか取引はできません。

一方、ＦＸであれば日中忙しい主婦や会社員の方も出社前、帰宅後に取引することができるので、それぞれの**ライフスタイルに合わせて取り組むことができます**。

ＦＸ会社で少し異なる営業時間

ＦＸの**取引可能時間はＦＸ会社によって若干異なります**。月曜7時開始のところがほとんどですが、7時5分、7時10分開始の会社もあります。

終了時間は土曜の午前6時、6時30分、6時50分と会社によって差があります。

● 外国為替市場の取引時間

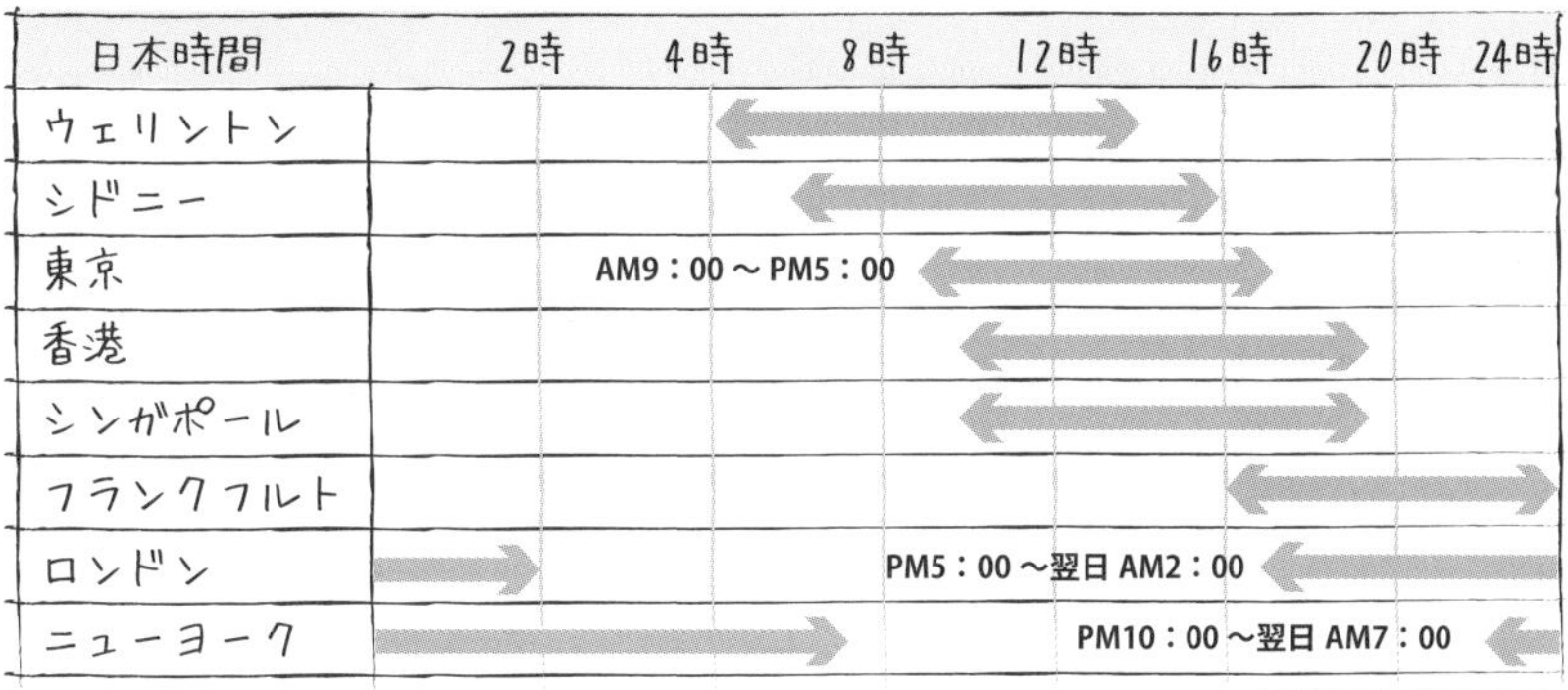

＊時間は夏時間で表示

2 スワップポイントという金利がつきます

外貨預金では利息を受け取ることができますが、FXにも「**スワップポイント**」というしくみがあります。

スワップポイントとは**2国間の金利差から発生する利息**のことで、高金利通貨買い／低金利通貨売りの建玉《たてぎょく》を保有することで受け取ることができます。

スワップポイントは建玉を保有した翌日から、建玉を解消するまで**営業日ごとに発生**します。「ポイント」と付いていますが、実際に口座残高に反映される利息の利益です。

例えば、高金利通貨として有名な**トルコリラ買い／円売り**の建玉を保有すると、その金利差に応じたスワップポイントが発生します。その他にも、メキシコペソ、南アフリカランド、米ドル、豪ドルなどが**スワップポイント狙いの通貨**として挙げられ、短期売買と並んでFXの長期運用手段として人気です。

ただし、高金利通貨売り／低金利通貨買いの建玉を保有すると、今度は逆に**スワップポイントを支払う**必要があります。

● トルコリラを買った場合のスワップポイント

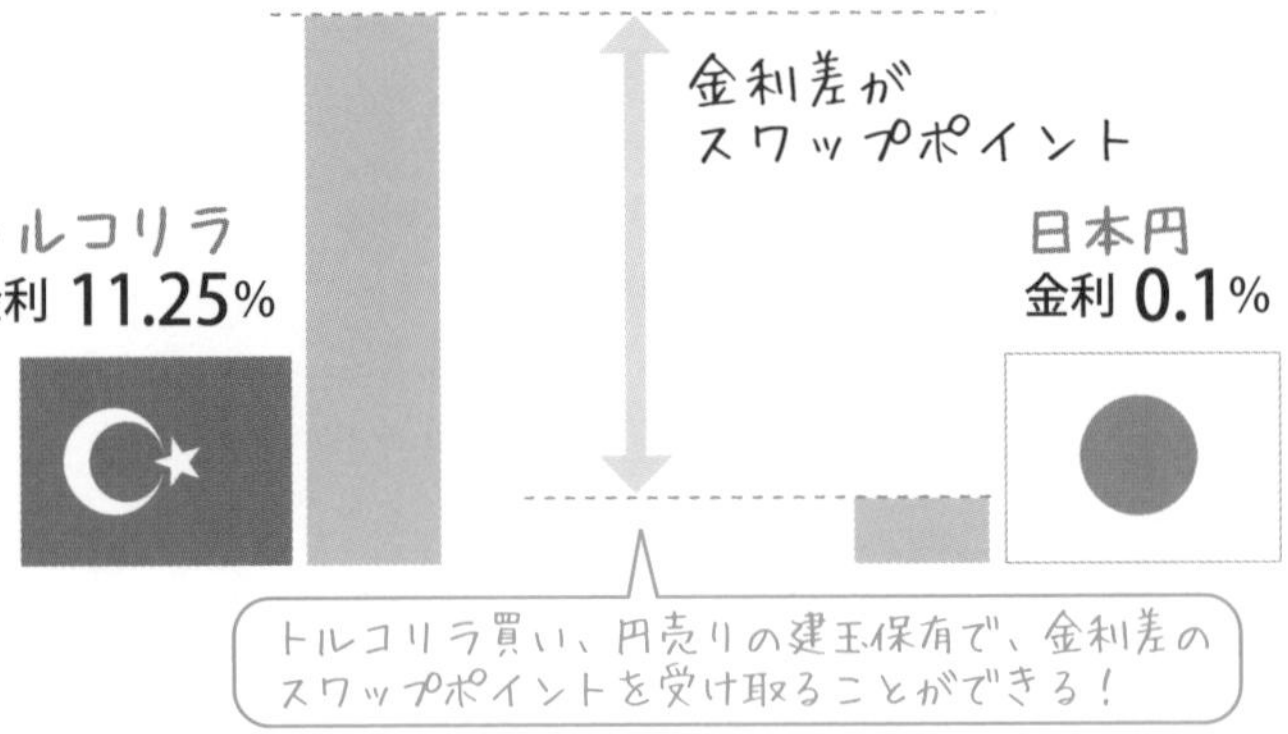
金利差が
スワップポイント
トルコリラ
金利 11.25%
日本円
金利 0.1%
トルコリラ買い、円売りの建玉保有で、金利差のスワップポイントを受け取ることができる！

3 インサイダー取引がない

ＦＸには**「インサイダー取引」がなく、**極めて公平性・健全性が高い投資であると言えます。

インサイダー取引とは、一般の投資家には知り得ない内部情報などを入手し、その**情報が公に伝わる前に先回りで投資をして利益を得る行為**です。株式投資では証券取引法によって厳しく規制されていますが、残念ながら例年逮捕者も出るなど、完全にインサイダー取引がないとは言い切れません。

上場企業だけで数千社を超え、その関係者となれば更に人数は増えるので、情報を完全に遮断するのは難しいのです。実際に、インサイダーまではいかないまでも、投資家によって情報の格差は現実に存在するでしょう。

一方、ＦＸ、つまり外国為替市場は世界中の投資家・実需企業により取引されており、**株式市場と比べて取引規模が、けた違いに大きい**ので、一部の情報で簡単に為替相場が動くことはありません。

また、相場に影響を与える経済指標や金融政策の決定も、当局の方で厳密に管理されているので、投資家が先回りして稼ぐなど不可能に近いと言えます。

全世界を相手にするＦＸは
市場規模が圧倒的に大きいので、
インサイダー取引は
ほぼありません。
一部の情報で為替レートが影響を
受けるようなことはないのです！

4 ＦＸ会社がつぶれても証拠金は全額保護されます

ＦＸ会社が万が一破産した場合、投資家が預けている証拠金はどうなるでしょうか？　結論から言えば、国内ＦＸ会社は顧客資産を別管理することが法令で義務付けられており、仮にＦＸ会社が破産したとしても、**資産は全額返還されます**。

ちなみに、銀行の普通預金や定期預金の場合、円の預金であれば預金保護の対象となり、元本1千万円までは保証されます。しかし、外貨預金は預金保護の対象外なので、万が一金融機関が破綻した場合、運用資金が戻ってこないリスクがあります。

よって、ＦＸは預金保護の観点からも、**外貨預金よりも安心できる投資**と言えます。

ちなみに、海外ＦＸ会社で金融庁に登録していない業者は、国内の法令に従う必要はなく、顧客資産の別管理義務はないので、出金できないなどのトラブルには注意しましょう。

ＦＸの会社がつぶれても
預けた証拠金は全額保護されます。
証拠金は信託会社に
区分管理されているので

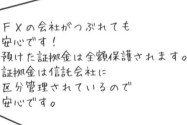

● FXの預託証拠金はFX会社の破綻でも返還されます

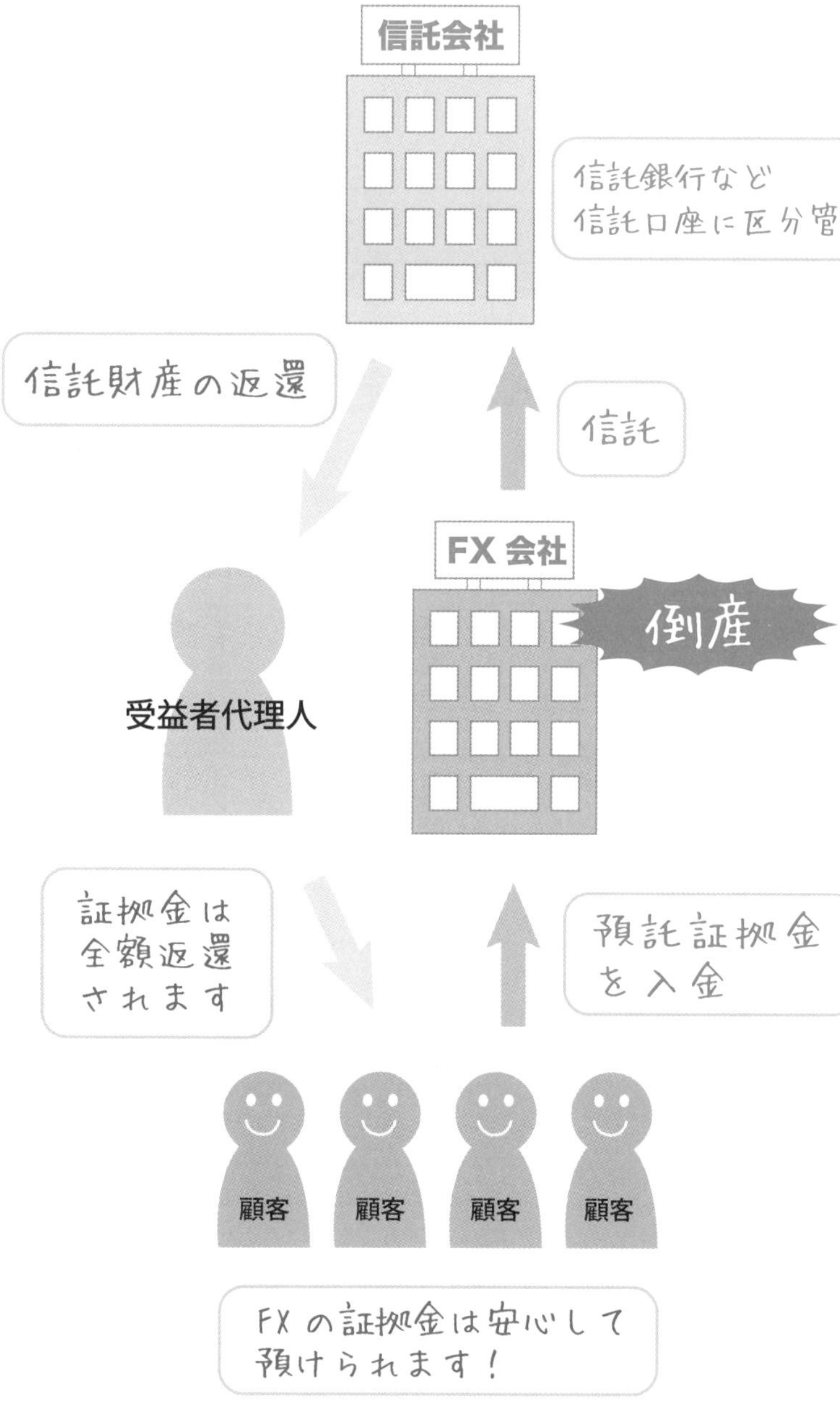

5 レバレッジは諸刃の剣になります

　ＦＸのメリットは多数ありますが、一方で注意しなければならない**デメリットもあります**。

　まず、**「レバレッジ」は正しく管理しないと大けがをするリスクがある**ことです。

　レバレッジを1倍から2倍、3倍と高めると、その分手にする利益も2倍、3倍と大きくなっていきます。一方で、相場が反対の方向に動いた場合、損失も2倍、3倍と当然大きくなります。

　つまり、**レバレッジを効かすほど、ハイリスク・ハイリターンの投資**になるということです。

　為替は株式よりも値動きは緩やかなので、**値動きだけを見れば株の方がハイリスク**と言えます。

　株であれば、1日で株価が20％以上動く銘柄は多数ありますし、1年で価格が10倍になったり、逆に半分になったりすることはざらにあります。

　一方、為替が1日で20％も動くことは極めて稀ですし、実体経済とも密接に関係する先進国通貨（例えば米ドル円）が、1年で2倍になったり、半分になったりすることはほぼないと言えるでしょう。

　ただし、ＦＸでレバレッジを掛けた場合は話が別です。例えば、**レバレッジを20倍掛ける**と、単純計算で**1％の値動きが20％の値動きと同等**になります。仮に為替が1年で5％動いた場合は、レバレッジ20倍であれば１００％の値動きと同等になるので、損をする方向に動けば、証拠金がすぐにゼロになります（※実際は、その前に損を確定する**ロスカット**が発動します）。

6 24時間、急激な為替変動リスクにさらされる

24時間いつでも取引ができるFXですが、逆に言えば、**寝ている間も常に為替相場の変動リスクにさらされています**。寝る前に取引を行い朝起きたら大きな含み損が出ていた、なんてこともあります。

また、世界中の投資家が注目する**米国の経済指標は夜9時～0時の間に発表**されることが多く、米国の金融政策決定会合である**FOMCは、深夜の3時～4時頃に開催**されます。

例えば重要な経済・金融イベントがある時には取引を控え、**寝る前には損失を限定させる損切り注文を必ず置く**などの対応が必要です。

また、FXは投資である以上、「絶対儲かる」「100%損をしない」なんてことはありません。

投資の世界に「何もせず楽に儲かる」なんておいしい話はほぼ偽物や詐欺なので、お金を減らすリスクを取って増やす投資であることは肝に銘じておきましょう。

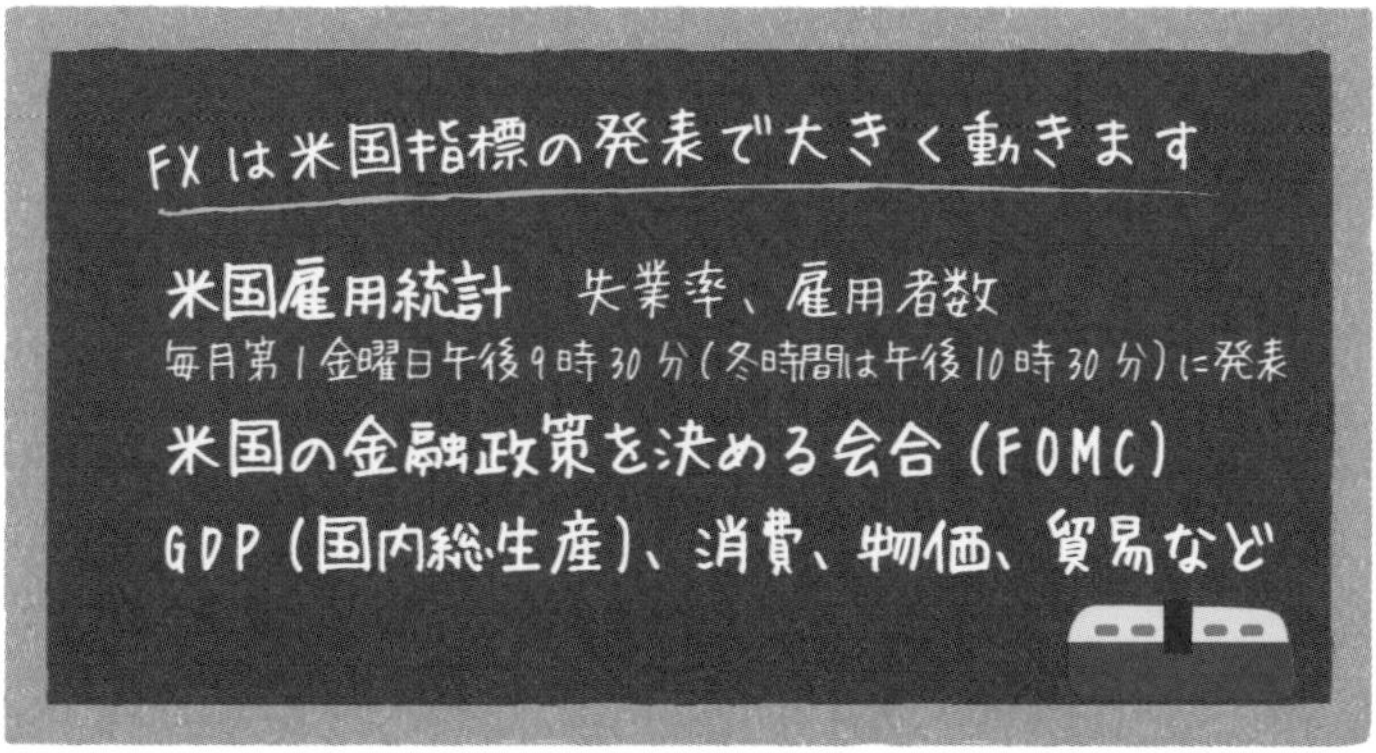
FXは米国指標の発表で大きく動きます
米国雇用統計　失業率、雇用者数
毎月第1金曜日午後9時30分（冬時間は午後10時30分）に発表
米国の金融政策を決める会合（FOMC）
GDP（国内総生産）、消費、物価、貿易など

03 ４つのトレードスタイル どれが良い？

1 ＦＸには４つのトレードスタイルがある

ＦＸには1回の取引（新規注文から決済まで）にかかる時間によって、大きく４つのトレードスタイルがあります。

1回の取引が数秒から数分と非常に短い時間で売買を繰り返し、小さな利益を積み重ねていくスタイルが**スキャルピング**です。

スキャルピングよりも長くポジションを持ち、1日の間で売買を完結させるのが**デイトレード**です。

そして、数日から数週間で完結させるのが**スイングトレード**、それ以上ポジションを保有するのが**長期トレード**となります。。

● ４つのトレードスタイルを比較

トレードスタイル	トレード時間の目安	必要資金
スキャルピング	数秒～数分	少
デイトレード	数時間～1日	少～中
スイングトレード	数日～数週間	中～大
長期トレード	数カ月以上	大

2 初心者におすすめはデイトレードかスイングトレード

では、この4つのトレードスタイルでどれが稼ぎやすくおすすめなのでしょうか？ 結論から言えば、FX初心者は**デイトレードかスイングトレードがおすすめ**です。

デイトレードは上手に運用すれば早く資産を増やせます

デイトレードは**取引回数も多く、資金効率が良い**ので上手に運用すれば**少額からでも資金を早く増やす**ことができます。また、その日の間に取引を完結させるので、寝ている間に相場が大きく動いた時に含み損を抱える心配もありません。

スイングトレードは多忙な方におすすめ

スイングトレードはデイトレードよりもゆったりトレードができ、**常に相場を見る必要がありません**。また、一度トレンドに乗ってしまえば、大きな利益を狙うことができるので、**忙しい会社員や主婦の方にもおすすめのスタイル**です。

一日で取引を終わらせるデイトレ。
もっとゆっくりトレードしたい方向けのスイングトレード。
このあたりがおすすめです！

スキャルピングは全然おすすめできない！

では、デイトレードよりも更に短期で売買を繰り返すスキャルピングはどうでしょうか？

結論から言えば、スキャルピングは４つのトレードスタイルの中で**最も難易度が高く**、全くおすすめできません。

すき間時間を使ってサクッと稼げるイメージがあり、スキャルピングに挑戦する方も増えています。また、高頻度で売買を繰り返し、大きな利益を得られるスキャルピングに一獲千金のイメージを持たれている方も多いでしょう。

しかし、この考えはただの幻想であり、スキャルピングは若くて瞬発力・体力もあり、天性の才能に恵まれた一部の億トレーダーを除いて、**最も過酷なスタイル**と言えます。

ひと昔前であれば、スキャルピングは初心者でも取り組めるスタイルであったかもしれません。

しかし、現在は**超短期売買**の分野にてヘッジファンドなどを中心に、**アルゴリズムトレード**の自動売買が暴れています。

また、ＡＩの進歩もあり、超短期売買の領域は人間に取って

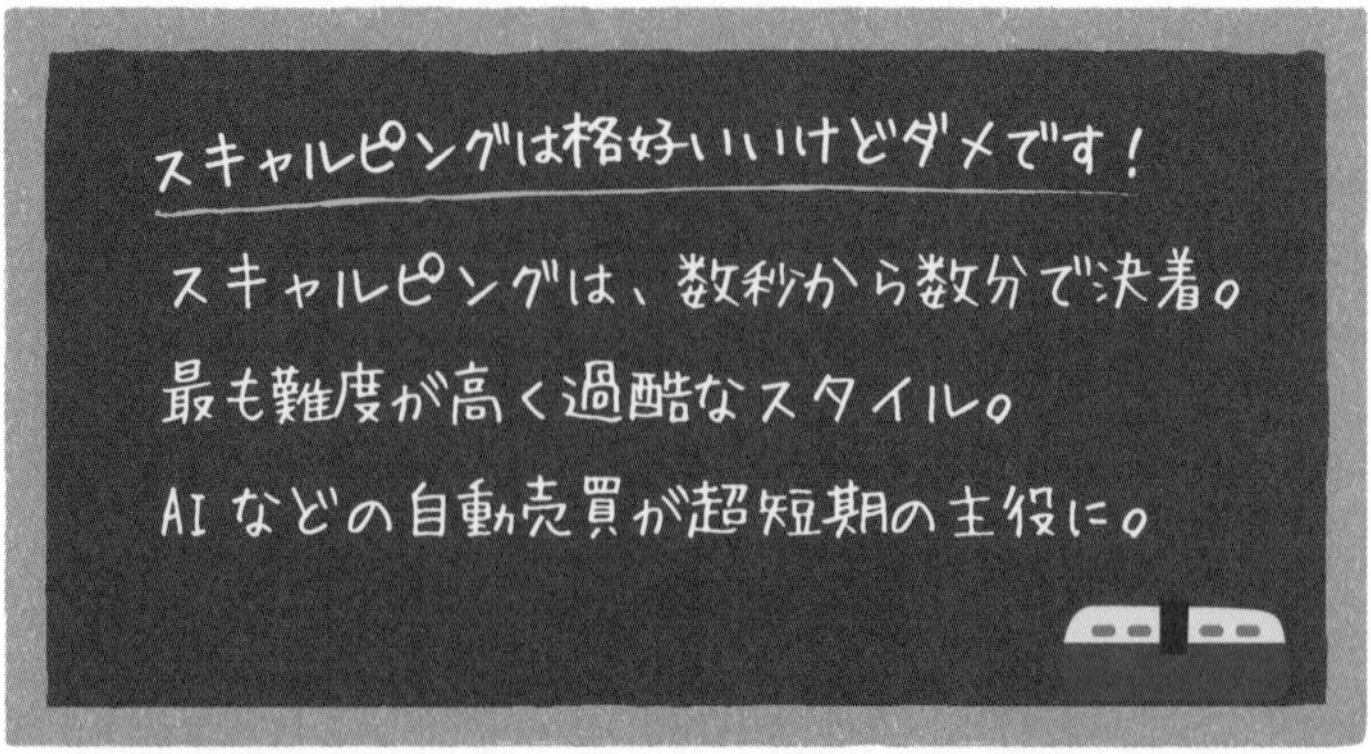
スキャルピングは格好いいけどダメです！
スキャルピングは、数秒から数分で決着。
最も難度が高く過酷なスタイル。
AIなどの自動売買が超短期の主役に。

代わり、**自動売買が主役に**なっていくでしょう。

そんな24時間自動で売買し、疲れ知らずのプログラム相手に、生身の人間がスキャルピングで勝負するのは、はっきり言って分が悪すぎます。

また、1時限目で説明しますが、取引回数が増えれば増えるほど**取引コストもかさみ、無駄なトレードも増える**のでいいことはありません。

秒速のスキャルピングは
最も難易度の高い取引です！
取引回数が増えるので、
取引コストもかさみます。
あまりおすすめできません！

04 相場分析の道具をどう使う？ テクニカル分析とファンダメンタルズ分析

1 テクニカル分析とファンダメンタルズ分析とは

為替相場の今後の上げ下げを分析する方法には、「**テクニカル分析**」と「**ファンダメンタルズ分析**」があります。

テクニカル分析
過去の値動きを示したチャート分析により将来の値動きを予想

ファンダメンタルズ分析
経済の状態や金融政策の動向が為替相場に与える影響を予想

それでは、ＦＸで稼ぐには、テクニカルとファンダメンタルズの

為替レートの分析方法には
過去のチャートの動きから予想
するテクニカル分析と、
経済・金融動向から予想する
ファンダメンタルズ分析が
あります！

どちらが有効なのでしょうか？

結論から言えば、予測の精度を上げるには**両方を分析するべき**で、特にテクニカル分析は**売買のタイミング**を計るのに役立ち、ファンダメンタルズ分析は**大きな相場の方向性**を予想するのに役立ちます。

2 個人投資家はテクニカル分析をメインに使うべし！

プロ投資家はファンダメンタルズを重視

私はメガバンクの市場部門に所属していましたが、金融のプロが投資判断を下すうえで重要視するのはファンダメンタルズ分析と言えます。

テクニカル的な数理計算の手法を得意とする投資家を除いて、巨額の資金を動かす**機関投資家やヘッジファンドの多くは、ファンダメンタルズを分析して資金を投じ**、それによって相場に大きなトレンドが発生するのです。

個人投資家はチャート分析で勝負する

それでは、私たち個人投資家も機関投資家と同じようにファンダメンタルズ分析をしてＦＸをすべきなのでしょうか？

残念ながら、多数の優秀なトレーダーを擁し、瞬時に世界中の情報を入手できる機関投資家に対して、**個人投資家は情報収集力や分析力で圧倒的に不利**な立場なので、ファンダメンタルズ分析で勝負するのは難しいと言えます。

それでは個人はＦＸでプロに全く勝てないのでしょうか？

唯一、**個人がＦＸで稼ぐ方法は、チャートを分析すること**です。相場の大きな流れは説明した通りファンダメンタルズで決まりますが、チャートは投資家心理をそのまま反映するものであり、「どこで相場が反転するか」「この後どう動くか」などをまさに予知することができるのです。

更に言うと、機関投資家は投資額が数百〜数千億円にも上るので、簡単には売買ができません。投資する際にも、ファンダメンタルズなどのあらゆる情報を分析し、慎重に投資します。

一方、テクニカル分析ではより早く相場の変化を察知できます。小回りが効くチャート分析により、プロをも凌ぐ成績を上げている個人億トレーダーはゴロゴロいます。

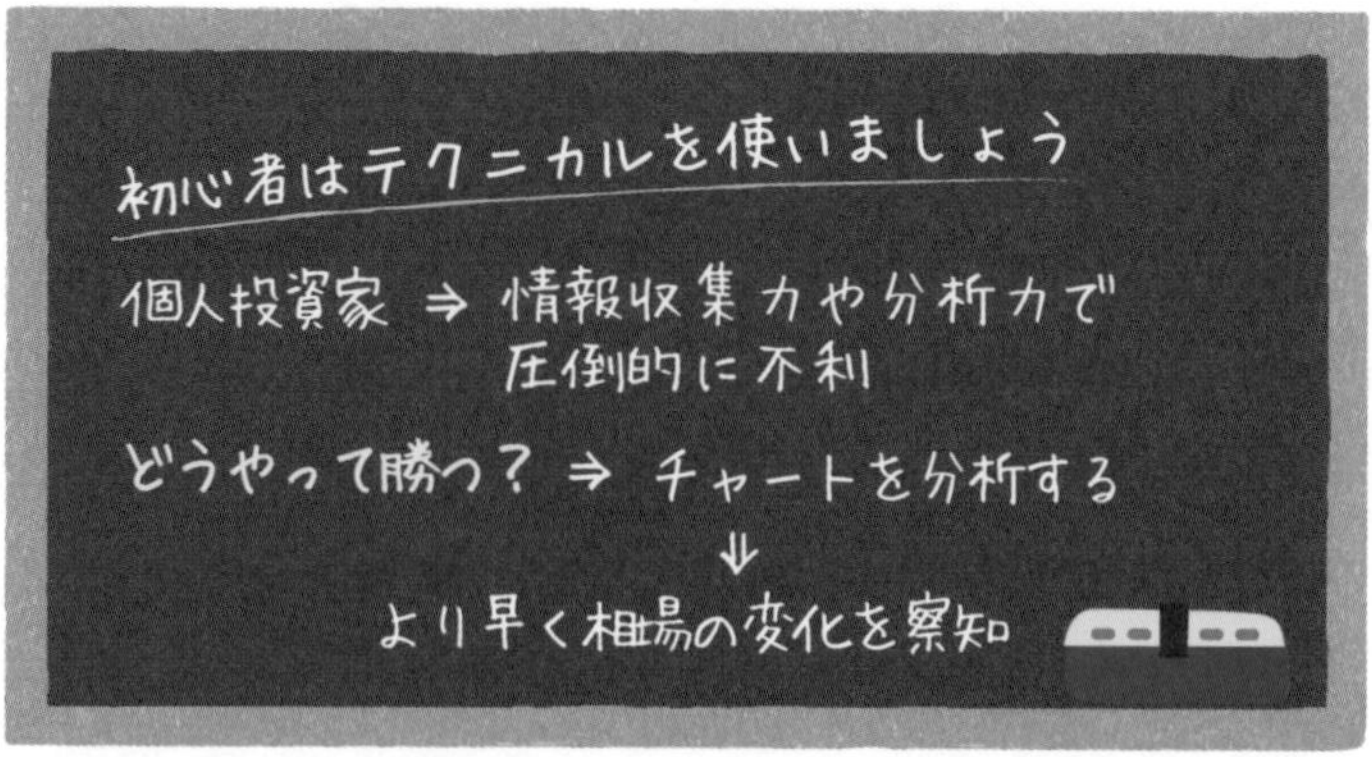
初心者はテクニカルを使いましょう
個人投資家 ⇒ 情報収集力や分析力で
圧倒的に不利
どうやって勝つ？ ⇒ チャートを分析する
⇓
より早く相場の変化を察知

テクニカル分析とファンダメンタルズ分析

テクニカル分析	ファンダメンタルズ分析
過去の値動きを示したチャート分析により将来の値動きを予想	経済の状態や金融政策の動向が為替相場に与える影響を予想
個人投資家は情報収集力や分析力で圧倒的に不利 よってテクニカルを重視すべし	機関投資家やヘッジファンドの多くは、ファンダメンタルズを重視
トレンド系 相場の流れ（トレンド）を把握するための分析手法 指標 ・移動平均線 ・ボリンジャーバンド ・一目均衡表 **オシレーター系** 相場の過熱感（売られすぎ・買われすぎ）を把握するための分析手法 オシレーターとは振り子の意 指標 ・RSI ・MACD（マックディー） ・ストキャスティクス ・RCI ・DMI（方向性指数）・ADX	**統計** ・GDP（国内総生産） ・雇用系指標（失業率や新規雇用者数など） ・物価指数 ・消費系指標 ・国際収支・貿易 ・企業の生産活動 ・その国の景気や政策 ・金利政策 **具体的指標** ・米FOMC金融政策会合 ・米雇用統計 ・GDP（国内総生産） ・日銀金融政策決定会合 ・欧州中央銀行（ECB）政策金利発表

05 過去の値動きで未来が予想できるチャート分析

1 チャートに反映される投資家の心理

そもそも為替レートはどうして上下するのでしょうか？
これは経済学でモノの価格が変動するメカニズムと同じで、

買いたい人が売りたい人よりも多ければ上昇
売りたい人が買いたい人よりも多ければ下落

という**需給バランスによる**ものです。
チャートは買いたい人と売りたい人の過去の攻防の結果、決まったレートを時間軸に沿ってグラフ化したものです。

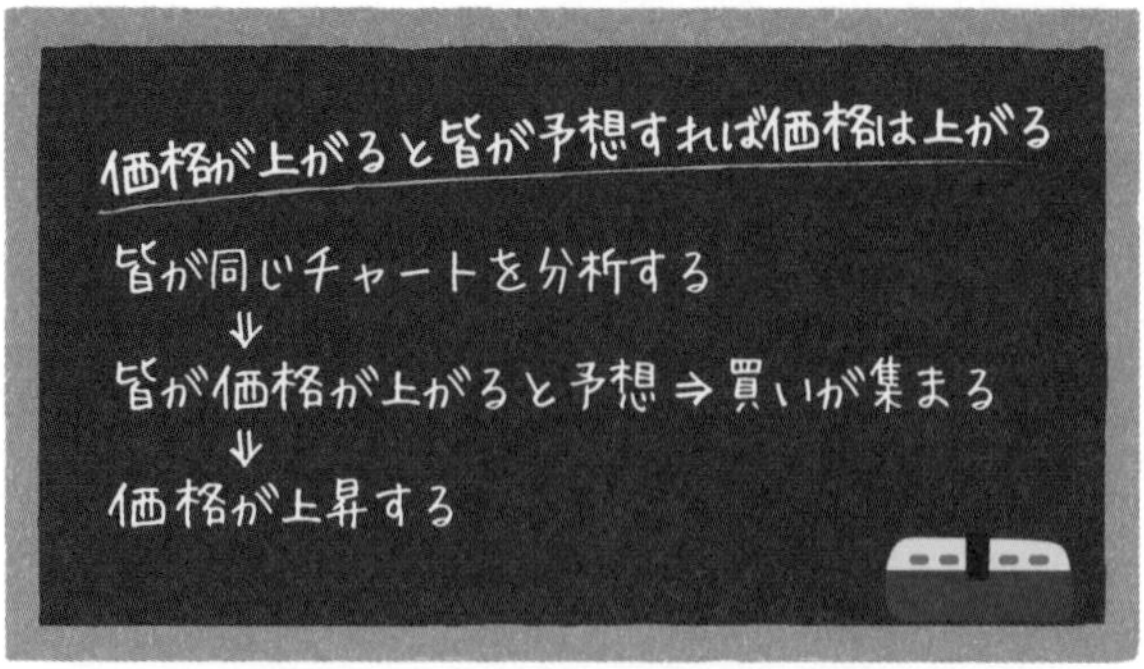
価格が上がると皆が予想すれば価格は上がる
皆が同じチャートを分析する
⇓
皆が価格が上がると予想 ⇒ 買いが集まる
⇓
価格が上昇する

そこから「どの水準でどんな攻防が過去に起きたか」「今は買いと売りのどちらが優勢か」「今後ふたたび攻防が起きそうな水準はどこか」などを読み解くことができるのです。

2 高度な分析をするほど勝てません

そんな投資家心理が刻まれているチャートですが、「必ず勝てる聖杯や秘密の高度な手法が何かあるはずだ！」と意気込む投資家があとを絶ちません。

正直に言ってしまうと、**ＦＸは高度な分析をすればするほど、勝てません。**

そもそも、チャート分析がどうして機能するのか？　それは**チャートには大衆心理が反映され**ていることに加えて、その他**大勢の投資家が同じようなチャート分析をしている**からこそ機能するのです。

ある水準を突破したり、あるサインが完成したりしたら上昇するだろうと考える投資家が多数いるからこそ、買いが集まり相場が加速して上昇するのです。

また、チャートを見て損切り注文が多く集まる箇所を予想し、大衆の裏をかくことで利益を得られるのです。

では、高度にカスタマイズされた誰も使っていないインジケーターこそ、秘密の手法になるのでしょうか？　それこそ、大衆心理とはかけ離れた、ただの自己満足のインジケーターになってしまうリスクの方が高く、難しく考えすぎて結局勝てないまま終わってしまうのです。

06

ＦＸに必要な資金はどれくらい？おすすめ通貨ペアは？

1 通貨単位は千と万のどっちがいい？

ＦＸ会社には、１ロット＝１千通貨で取引できる会社と、１万通貨から取引できる会社に分かれます。

ＦＸをこれから始める人は**１千通貨から取引できるＦＸ会社を選ぶべき**です。

資金に余裕がある方でも、１千通貨単位のＦＸ会社で10ロットごとに取引すれば1万通貨単位のＦＸ会社と同じになります。

１千通貨ごとでロットを細かく調整できるＦＸ会社の方がポジション管理の上でも選択肢の幅が広がります。

より細かい設定が効く
1000通貨単位で取引できる
FX会社を選びましょう！
最初は低レバレッジで
デモ口座で様子を見ながら
やってみましょう！

開始時の資金はいくら必要？

ＦＸはいくらの資金から始めればいいのでしょうか？

１千通貨単位のＦＸ会社の場合、米ドル円のレートが１米ドル＝１１０円だとすると（26ページの表も参照）、

１千通貨 × １１０円 ÷ 25 ＝ ４４００円

から最低４４００円の証拠金があれば取引できます。

ただし、最大レバレッジが25倍の必要証拠金ギリギリでの取引は、強制ロスカット発生のリスクも高まります。

資金が少ないと、例えばポジションを追加する戦略も取れませんし、損切りの逆指値を広く取る戦略も取れないなど、**戦略の幅が狭くなるといったデメリット**もあります。

１千通貨単位のＦＸ会社を使用する場合の目安としては、１ロットの取引で**レバレッジ5～10倍**の計算となる**1万～2万円くらいは最低でも必要**と考えましょう。

もちろん、それ以上の資金から始めても問題ありません。

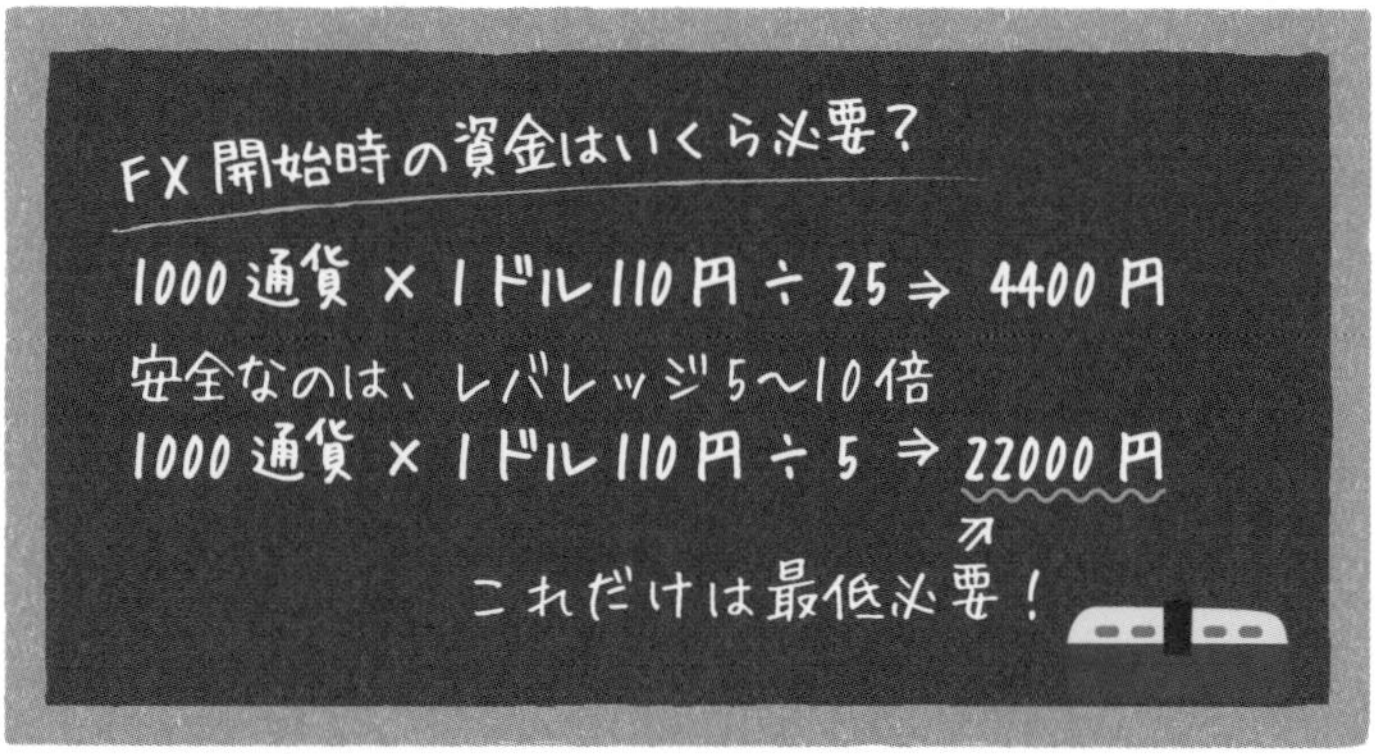
FX開始時の資金はいくら必要？
1000通貨 × 1ドル110円 ÷ 25 ⇒ 4400円
安全なのは、レバレッジ5～10倍
1000通貨 × 1ドル110円 ÷ 5 ⇒ 22000円
これだけは最低必要！

2 デモ口座で練習してから始めよう

「いきなり実際のお金を運用するのは怖い！」という方もいるでしょう。

そんな方におすすめなのが、**デモ口座の活用**です。デモ口座とは、ＦＸ会社の多くが用意している**架空のお金でトレードができる**口座のことで、どれだけ負けても自分のお金が減ることはありません。

無料で使用でき、本番環境とチャートや取引ツールが同じ会社が多いので、リアル口座で取引する前のトレーニングに最適です。

すでにリアル口座でトレードしている方であっても、新しい手法を試す時や、調子が崩れた時は、デモ口座へ移行して練習できる利点があります。

負の連鎖にはまった時は、一度デモに戻って、自分のフォームを確認するようにしましょう。

● MT4のデモ口座画面、架空の500万円の残高が付与されます

3 チャート分析でおすすめの通貨はどれ？

ＦＸで取引する通貨は10～20個程度しかないので、何千社も分析対象がある株式投資と比べて投資対象を絞りやすいです。ただし、通貨ペアの中にも、チャート分析でおすすめできる通貨とおすすめできない通貨があります。

おすすめはプレーヤーの多い先進国通貨

一般的に、チャート分析でおすすめの通貨は、「**流動性が高い（取引高が多い）先進国の通貨**」となります。

代表的なもので言うと、**米ドル／円**、**ユーロ／米ドル**、**英ポンド／米ドル**、**豪ドル／米ドル**などです。全取引で米ドル取引が60％を占めています。

これらの通貨ペアに加えて、円を含んだ**ユーロ／円**や**英ポンド／円**などもおすすめです。

これらの先進国の通貨は、**短期筋の投資家により活発に売買**されるため、**テクニカル分析が機能しやすい**と言えます。

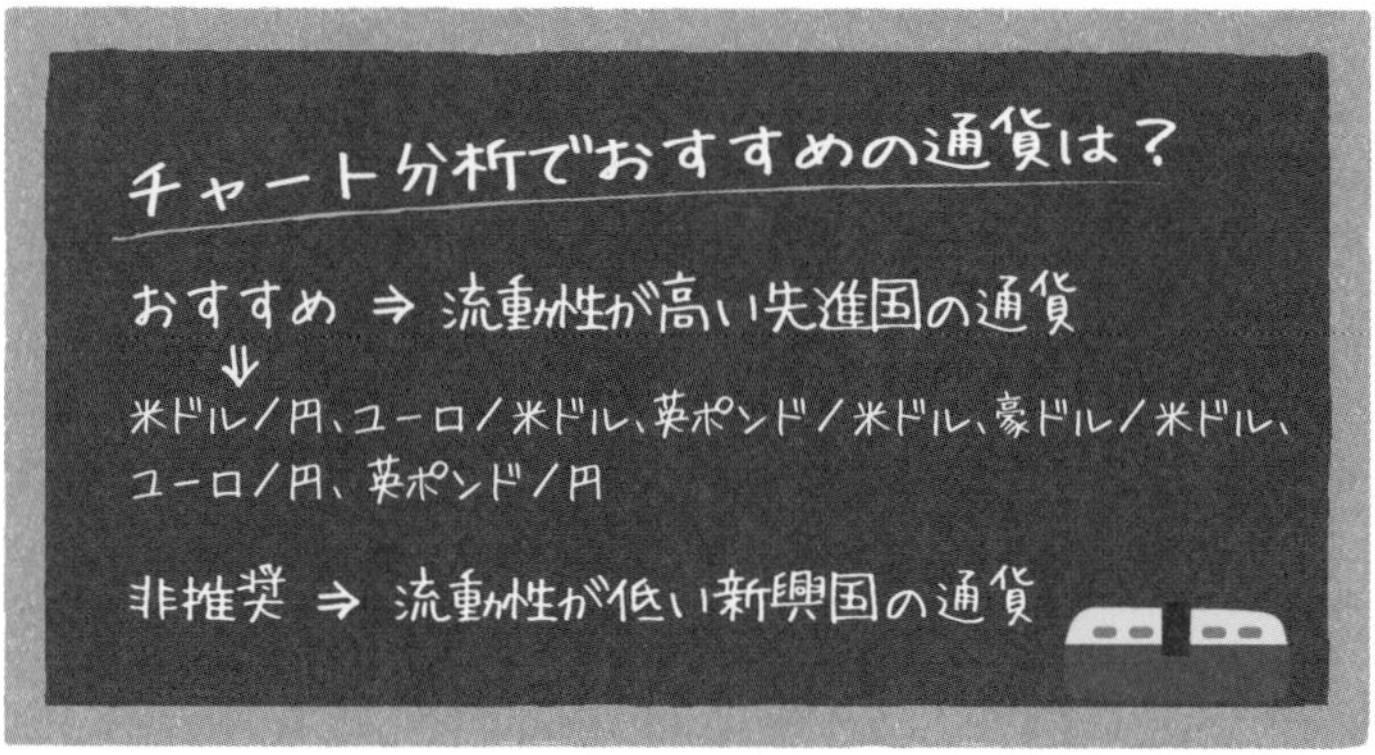
チャート分析でおすすめの通貨は？
おすすめ ⇒ 流動性が高い先進国の通貨
米ドル／円、ユーロ／米ドル、英ポンド／米ドル、豪ドル／米ドル、ユーロ／円、英ポンド／円
非推奨 ⇒ 流動性が低い新興国の通貨

新興国通貨はテクニカルが使えないので✕

一方、トルコリラやメキシコペソなどの「**流動性が低い（取引高が少ない）新興国の通貨**」は、スワップポイント（金利）狙いの長期投資向きです。

短期売買をするプレイヤーも少ないので、テクニカル分析が機能しにくいと言えます。

例えば、ボリンジャーバンド（134ページ）やトレンドラインなどを使っても、短期売買の投資家がそもそも少なければあまり意味がないと言えます。

また、取引コストとなる**スプレッドも広い**ので、**長期運用でのみ取引**するようにしましょう。

● 取引高の多い通貨ペアランク

	通貨ペア	%
1	米ドル/ユーロ	24.0
2	米ドル/円	13.2
3	米ドル/ポンド	9.6
4	米ドル/豪ドル	5.4
5	米ドル/カナダドル	4.4
6	米ドル/中国元	4.1
7	米ドル/スイスフラン	3.5
8	米ドル/香港ドル	3.3

2019年BIS調査より

1時限目
FXチャートの見方を理解しよう！

基本中の基本、ローソク足
を覚えましょう。
相場や投資家心理を
読み解くことが
できます。

01 チャートの基本！ローソク足の見方とは？

1 ローソク足の構成はとっても簡単

チャートを分析する第一歩は、「**ローソク足**」の意味を理解することです。

過去の値動きをグラフ化したチャートには、「**ラインチャート**」「**バーチャート**」「**ローソク足チャート**」の3つの表示方法があります。この中でも、多くの投資家が使用している代表的なチャートがローソク足チャートです。

チャートの一つ一つを構成している要素（下図では白と黒の縦棒）がローソク足と呼ばれます。このローソク足一つ取ってもたくさんの形があり、他の投資家心理や今後の

● チャートを構成する１つ１つの縦棒がローソク足

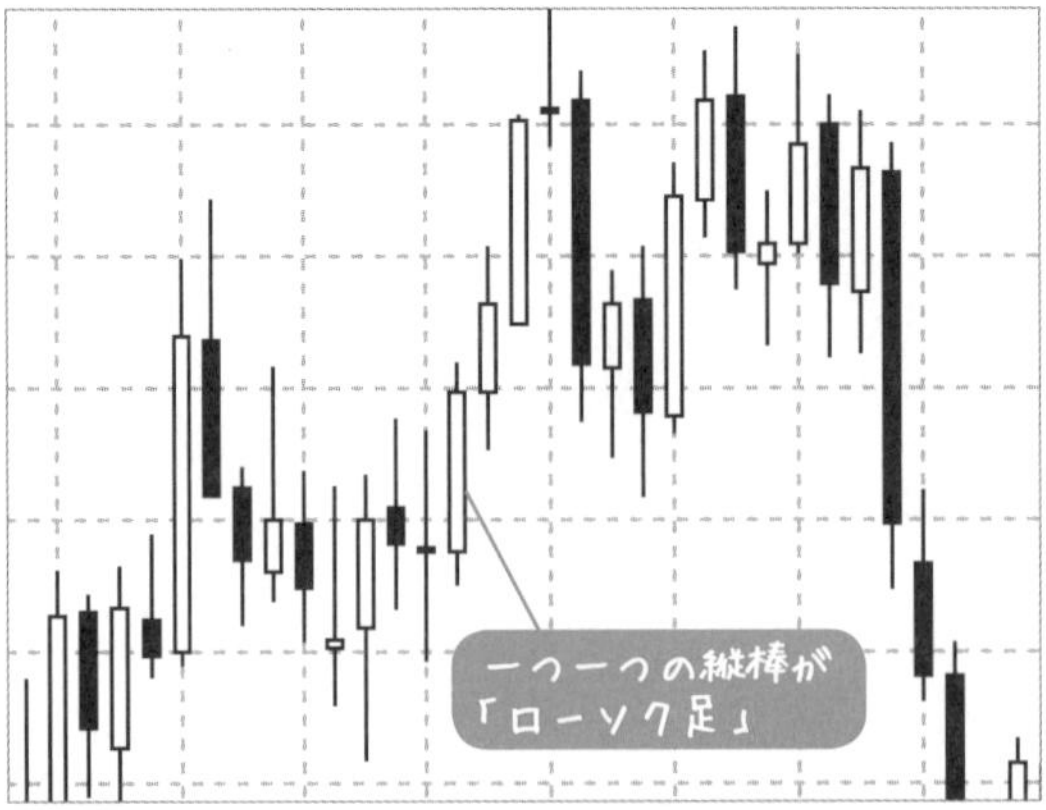

一つ一つの縦棒が「ローソク足」

値動きなどを予想することができます。
まずはチャート分析の基本であるローソク足の意味をしっかり理解しましょう。

2 ローソク足はこのように見る

ローソク足は1つで4つの意味を示します。

❶始値（はじめね）：一定期間内ではじめてついた価格
❷安値（やすね）：一定期間で最も安い価格
❸高値（たかね）：一定期間で最も高い価格
❹終値（おわりね）：一定期間で最後についた価格

始値よりも終値の方が高いローソク足を「**陽線**」、終値よりも始値の方が高いローソク足を「**陰線**」と呼びます。

一般的に、陽線を白塗り、陰線を黒塗りで示しますが、チャートの種類によって赤・青などの色が使われることもあります。

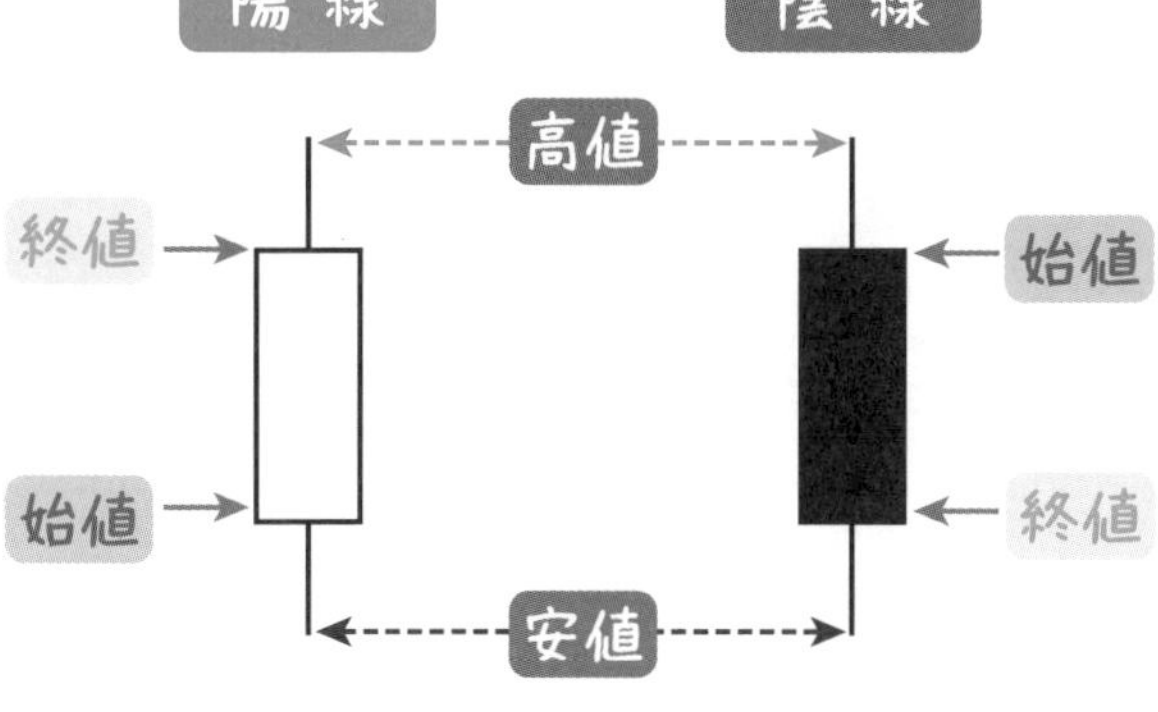

では、具体的にローソク足の意味を理解しましょう。

陽線のローソク足

ある一定の期間のローソク足で、１００円で始まり（①）、価格が99円まで下がりました（②）。その後、１０３円まで上昇して（③）、１０２円で終わったとすると、ローソク足は次ページ上のような陽線になります。

今回のケースでは、価格が**始値から終値にかけて上昇しているので陽線**となります。とってもわかりやすいですね。

陰線のローソク足

では逆に、価格が**始値から終値にかけて下落する陰線**の場合はどうでしょうか？

今度は１０２円で始まり（①）、１０３円まで上昇したものの（②）、売りが強まり99円まで下落し（③）、１００円で終わった場合、ローソク足は次ページ下のような陰線となります。

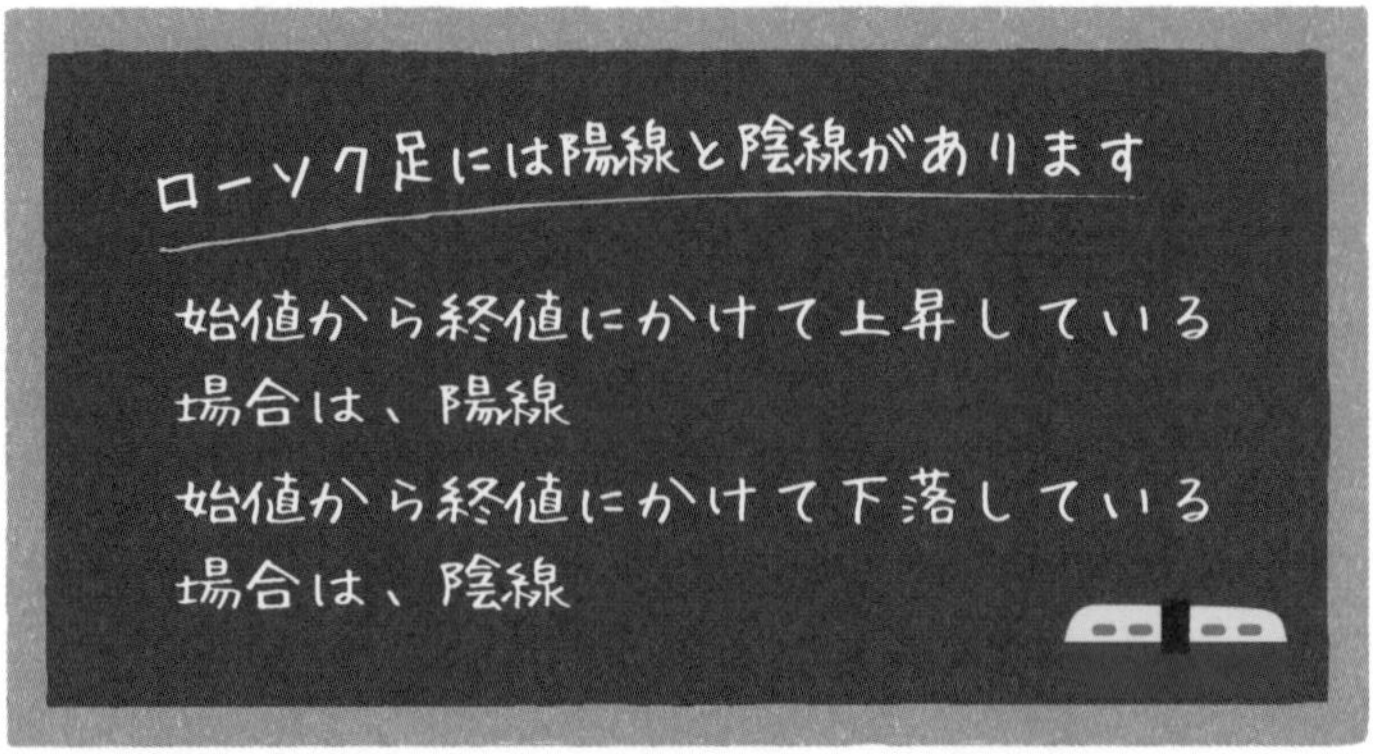
ローソク足には陽線と陰線があります
始値から終値にかけて上昇している場合は、陽線
始値から終値にかけて下落している場合は、陰線

● 陽線のローソク足

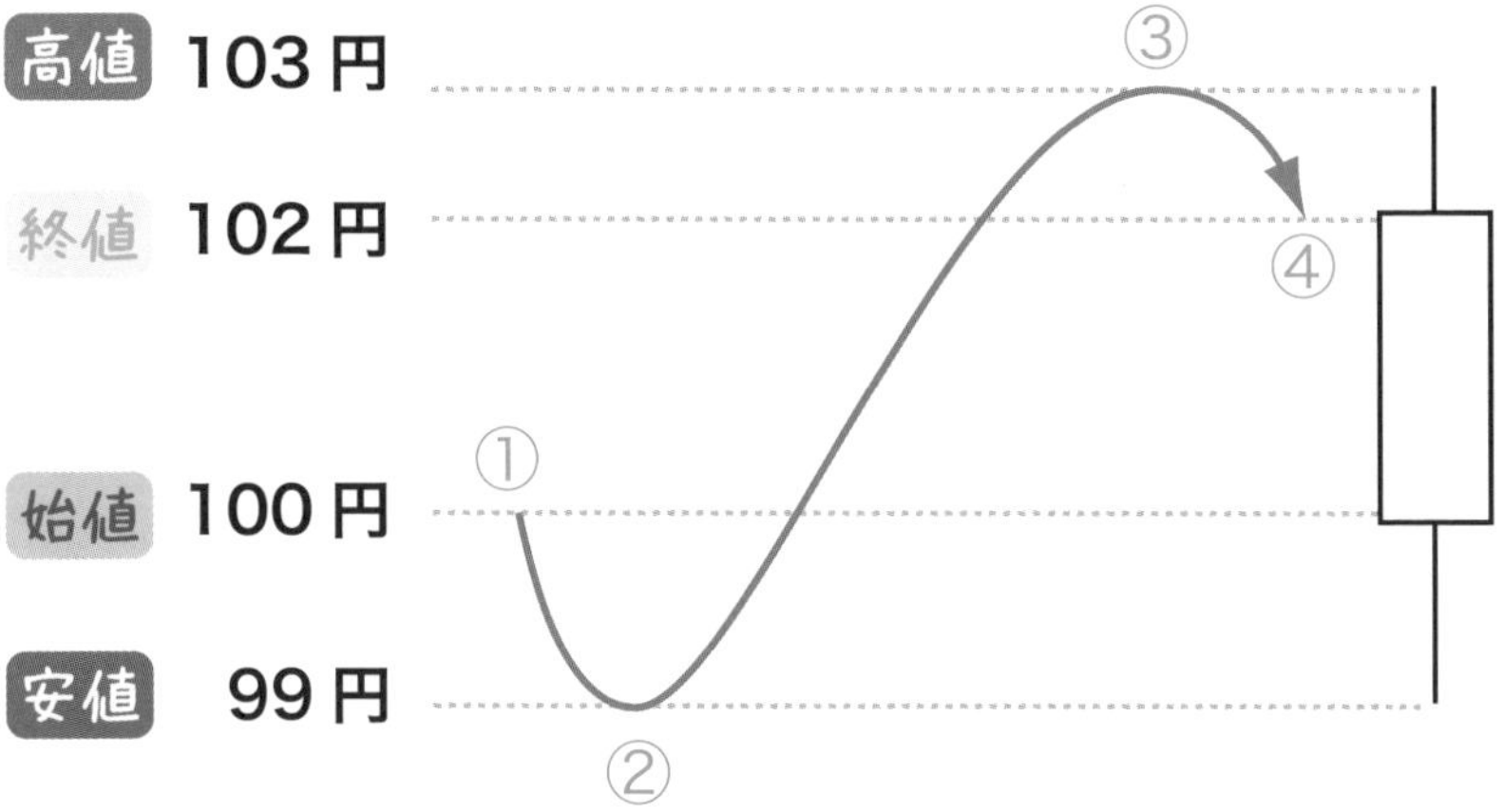

● 陰線のローソク足

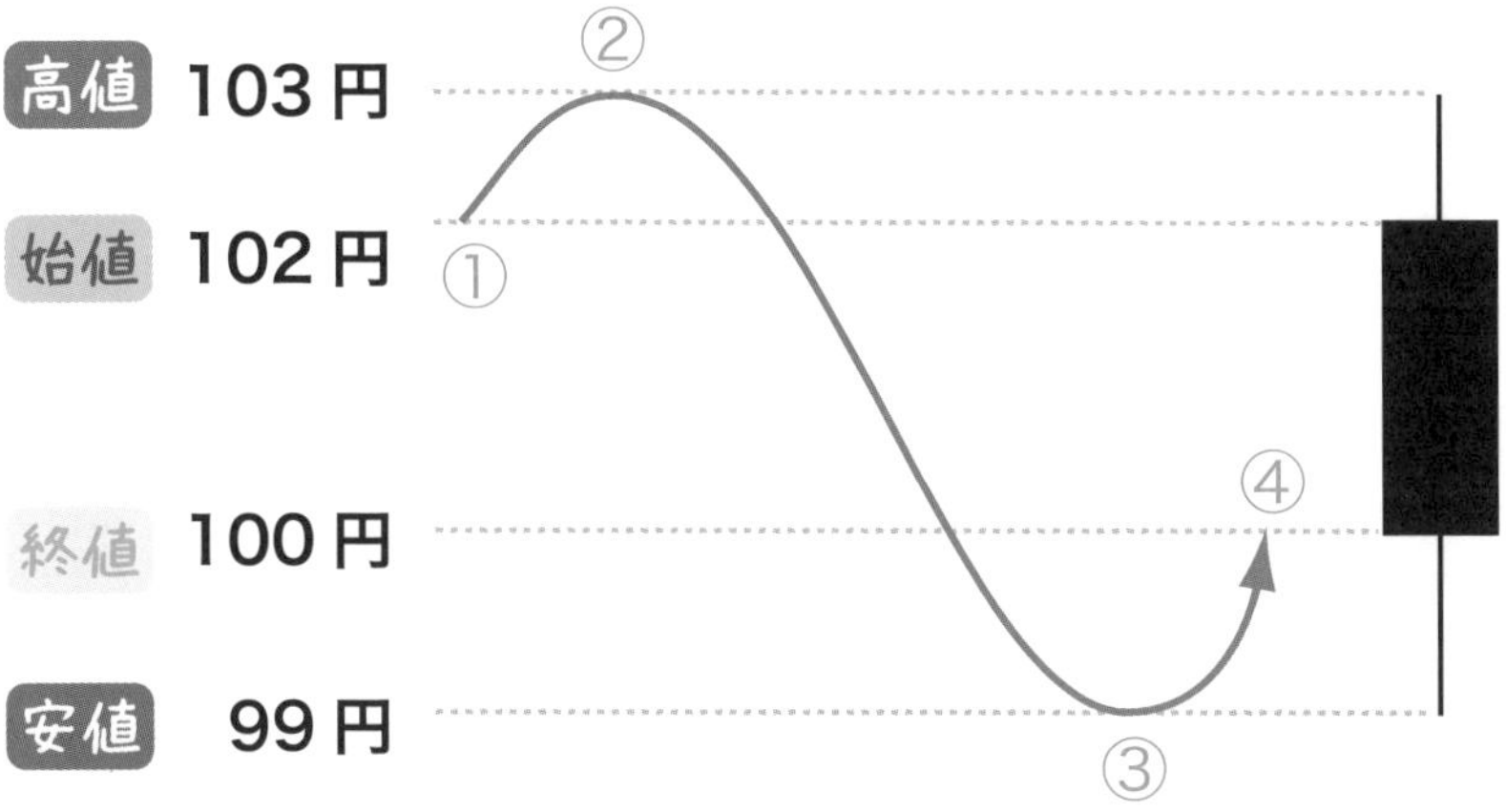

ローソク足はヒゲと実体からなる

ローソク足は始値と終値に囲まれた部分の「**実体**」と、上下にある線の「**ヒゲ**」から作られます。

上のヒゲを「**上ヒゲ**」、下のヒゲを「**下ヒゲ**」と呼び、あとで説明するローソク足の大衆心理を読み解くうえでも重要な要素なので、ここで覚えておきましょう。

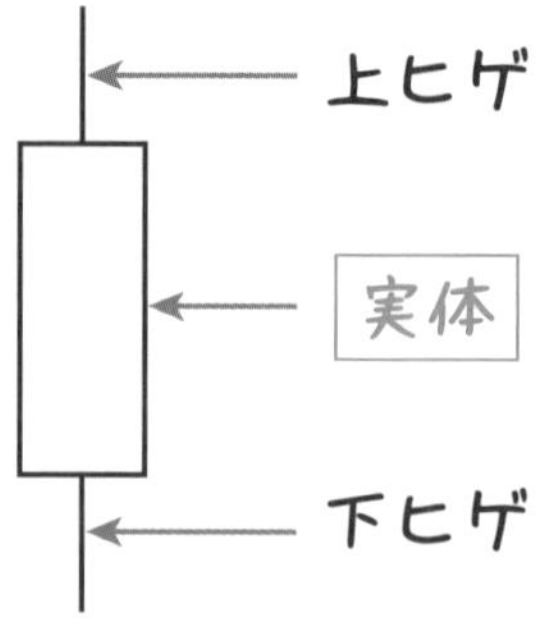

3 チャートは複数の時間軸がある

ローソク足チャートは、ローソク足1本の時間の長さによって呼び名や使い方が違います。ここでは、FXチャート分析で欠かせないローソク足チャートの種類と特徴を理解しましょう。

左ページの表以外には、8時間足チャート、30分足チャート、1分足チャート、ティックなどがあります。

そして、チャート分析で大切なことは、必ず最初に**期間が長い上位足チャートで相場環境を確認し、期間が短い下位足チャートでエントリーポイントを探っていく**ということです。

● ローソク足の長短の読み方の順序

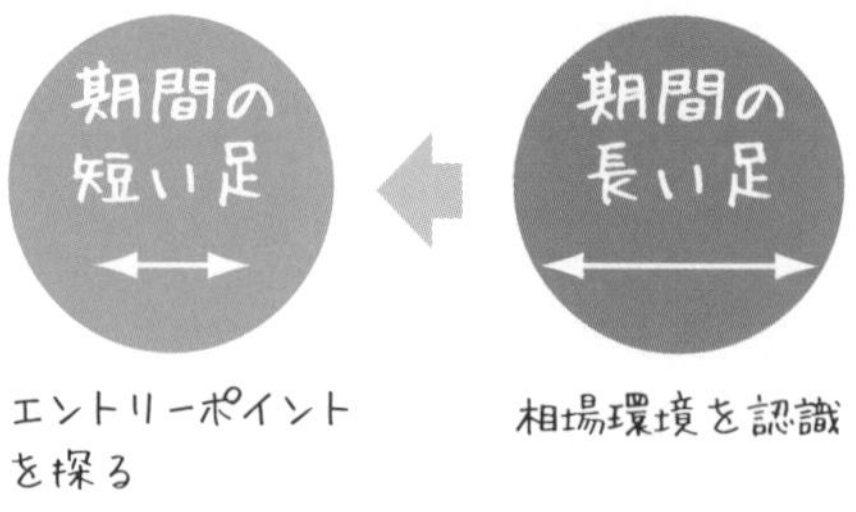

時間軸	特徴	チャート
月足チャート	1カ月で1本のローソク足ができるチャートです。1年以上の長期トレードをするのであれば必ず見ておくべきチャートです。	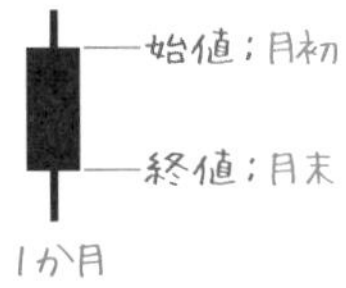
週足チャート	1週間で1本のローソク足ができるチャートです。主にスイングトレードを行うプレイヤーが注目しています。	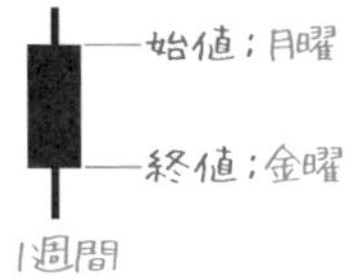
日足チャート	1日で1本のローソク足ができるチャートです。スイングトレードやデイトレードであれば必ず見ておくべきチャートです。	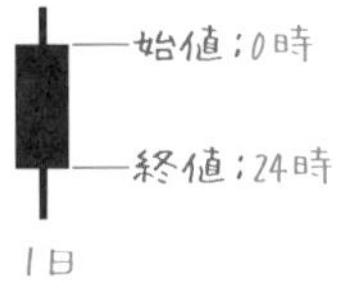
4時間足チャート	4時間で1本のローソク足ができるチャートです。機関投資家などのプロもよく使う時間足です。デイトレードでは見ておきたいチャートです。	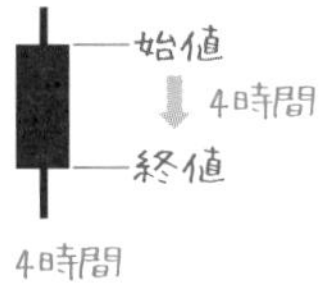
1時間足チャート	1時間で1本のローソク足ができるチャートです。4時間足と並んで短期売買によく使われるチャートです。	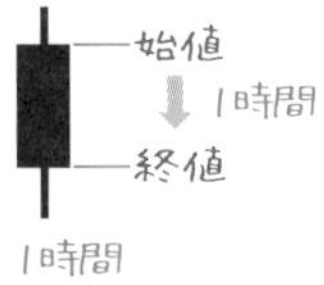
15分足チャート	15分で1本のローソク足ができるチャートです。デイトレードのエントリーポイントを探す際によく使われるチャートです。	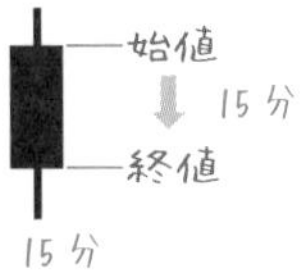
5分足チャート	5分で1本のローソク足ができるチャートです。デイトレードやスキャルピングのエントリーポイントを探す際によく使われるチャートです。	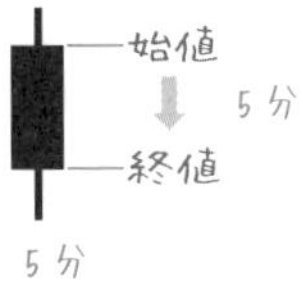

4 木を見て森を見ず

今、1時間足チャートを分析して買いのチャンスがあったとしましょう。ここで、1時間足よりも時間軸が長い上位足をまったく見ないでトレードすると何が起きるでしょうか？

1つのチャートだけ見るのは御法度

1時間足チャートでは上昇トレンドだと思っても、相場の大きな流れである**日足チャートは下降トレンド**の場合、1時間足チャートの上昇は下降トレンドの中の小さな戻りとなり、その後すぐに下落していくリスクが高いです。

これは**相場の全体像を全くとらえないままトレード**している状態です。よく、1つのローソク足チャートだけ分析してトレードする方がいますが、全くおすすめできません。例えば、5分足チャートだけ見て、他のローソク足は分析せずにトレードする行為です。

それをすると、木の枝を見て森を見ない状態になり、**相場の**

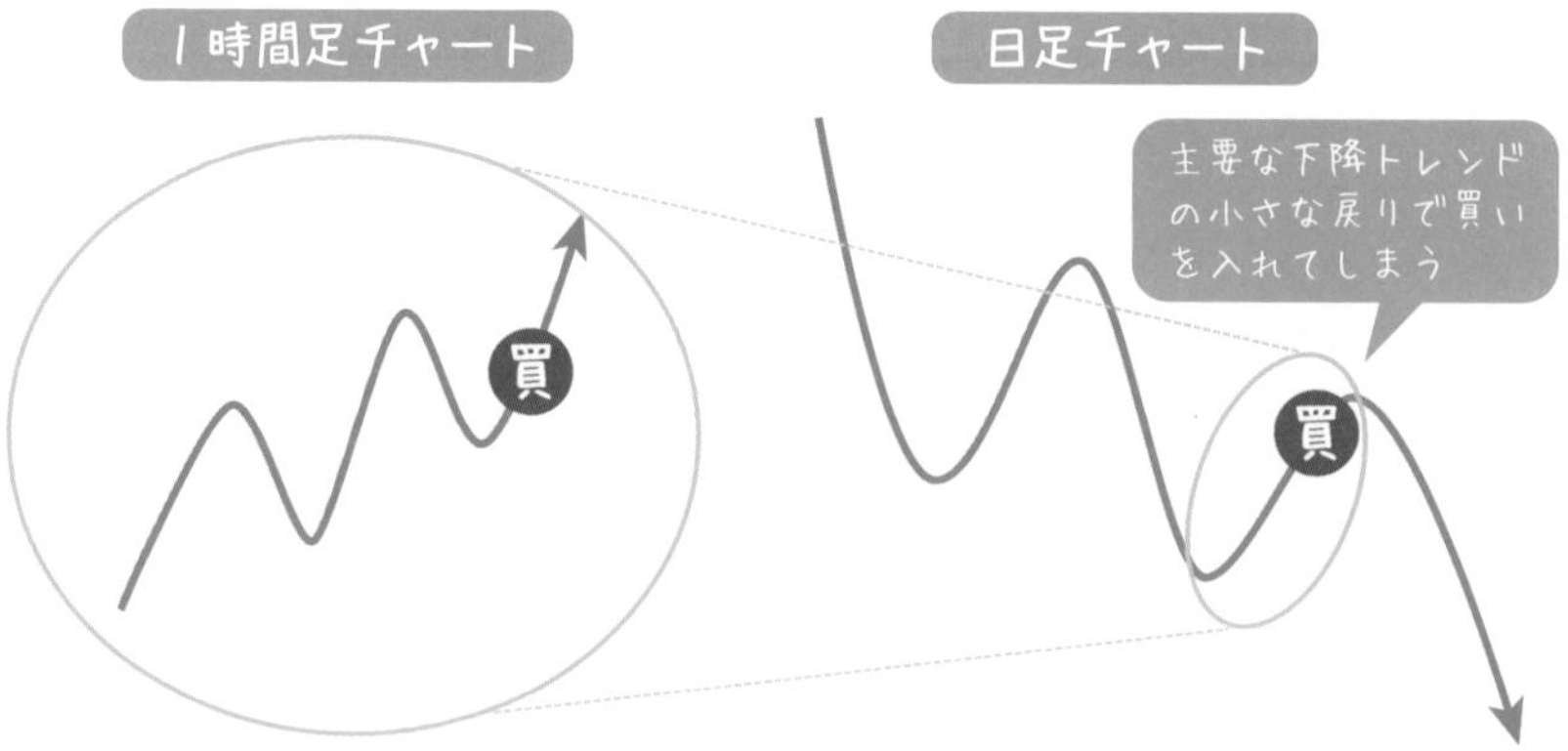

主要なトレンドの方向性もわかりません。更には、投資家に意識されるレジスタンスやサポート（2時限目で解説）も把握しないままトレードすることになるので、圧倒的に不利になると言えます。まさにコンパスも持たずに、深い森の中を歩いている状態です。

日足を見て下位足でタイミングを計る

今度は、長い期間の日足チャートをしっかりと分析して主要なトレンドが上昇トレンドであると認識し、その次に**下位足の1時間足チャートでタイミングを計って**トレードした場合を見てみましょう。

売買の方向が主要な上昇トレンド方向に沿っており、なおかつ下位足でも勝率の高いポイントでエントリーすることができるので、主要な上昇トレンドが続く限り、大きな利益が期待できます。

Point

期間の長いローソク足で相場環境を確認。
期間の短いローソク足でエントリーポイントを探す

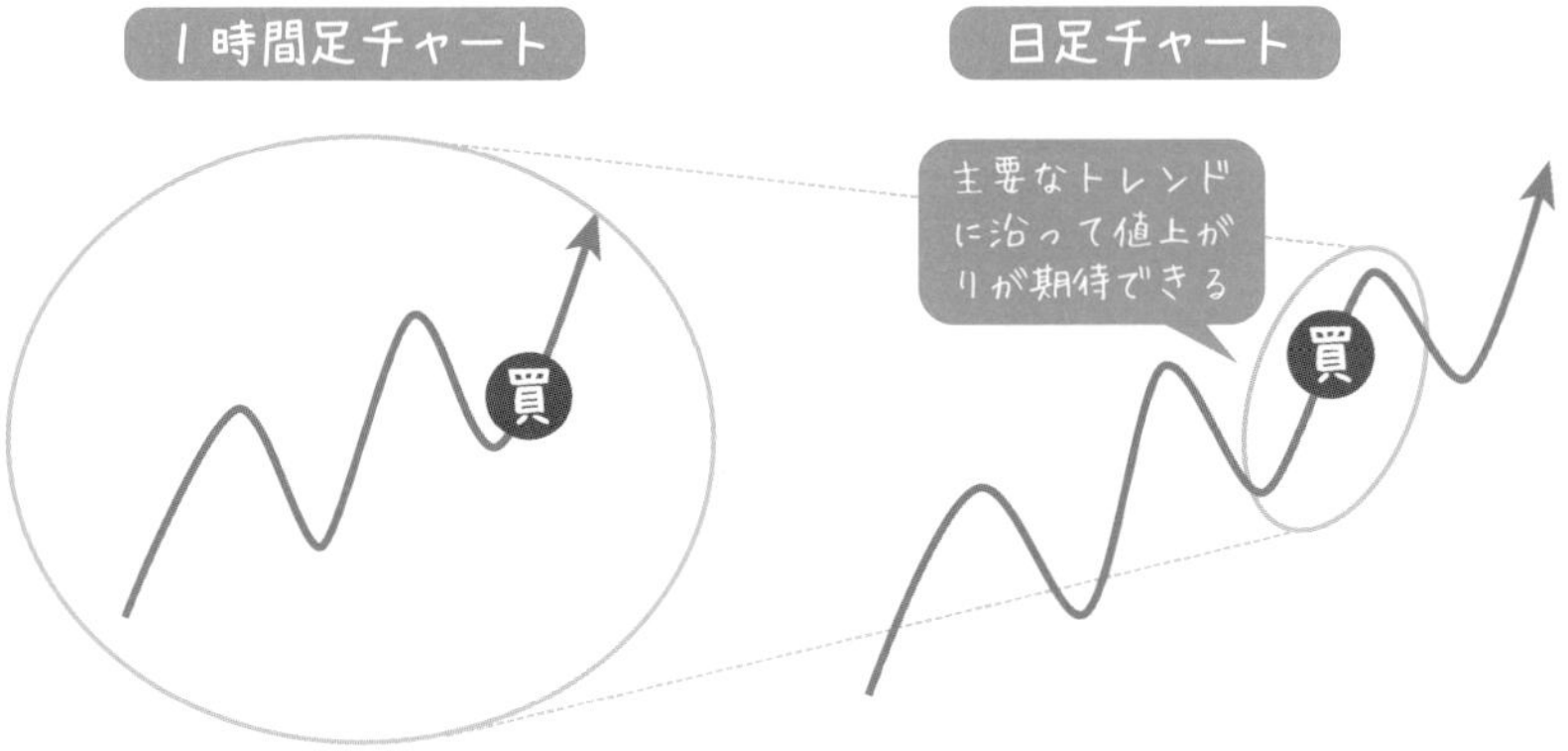

5 トレードスタイルごとのおすすめ時間軸チャート

ここで、「**結局、どの時間軸のチャートを見ればいいの？**」と疑問に思う方もいることでしょう。

結論から言えば、その人のトレードスタイルや手法によっても最適な時間軸は違ってくるので、「一概にこの時間軸チャートが良い」ということは言えません。

まずは各トレードスタイルに合わせて、**3～4種類くらいの時間軸に絞って分析**をしていくのがおすすめです。

次ページに各トレードスタイルの上位足と下位足の分析でよく使われているローソク足チャートを記載します。

例えば、**デイトレード**であれば、**日足・4時間足・1時間足などで相場環境認識を行い、トレードの執行は15分足または5分足で行う**というものです。

当然ですが、分析するローソク足の種類が増えれば増えるほど、情報量が多くなってトレードはより複雑になります。逆に、1種類のローソク足しか見なければ、先に説明した通り、森を見ずにトレードすることになります。なので、まずは3～4種類のローソク足に「選択」と「集中」を行い、チャート分析をしていきましょう。

トレードスタイル	上位足	下位足
長期トレード 数か月〜数年	月足 週足	日足
スイングトレード 数日〜数週間	週足 日足	4時間足 1時間足
デイトレード 1日	日足 4時間足 1時間足	15分足 5分足
スキャルピング 数分〜1時間程度	1時間足 30分足	5分足 1分足

自分に合ったトレード
スタイルを選び、
上位足でトレンドを分析して
下位足でエントリー
ポイントを狙って
いきましょう！

02 ローソク足の形状で転換点や投資家心理が読める

1つのローソク足を分析することで、相場に起きている変化の兆しや投資家の心理状態を読み解くことができます。ローソク足だけ見てトレードができるわけではありませんが、今後学ぶテクニカル分析に加えて、ローソク足からも情報を得ることで全くローソク足を見ない投資家に比べて有利にトレードができます。

1 大陽線と大陰線が出ると同じトレンドが続きます

大陽線と大陰線は、今後も**同じトレンドが継続する可能性を示すローソク足**です。

大陽線は始値＝安値、終値＝高値の形で、始値から一方的に買われたことを示しています。ファンダメンタルズで非常に**強い買い材料などが発生した時**によく現れる形であり、今後も上昇トレンドが継続する可能性があります。

一方、**大陰線は大陽線の逆の形で、始値＝高値、終値＝安値**で、**売りの勢いが強い**ことを示します。大陰線が発生した際も、マーケットで重大なニュースや出来事が起きた時が多く、この後も下降トレンドが継続しやすいので、しばらく買いは避けるべき相場環境と言えます。

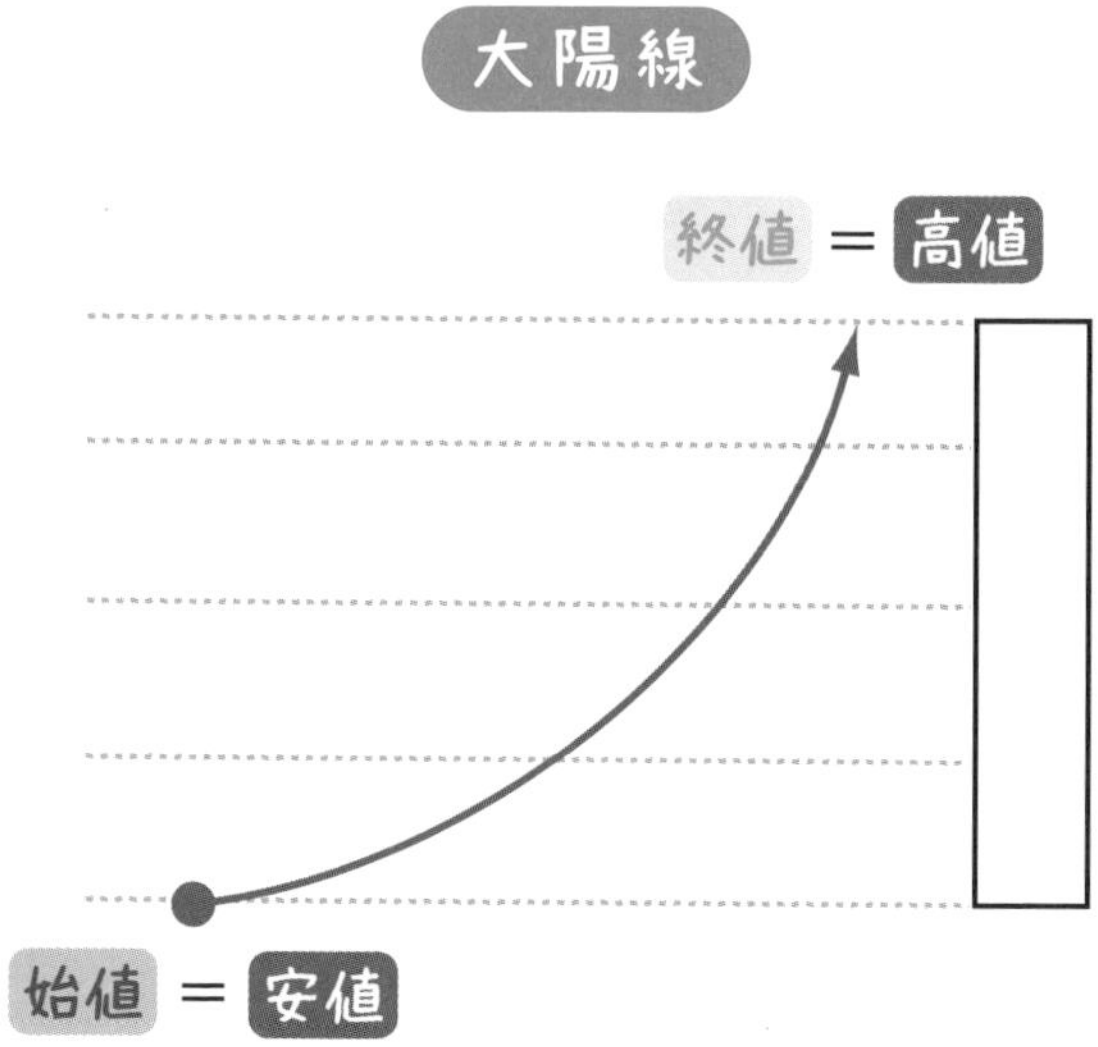

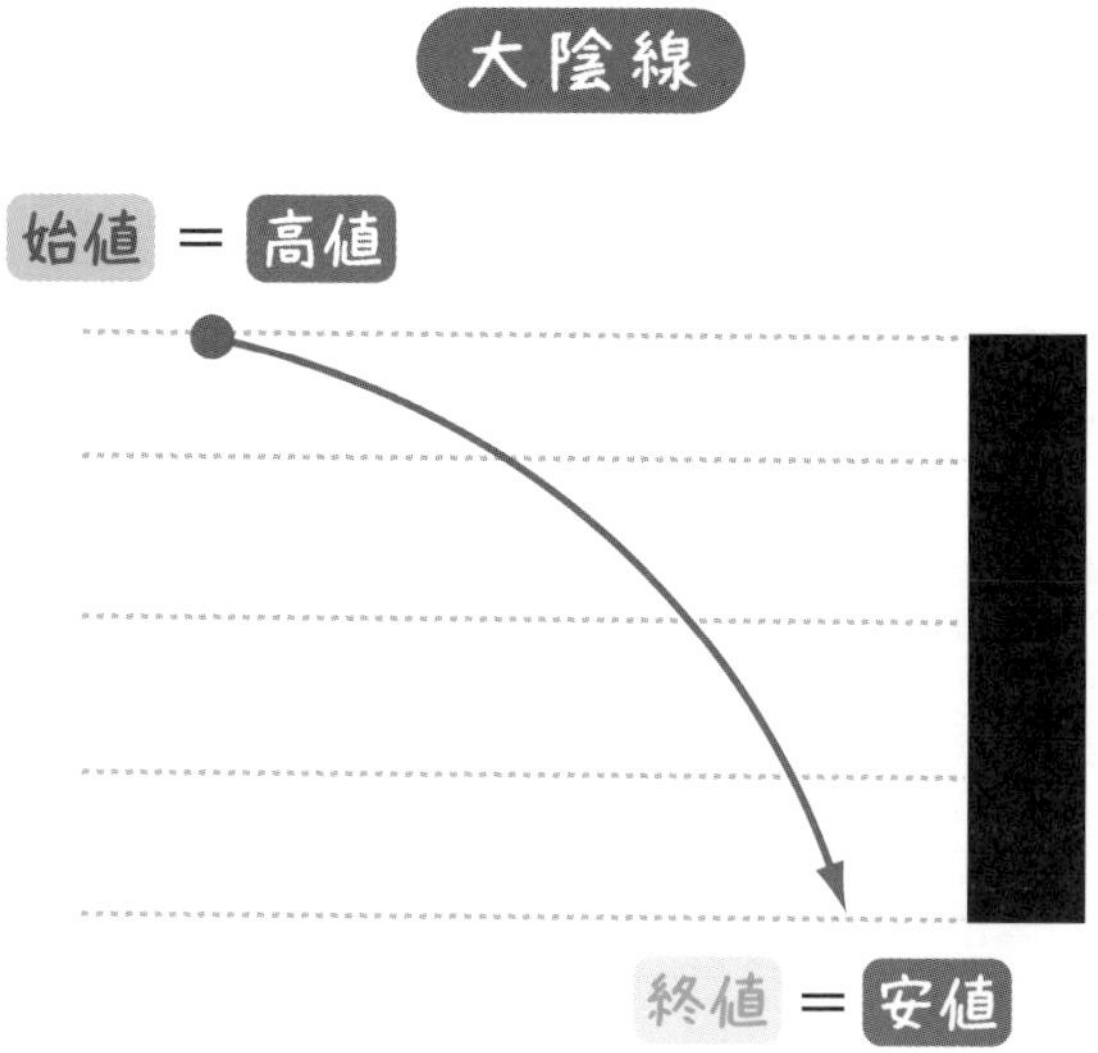

2 トンカチとカラカサはトレンド転換の兆候

大陽線と大陰線は、今後も今のトレンドが続く可能性を示します。

一方、トンカチとカラカサは**トレンドの転換リスクを示すローソク足**の形になります。

トンカチは**長い上ヒゲ**が発生したローソク足の形です。高値まで一時的に上昇したが、買い勢力よりも売り勢力の方が強く、結局下落して終わった形です。トンカチが上昇トレンドの中で、なおかつ相場の高い位置（天井圏）で発生した時、買い勢力の力が尽きて、売り勢力の方が優勢になり、上昇トレンドから下降トレンドへ転換する可能性が高まっていることを示します。

一方、今度は**長い下ヒゲが発生**したトンカチの逆の形が**カラカサ**です。

意味も全く逆で、安値まで一時的に下落したが、その後は売り勢力より買い勢力の方が優勢になり、上昇して

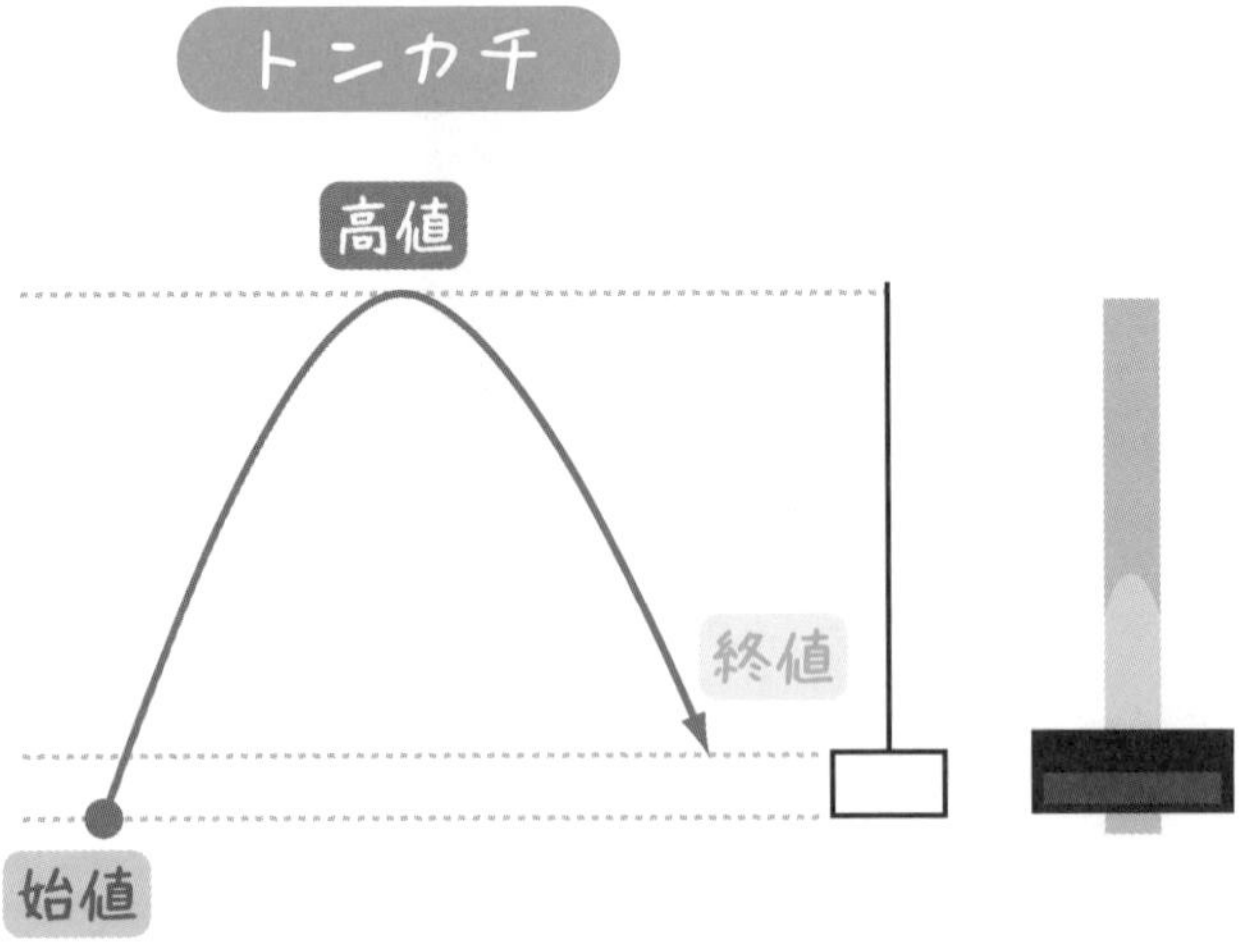

終わった形です。

カラカサが下降トレンドの中で、さらに相場の低い位置（底値圏）で発生したら、下降トレンドから上昇トレンドへ転換する可能性が高まっていることを示します。

トンカチとカラカサには、次の似たような形がありますが、いずれも意味は同じで、トレンド転換の兆しを示すローソク足です。

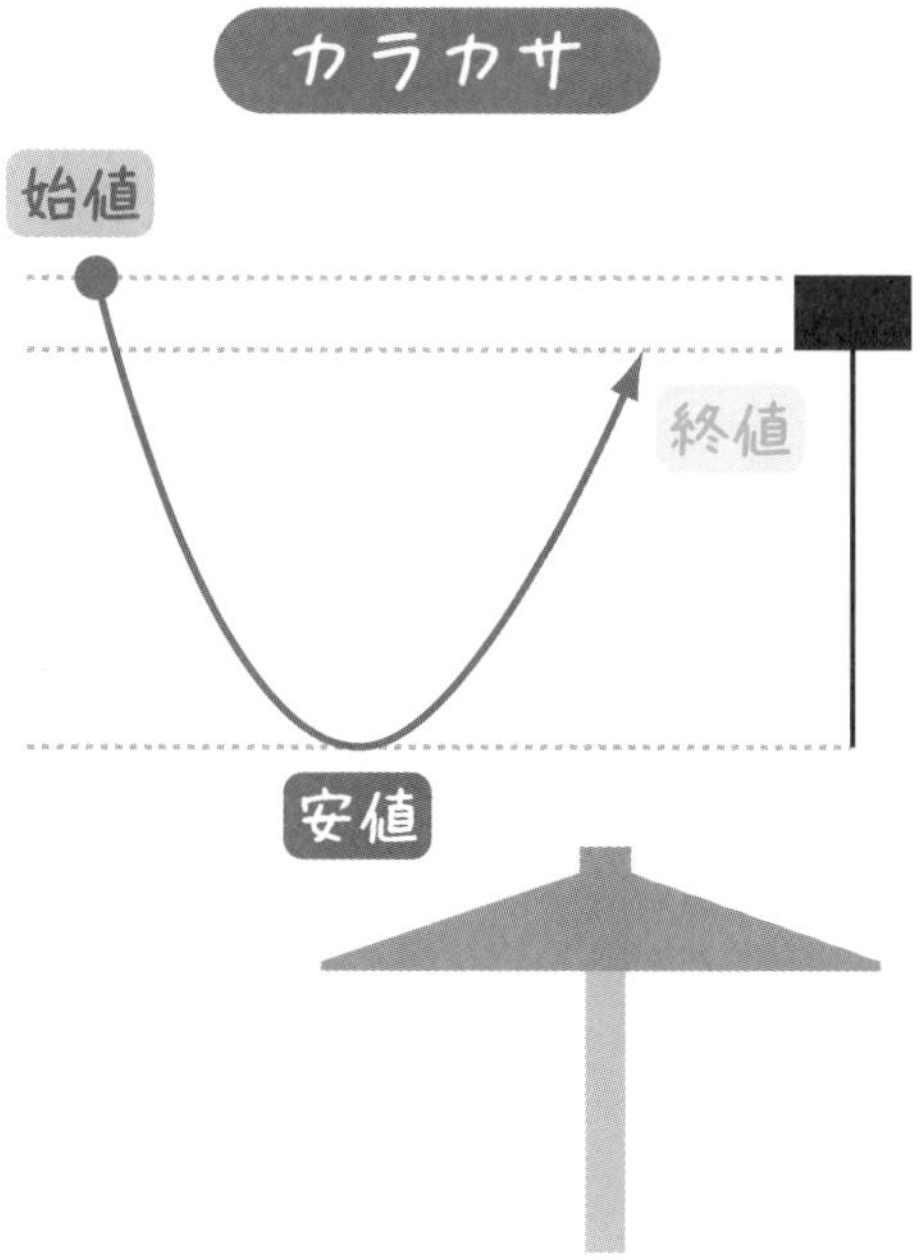

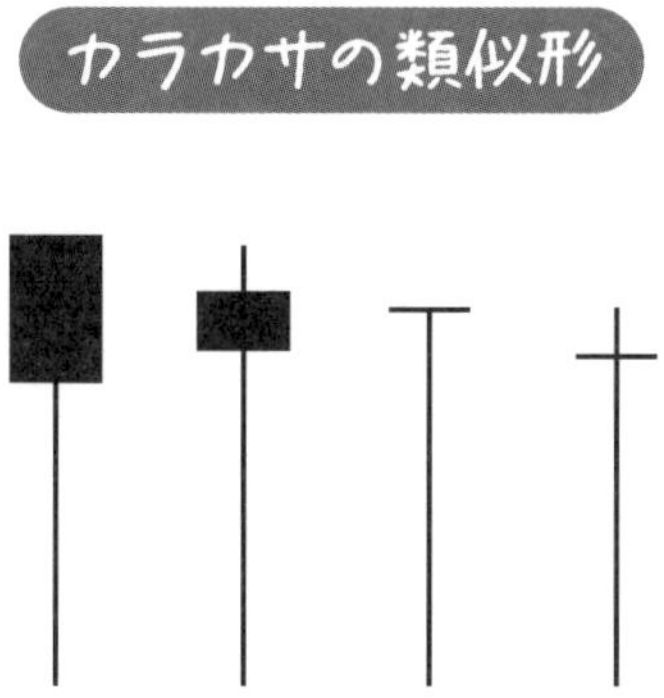

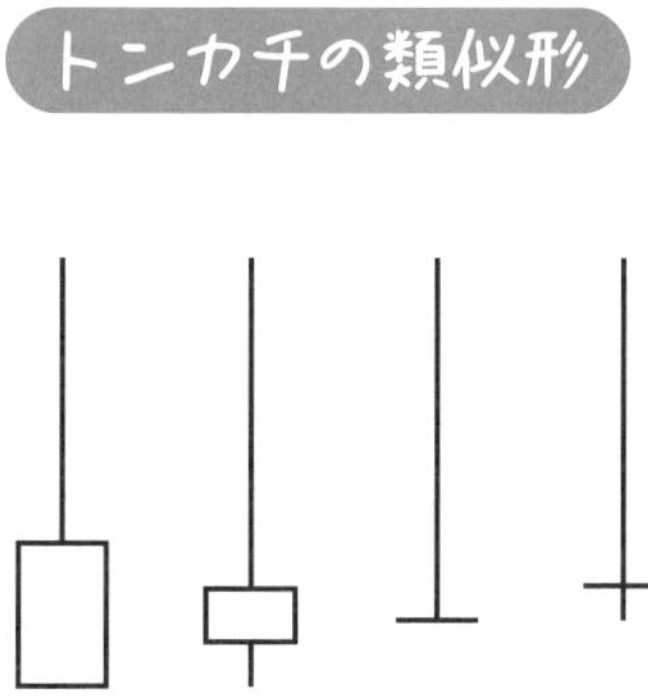

3 十字線はトレンド転換の可能性

最後に十字線です。

十字線は、買い勢力と売り勢力の力が拮抗している状態を示し、**トレンド転換の可能性を示すローソク足**になります。

上昇トレンドかつ天井圏で現れた時は「**下降トレンドへの転換**」の可能性、下降トレンドかつ底値圏で現れた時は「**上昇トレンドへの転換**」の可能性をそれぞれ示します。

今回紹介したローソク足の形は特定の時間足のみで機能するわけではありません。**どの時間足でも、そのチャート上では一定の効力を発揮します。**

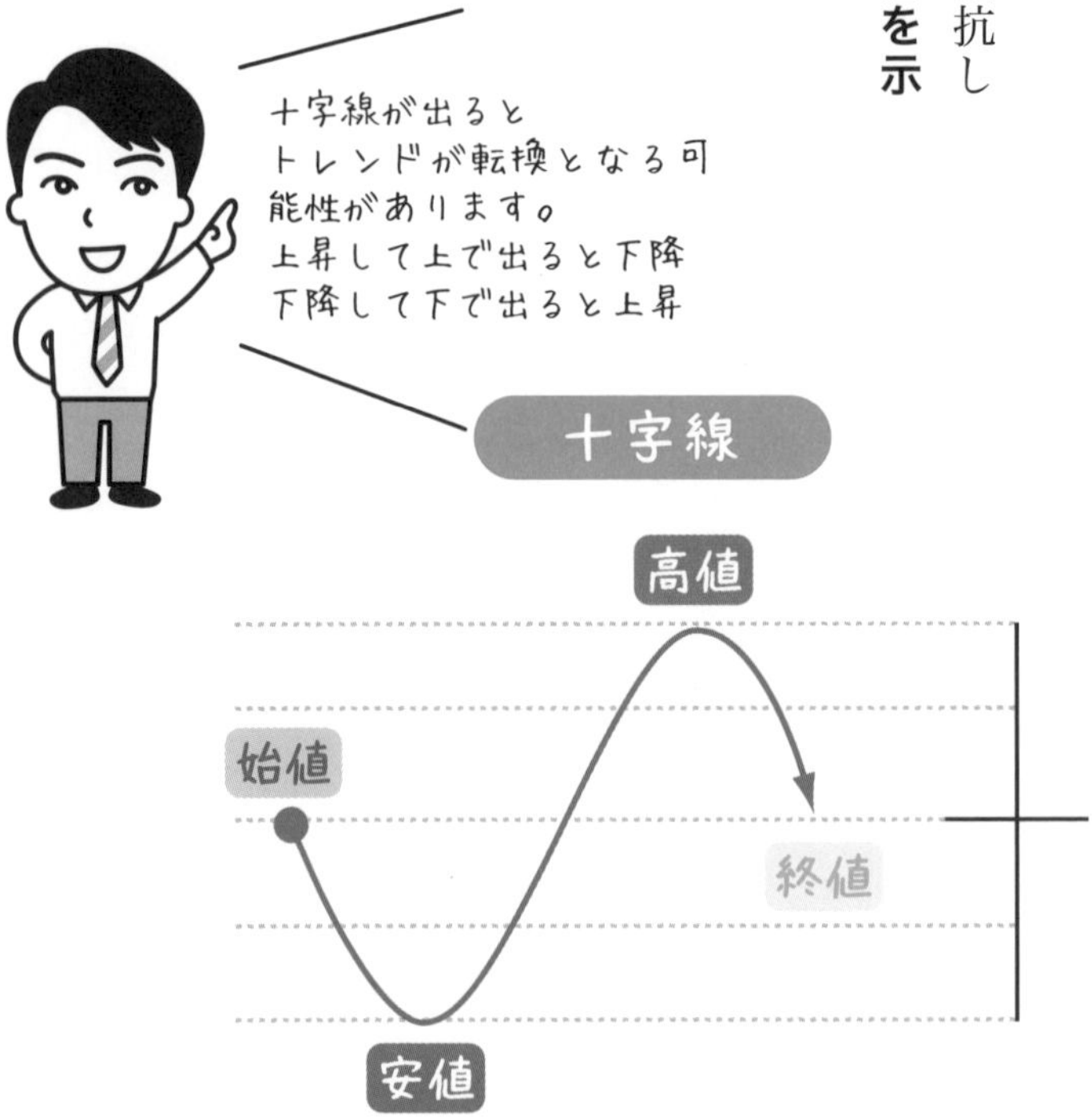
十字線が出ると
トレンドが転換となる可
能性があります。
上昇して上で出ると下降
下降して下で出ると上昇
十字線
高値
始値
終値
安値

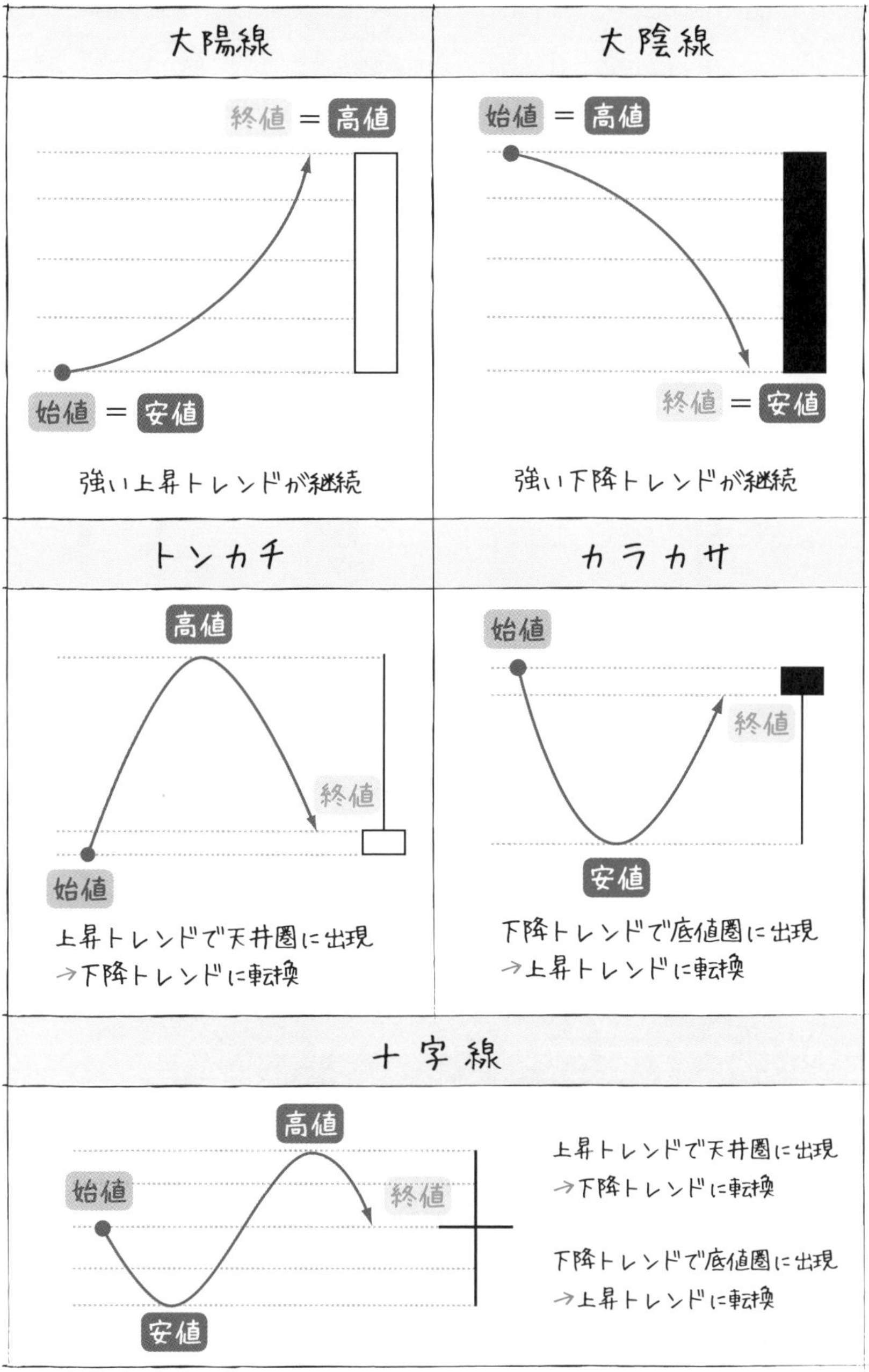
大陽線
終値 = 高値
始値 = 安値
強い上昇トレンドが継続
大陰線
始値 = 高値
終値 = 安値
強い下降トレンドが継続
トンカチ
高値
終値
始値
上昇トレンドで天井圏に出現
→下降トレンドに転換
カラカサ
始値
終値
安値
下降トレンドで底値圏に出現
→上昇トレンドに転換
十字線
高値
始値
終値
安値
上昇トレンドで天井圏に出現
→下降トレンドに転換
下降トレンドで底値圏に出現
→上昇トレンドに転換

03 為替レートの読み方とスプレッド

1 為替レートのBIDとASKって？

ローソク足が理解できたら、次は為替レートの見方について覚えましょう。

FXでトレードする際に、為替レートを見ると**右と左の2つのレートが表示**されており、右のレートの方が左のレートよりも高くなっているのがわかります。

左のレートは自分が今すぐ**売りたい時に適用されるレート**で**売値**（**BID、ビッド**）と呼ばれます。一方、右のレートは自分が今すぐ**買いたい時に適用されるレート**で**買値**（**ASK、アスク**）と呼ばれます。

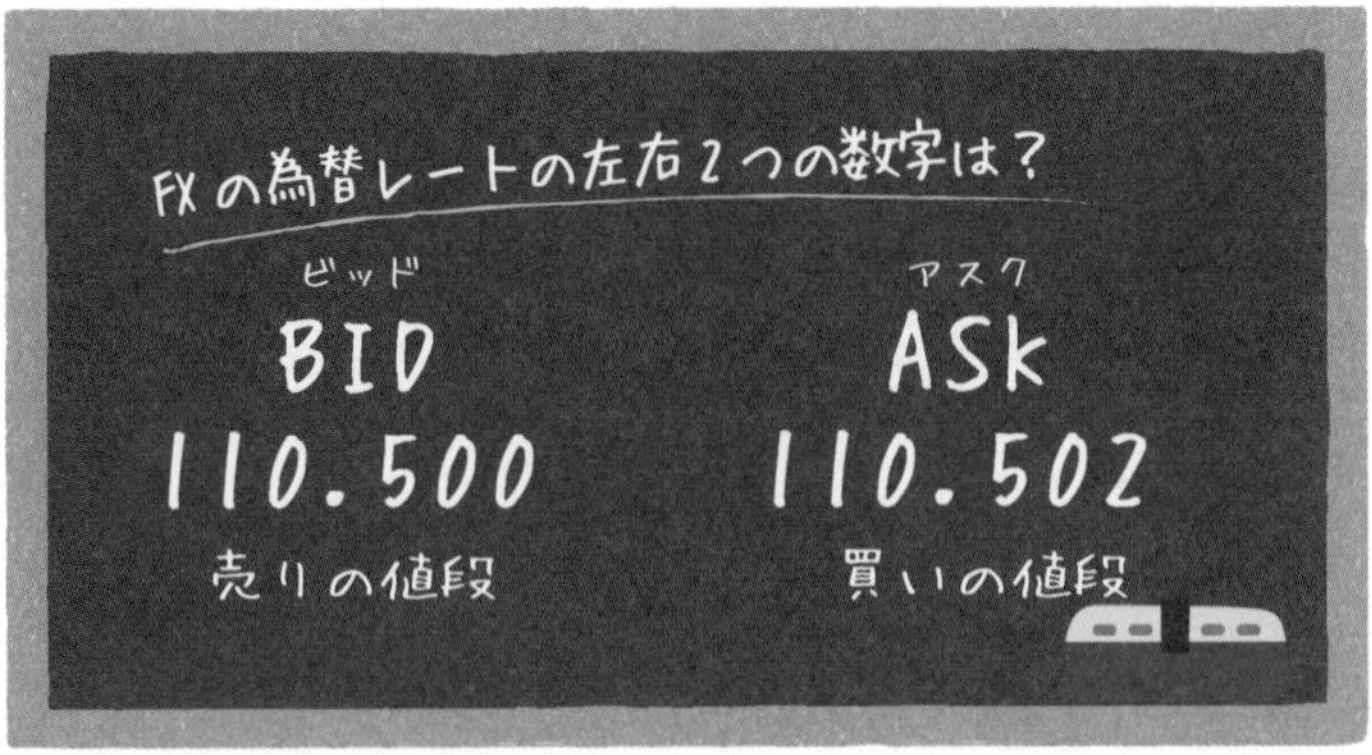

ここで、「**ドル円買い**」といったとき、「どの通貨を買うの？売るの？」と混乱している方もいるでしょう。FXで買う・売るは、常に**通貨ペアの先頭の通貨を基準**に考えます。

例えば、**米ドル円を買う時**は、米ドル買い・円売りをすることであり、**右側のASKのレート**が適用されます。

逆に、**米ドル円を売る時**は、米ドル売り・円買いをすることであり、**左側のBIDのレート**が適用されます。

ロングとショート

ちなみに、**買いから取引すること**を「**ロング**」、**売りから取引すること**「**ショート**」と言います。

FXトレードでは、外貨預金の取引と異なり、いきなり売りから取引し、売りのポジションを保有することができます。ショートでは市場価格が下がると利益を獲得できます。

BIDとASKの差がスプレッド

売値と買値のレート差が、**スプレッド**と呼ばれる**投資家が実質的に負担する取引コスト**です。このスプレッドがFX会社の利益

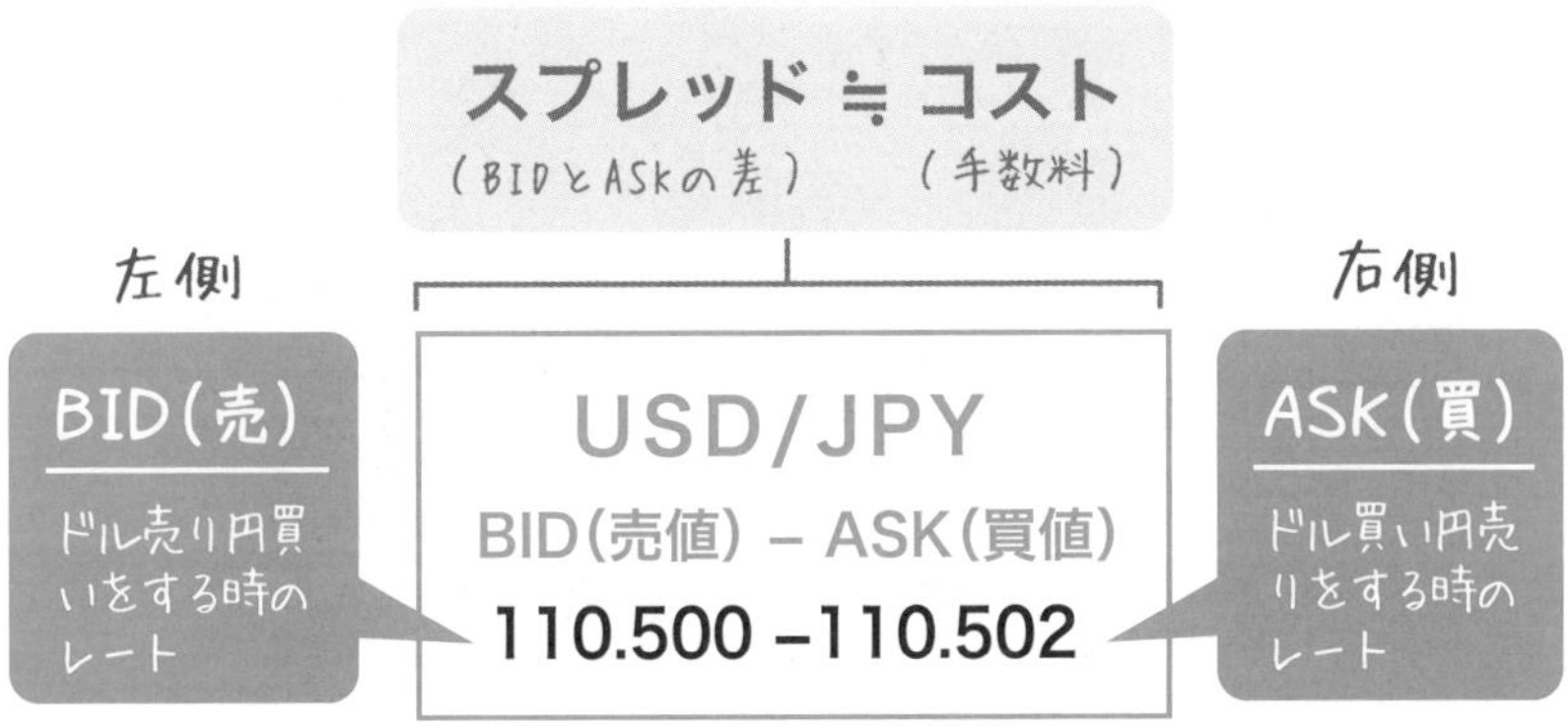

となります。

例えば、為替レートが全く動かないと仮定すると、新規エントリーから決済までの1回の取引でスプレッド分だけ投資家は必ず損をすることになります。

そして、ＦＸ会社ごとにスプレッドは異なるので、できるだけ**スプレッドが狭いＦＸ会社を使う方が投資家にとっては有利**となります。

2　スプレッドが狭い会社が有利な3つの理由

スプレッドはＦＸで稼いでいく上で非常に重要な点なので、更に理解を深めましょう。**スプレッドが狭いＦＸ会社が有利**な理由は、次の３つがあります。

❶ 取引コストが少なくて済む
❷ 指値《さしね》注文が約定しやすい
❸ 逆指値《ぎゃくさしね》注文が約定しにくい

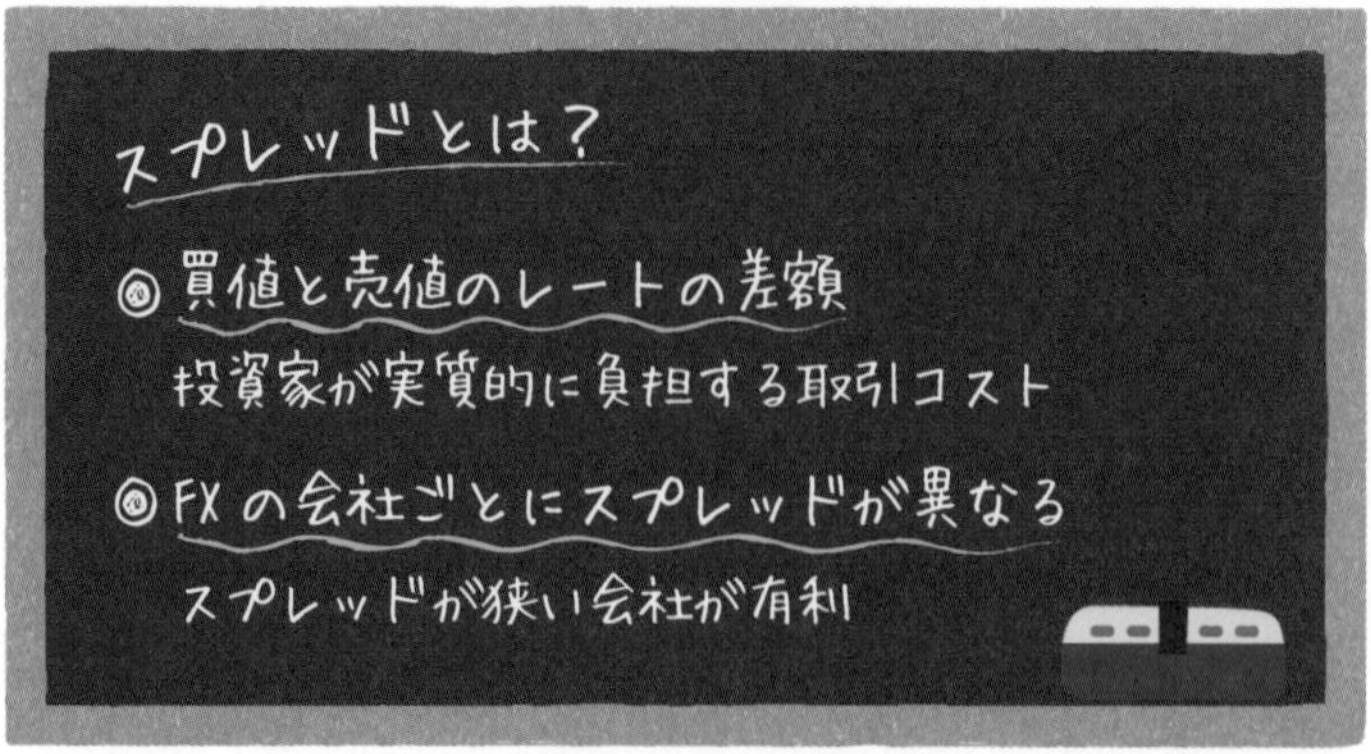
スプレッドとは？
◎買値と売値のレートの差額
投資家が実質的に負担する取引コスト
◎FXの会社ごとにスプレッドが異なる
スプレッドが狭い会社が有利

❶の取引コストが少なくて済むことは、先ほどの説明でも理解できたでしょう。一方、❷の指値注文が成立しやすい、❸の逆指値注文が成立しにくいとはどういう意味でしょうか？

具体例として、スプレッドが1銭のA社と、スプレッドが3銭のB社で取引した例を考えてみましょう。FXで稼ぐ上で、ここも知っておくべき大切な要点なので、何度も読んで理解しましょう。

今、**110円で売りの指値注文**（176ページ）をA社とB社で設置しました。ここで、為替レートが110円ちょうど付近ですぐに反転した場合、スプレッドが狭いA社の指値注文は約定（＝取引成立）します。

一方、スプレッドが広いB社の指値注文は、B社の売値はA社の売値よりも低いので110円に達せず約定しない可能性があります。

110円で利益確定を狙っていたとしたら、せっかく相場が110円付近まで上昇したのに、指値注文で

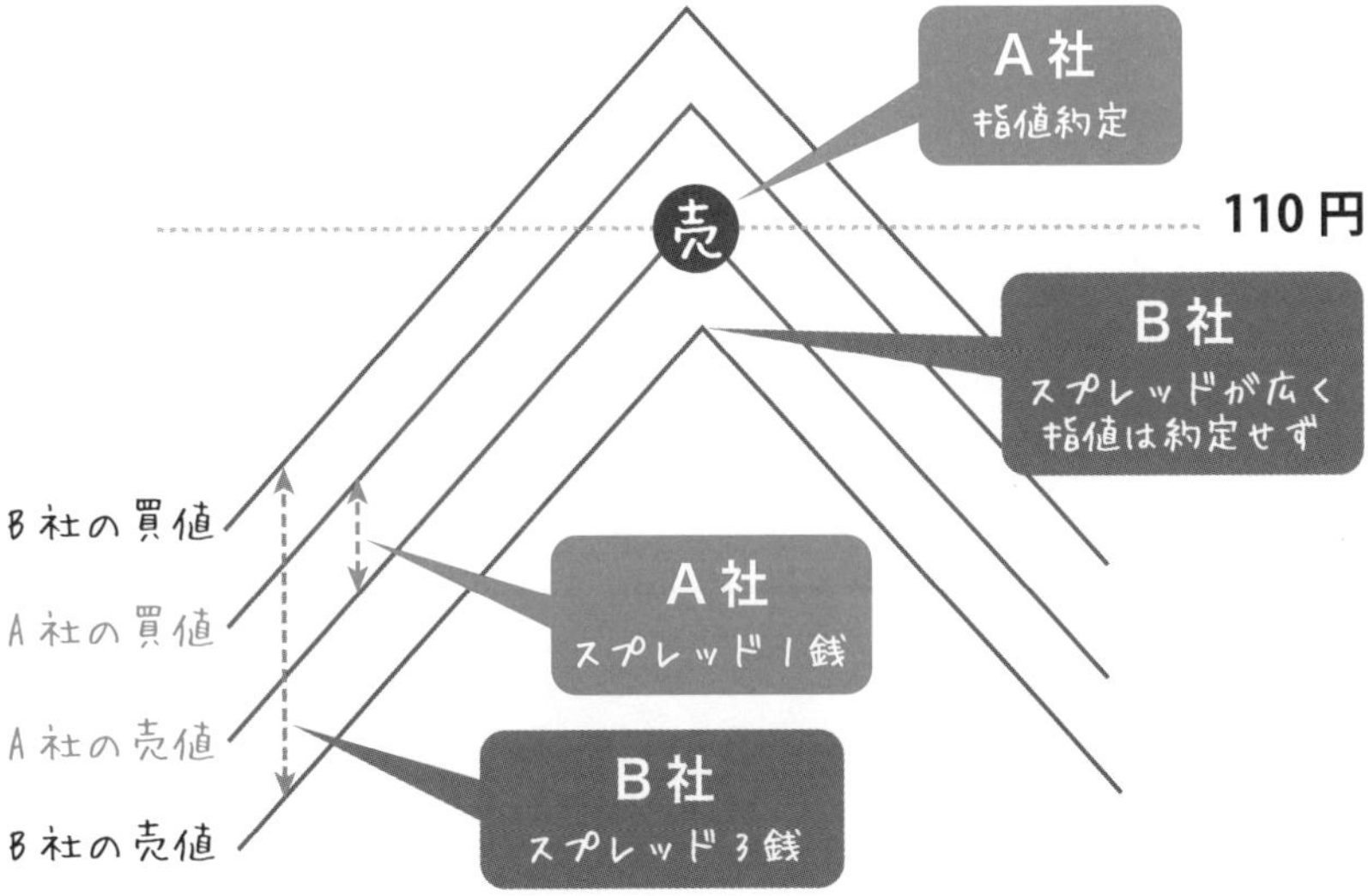

利食いができなかったダメージは大きいでしょう。

広いスプレッドで約定しやすい逆指値注文

損切りなどで使われる**逆指値注文（177ページ参照）**は、**スプレッドが広いと約定しやすい**というデメリットがあります。

5時限目の「実践的なトレードルールを覚えよう」でも詳しく説明しますが、トレードをする際には事前に**どこで損切りをするのか明確に**しておき、**エントリーと同時に逆指値注文を置くことが大切**です。

逆に、エントリーしてから含み損が膨らみ、慌てて「どこで損切りしようかな？」と考えているようではFXで稼ぐことは難しいです。

含み損を抱えている買い建玉があるとき

先ほどの例と同様に、スプレッドが1銭のA社と、スプレッドが3銭のB社で、今度は含み損を抱えている買い建玉を持っているケースを考えてみましょ

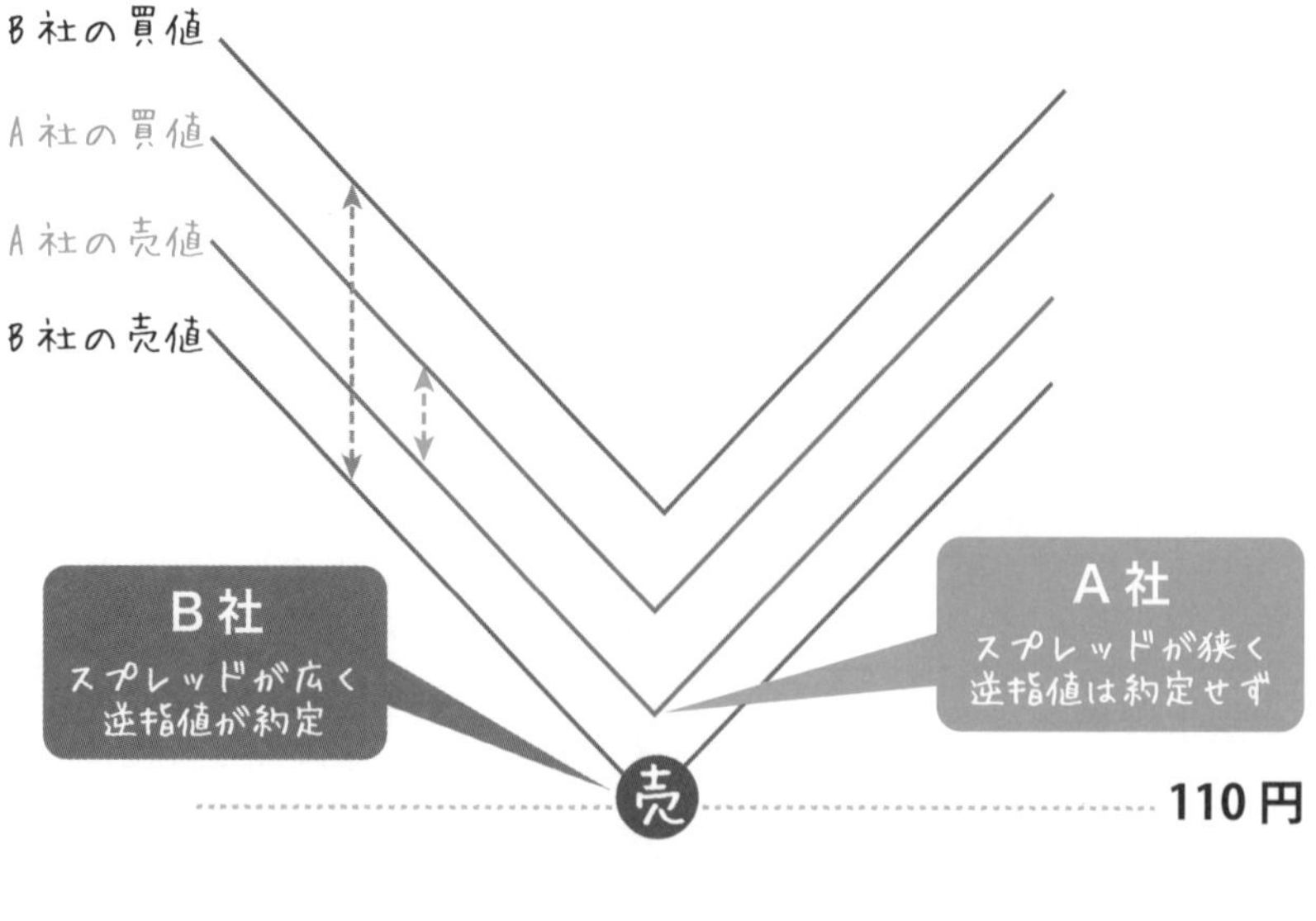

う。

A社でもB社でも、**110円で損切りの売り逆指値注文**を置いていたとします。ここで、相場が110円近くまで下落し反発した時（110円までは達していない）、**スプレッドが狭いA社**では逆指値注文は約定せずに、**損切りの難を逃れました**。

一方、**スプレッドが広いB社**では、A社の売値よりもB社の売値の方が低いので、110円に達してしまう可能性があります。

こうなると、A社では発動しなかった逆指値注文が、スプレッドが広いというだけでB社では発動するのです。

実際にスプレッドが広いFX会社や、スプレッドがちょっとしたタイミングですぐに広がるFX会社では、利食いの指値が約定しにくく、損切りの逆指値が約定しやすいので、プロでも大きな足かせとなり、稼ぎ続けるのが難しいと言えます。

スプレッドが広いということは、投資家に取って百害あって一利なしなので、**必ずスプレッドが狭いFX会社を選択**するようにしましょう。

3 FX会社によりチャート形状が異なる

そもそも、どうしてFX会社によってスプレッドが違うのでしょうか?

FX会社は**店頭取引**と言って、**投資家と直接売買取引**をし、その後に、**メガバンクなどのイン**

ターバンク市場の金融機関とカバー取引をします。カバー先のスプレッドの影響を受けることもありますが、基本的にスプレッドはFX会社ごとで自由に決められるので、スプレッドが広いFX会社はその分、投資家から手数料を取っていることになります。

では、取引コストや注文の約定以外で、スプレッドが及ぼすチャート分析への悪影響を見ていきましょう。

スプレッドでチャートの形が異なる

ローソク足の形で相場が変化する兆しや投資家の心理状態がわかることを説明しました。そんなチャート分析で大事なローソク足ですが、「スプレッドが広いFX会社」と「スプレッドが広がりやすいFX会社」を使うと、誤った情報を手にして**「ダマし」に遭うリスクも高まります**。どういうことか説明しましょう。

スプレッドが狭いA社と、スプレッドが広くて広がりやすいB社を比べると、**相場が大きく動いた時にB社はローソク足のヒゲが出現しやすい**特徴があります。では、A社のローソク足のヒゲが短く、B社のローソク足のみ下ヒゲが長い時、これは「上昇トレンド転換への兆し」と判断できるでしょうか?

答えは「NO」です。B社のヒゲは単純にFX会社が自由に設

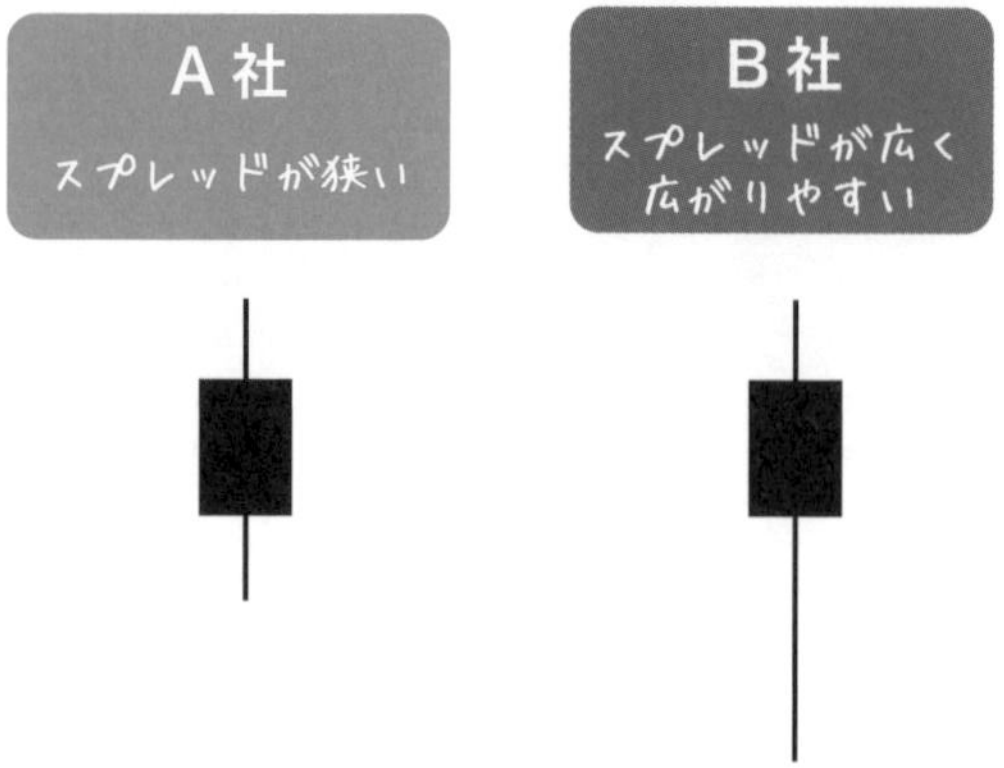

定できる**スプレッドが広がった結果発生したヒゲ**なので、投資家心理から発生するヒゲとは全く別ものなのです。

これらの説明からも、スプレッドは投資家の取引コスト低減の面からも大切ですし、正しいチャート分析をする上でも大切なのです。

おすすめのFX会社やFXチャートソフトは4時限目で解説しますので、参考にしてください。

4 pips《ピップス》は為替レートの基本単位

「pips」とは**為替レートの基本単位**で、円を含む通貨ペア（米ドル／円やユーロ／円など）では「**1pips＝0.01円**（1銭）」、円を含まない通貨ペア（ユーロ／米ドルや英ポンド／米ドルなど）では「**1pips＝0.0001米ドル**」となります。

例えば、米ドル／円が108.505円から108.565円に上昇した時、「0.06円＝6銭＝6pips」分だけ上昇したことになります。

ユーロ／米ドルが1ユーロ＝1.0860米ドルから1.0880米ドルに上昇した時、「0.0020ドル＝20pips」分だけ上昇したことになります。

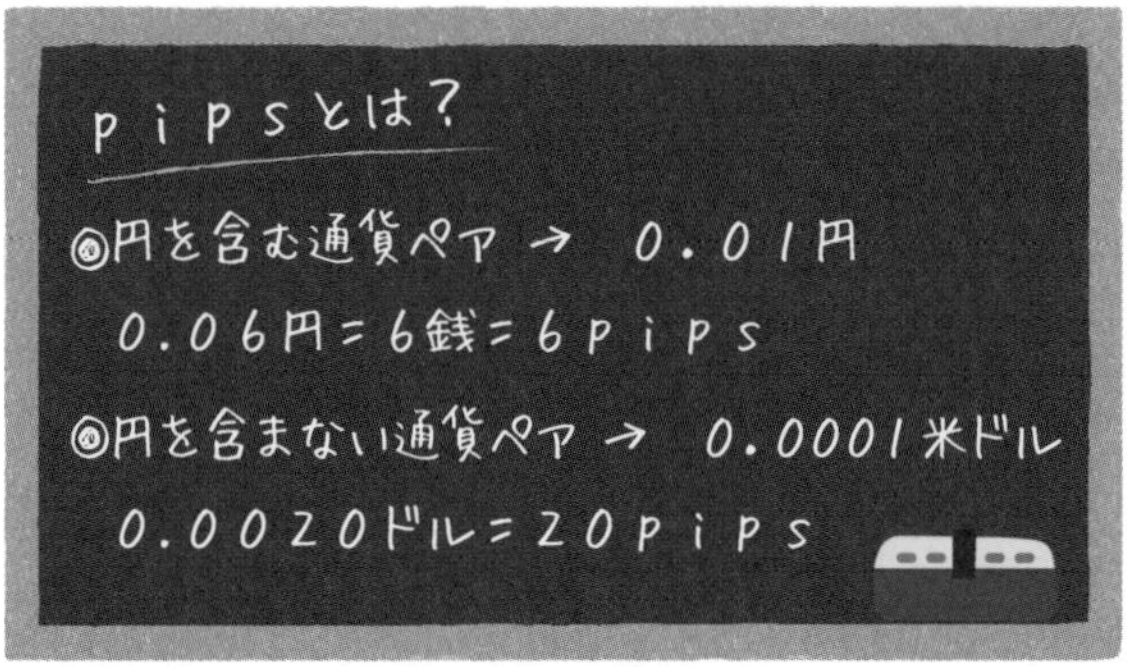
pipsとは？
◎円を含む通貨ペア → 0.01円
0.06円＝6銭＝6pips
◎円を含まない通貨ペア → 0.0001米ドル
0.0020ドル＝20pips

04 FXで稼ぐには3つの動きを覚えるだけ

1 3パターンに応じ適切にトレードする

為替相場は一見複雑な値動きをしているように見えますが、

❶ 上昇トレンド
❷ 下降トレンド
❸ 横ばい（レンジ）

の3つの相場環境しかありません。

この中で一番多い相場環境である**レンジが全体の約7割**を占め、トレンドが発生している時は、全体の約3割しかないのです。

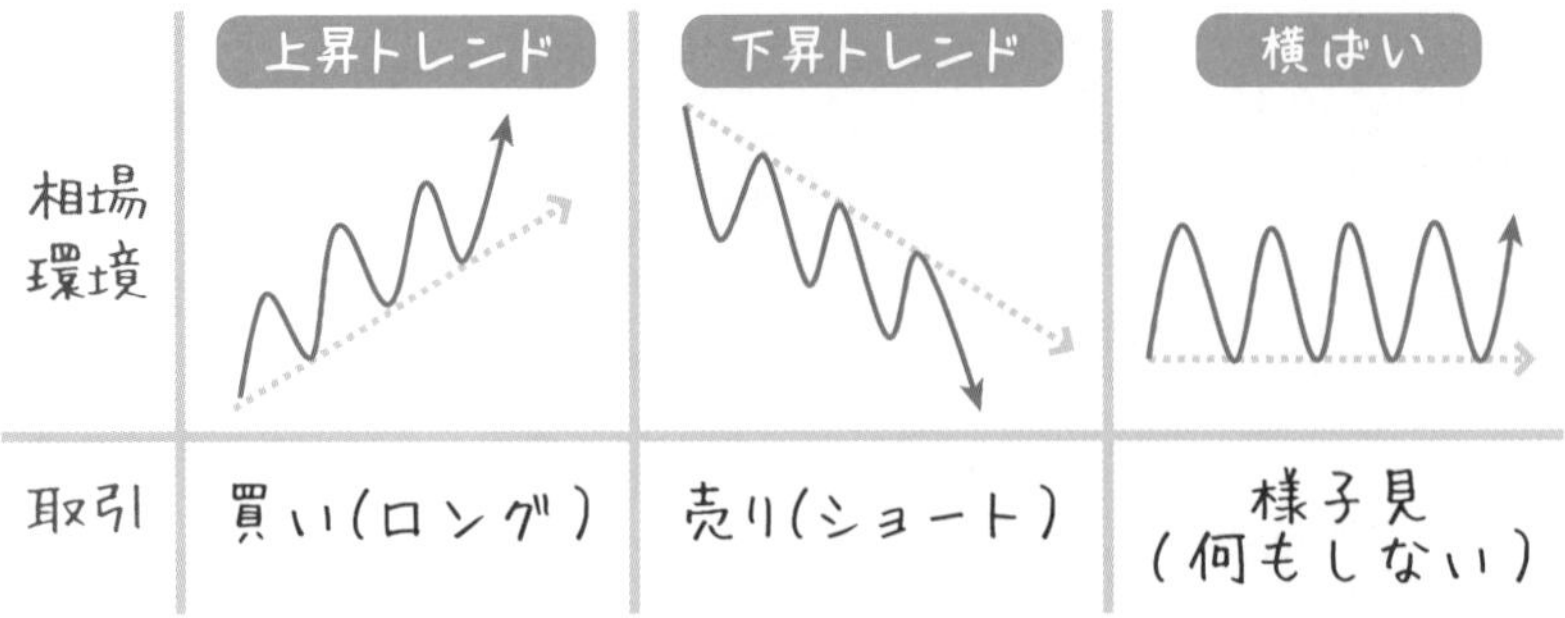

そして、各相場環境に対して投資家がするべき選択肢は明確に決まっています。

❶上昇トレンドであれば買い（ロング）
❷下降トレンドであれば売り（ショート）
❸横ばいであれば何もしない様子見

です。**これ以外の選択肢はあり得ません。**

ＦＸで稼ぐには、最初に現在の相場環境を分析し、上昇トレンドなのか下降トレンドなのか、それともトレンドなしの横ばいなのかを認識し、それぞれの**相場環境に合わせた適切な選択肢をたんたんと実行**すれば利益を上げることができます。

ではなぜ、こんな単純明快なことが難しいと感じるのでしょうか？　そこには多くの理由が挙げられます。相場環境をどのように分析すればいいのかわからない人や、分析は正しくできるのに、頭ではわかっていても上昇トレンドで売りを仕掛けたり、横ばいで**本来手出しすべきでない相場で積極的にトレード**して負けてしまう人が多いのです。

2 相場環境を見極めるにはテクニカル分析を使おう

今の相場環境がどんな状態なのかを確認するには、テクニカル分析を使う必要があります。

テクニカル分析には、

❶上昇・下降・横ばいを認識するトレンド系
❷買われ過ぎ・売られ過ぎを認識するオシレーター系

に分けられます。

ここで、現在の相場の環境が、上昇・下降・横ばいのどれなのかを判断するのに使われるテクニカル分析が**トレンド系**です。

詳しくは、２時限目以降（１０５ページ）で学習しますが、「**移動平均線**」「**トレンドライン**」「**ボリンジャーバンド**」などがトレンド系のテクニカル分析に該当します。

トレンド系のテクニカル分析で現在の相場環境を認識し、それぞれの相場環境に適した選択肢を取るのがトレードの第一歩となります。

3 様子見こそ最善の選択肢である

ＦＸ初心者や勝てていない投資家に共通するのが、**「様子見」**

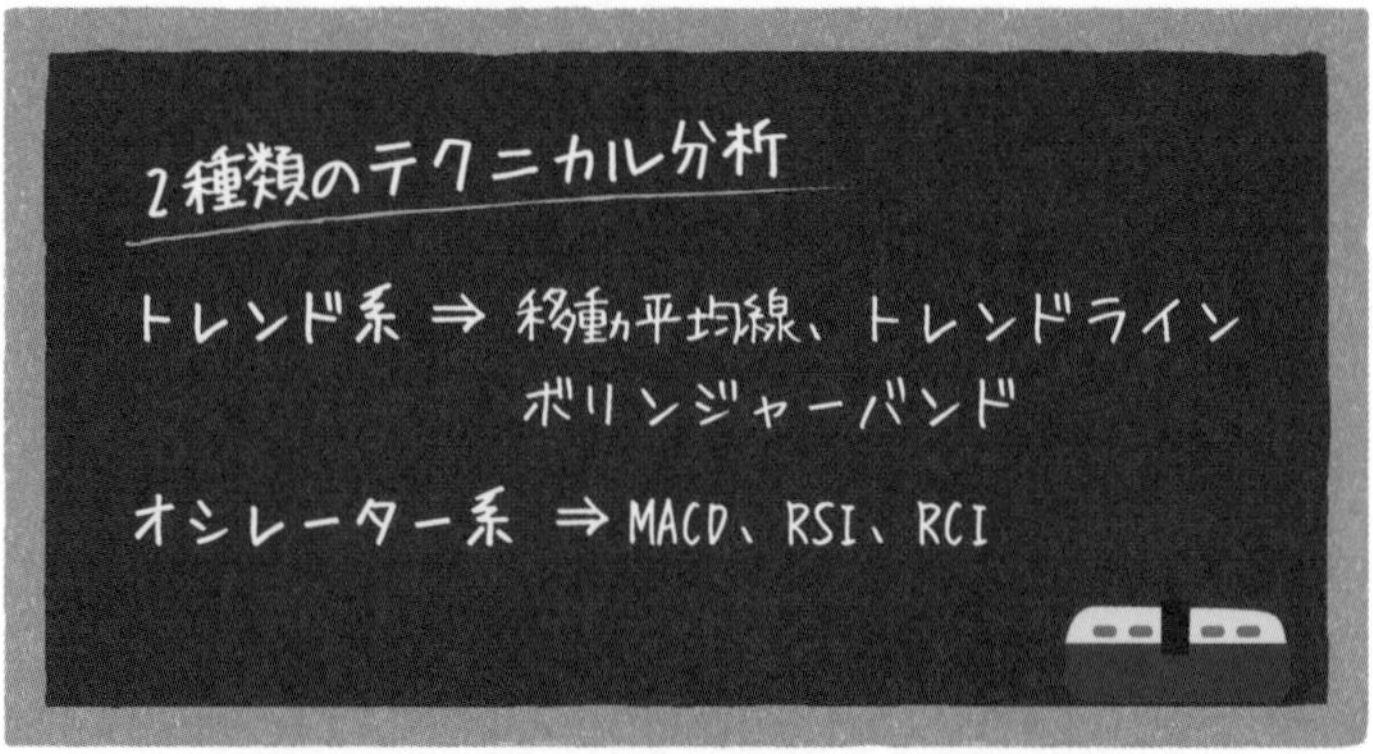
2種類のテクニカル分析
トレンド系 ⇒ 移動平均線、トレンドライン
ボリンジャーバンド
オシレーター系 ⇒ MACD、RSI、RCI

の選択肢をなかなか採れないことです。

「待つ」という姿勢が採れない投資家は、チャートを見た瞬間に全てが自分にとって利益を得るチャンスに見えてしまい、すぐにエントリーを繰り返す**「ポジポジ病」**になります。

ポジポジ病でトレード回数が増えれば増えるほど、本来手を出すべきでなかった相場で**無駄なトレードが増え**たり、スプレッド分だけ**取引コスト**がかさんだりします。

金融機関で働くプロのトレーダーであれば、常に利益という成果が求められるので、何もしないで様子見という選択肢は採りづらいです。一方、**個人投資家の最大の強み**は、**取引するかしないかは全て自分の裁量判断で決められる**ことです。

自分の得意とするチャートパターンが見つかれば、それだけに絞って取引するだけで勝率はグッと上がるでしょう。時にはそのパターンがなかなか訪れずに、1週間以上待つことになるかもしれません。しかし、焦ってよくわからない難しい相場で手を出して、負けてしまう方がよほど悪手です。**様子見で取引を控えれば、勝つことはありませんが負けることもありません。**

一方、チャンスでもない相場で取引を繰り返して負けが増えれば、ばん回することも難しくなります。

横ばいなどの判断が難しい相場ではトレードを控え、**わかりやすいトレンドやパターンが発生するのを徹底的に待ちましょう。**

05 FXのトレード手法は順張りと逆張りの2つだけ

1 順張りと逆張りの意味

FXのトレード手法には、

❶ **トレンド方向に沿ってエントリーする「順張り」**
❷ **トレンド方向とは逆の方向に仕掛ける「逆張り」**

の2種類があります。例えば、相場環境が上昇トレンドの時、買いで仕掛けるのが順張り、反対に売りで仕掛けるのが逆張りです。トレーダーによって使用するテクニカル分析の種類は様々ですが、いずれの手法も必ず順張りか逆張りかのどちらかに分けられます。

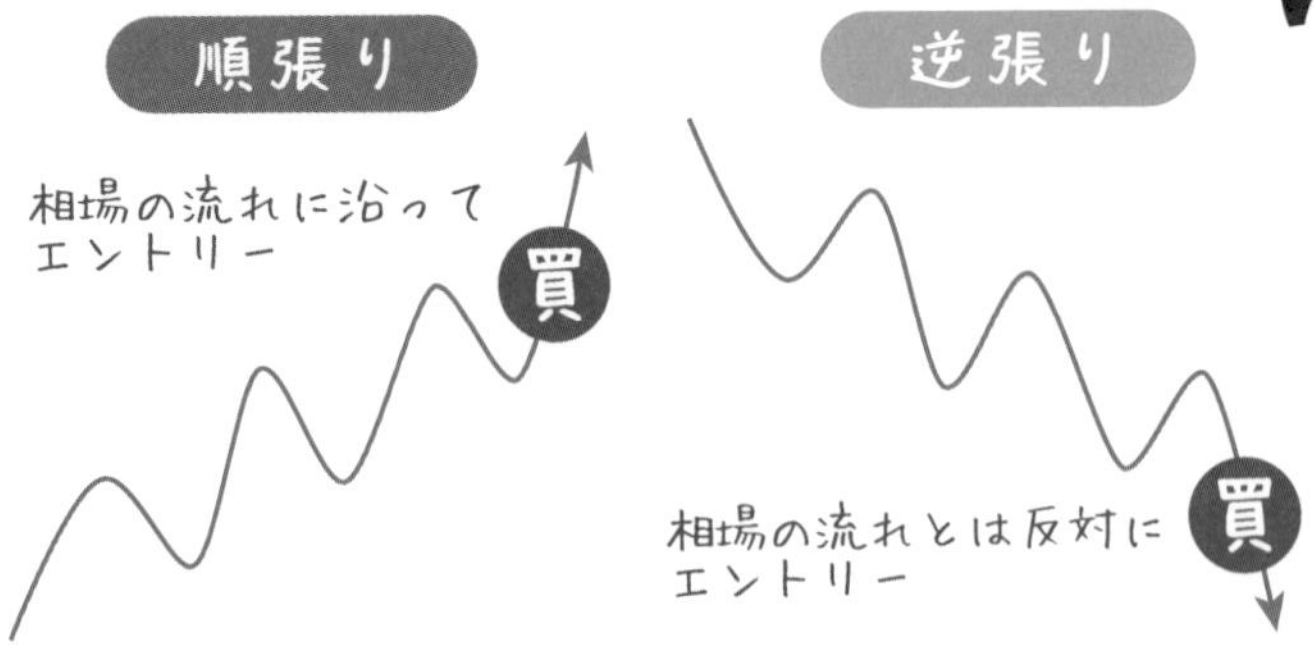

2 初心者におすすめな順張り

順張りと逆張りの手法は、それぞれ一長一短があり、トレンドが出始めて、まだまだ続くという場面では順張り、逆にトレンドの終盤であれば逆張りを選択することになります。ただし、**「いつまでトレンドが続くのか？」を分析**できなければ、ただの知識止まりで実践で使うことはできません。

ここからは、順張りと逆張りの考え方を一歩踏み込んで理解しましょう。

押し目と戻り目は高勝率のポイント

相場環境認識で上昇トレンドと判断したら、どこでもすぐに買いでエントリーできるかというとそうではありません。確かに上昇トレンドが続く限り、どこで買っても利益は出ますが、更に勝率を高める工夫をするべきです。

それが何かと言うと、**「押し目」と「戻り目」でエントリー**することです。

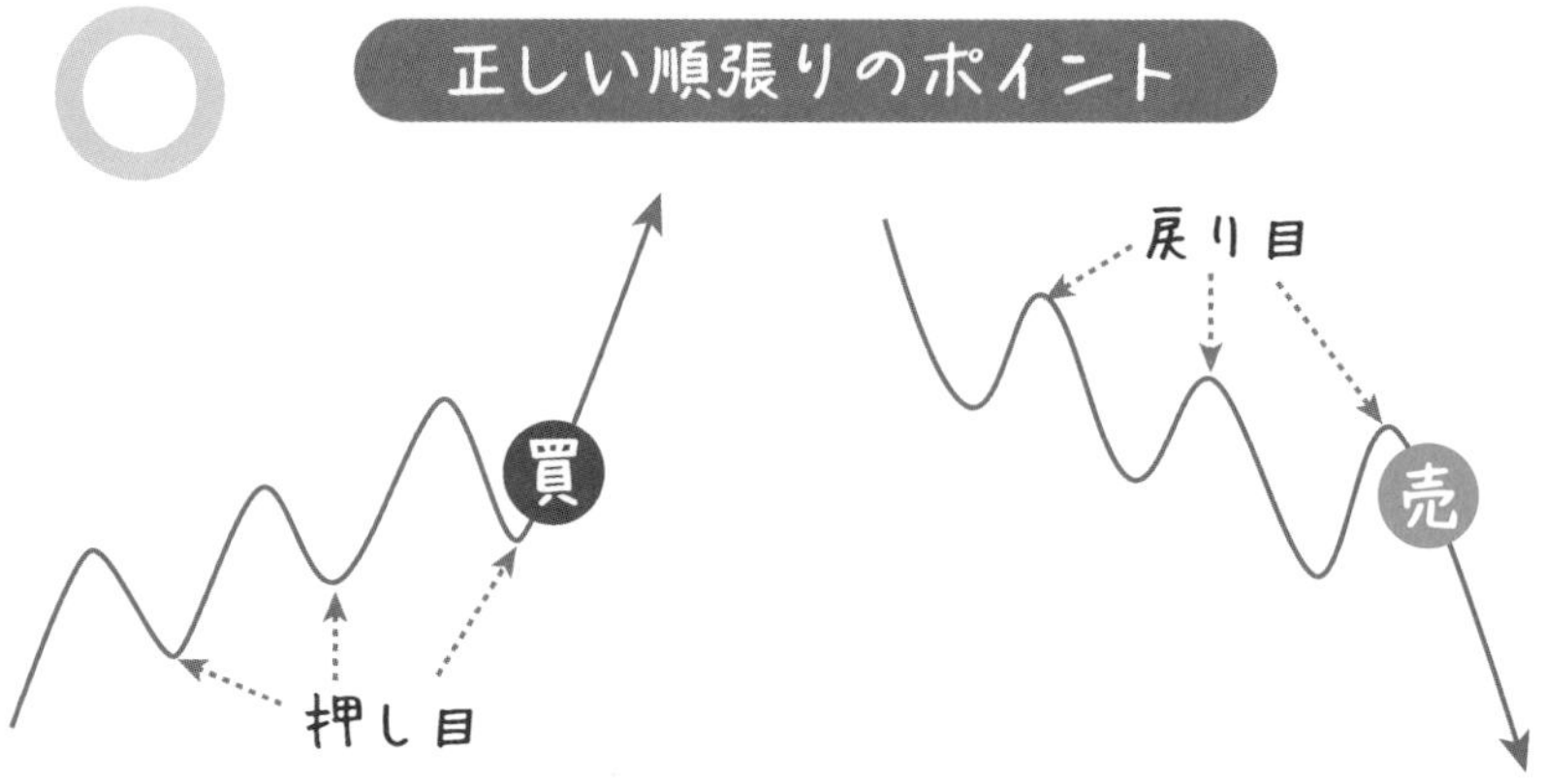

相場というのは、どんなに強いトレンドが発生しても一直線に上昇または下落することはありません。上昇トレンドの中には一時的な下落である「**押し目**」がありますし、下降トレンドの中には一時的な上昇である「戻り目」があります。

つまり、

上昇トレンド⬇一時的な下落である押し目が買いポイント
下降トレンド⬇一時的な上昇である戻り目が売りポイント

になります。

誤った順張り

順張りの手法でも、勝率が悪く避けるべきポイントが下図の通りです。これは相場が勢いよく上昇して上がりきったところで買ったり、勢いよく下落して下がりきったところで売ったりしてしまう典型的な例です。

特に不慣れな初心者の場合、相場が急に上昇しているのを見て追っ掛けて買いエントリーしたとたん、すぐに下落して

誤った順張りのポイント

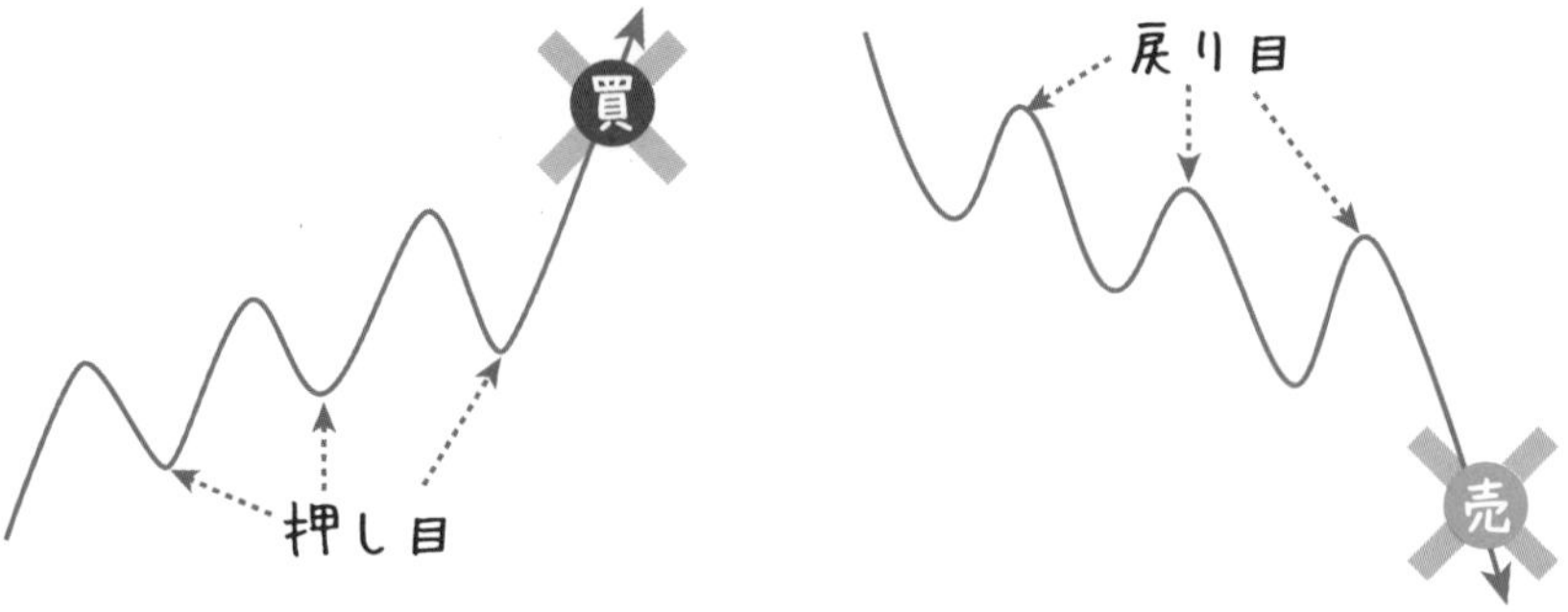

含み損を抱えてしまったなんて経験はあるでしょう。そして、自分が損切りしたとたん、相場は再び上昇し出し、慌てて再び買いでエントリー、なんてこともよくあります。

これは相場に翻弄されている状態で、安定して勝つとは程遠い状態です。トレンドに沿ってエントリーする順張りの場合も、**相場の押し目・戻り目を狙うこと**で含み損を抱えるリスクも減り、なおかつ良いレートでエントリーできるでしょう。

逆張りはトレンド転換のサインが出た時のみ

トレンドとは逆の方向にエントリーする逆張りも注意点があります。例えば、上昇トレンドを見て「そろそろ下がりそうだから売りで入ろう」なんてトレードは逆張りとは言いません。

「もうこれ以上上がらないだろう」「そろそろ上がりそうだから買おう」「もうこれ以上は下がらないだろう」、このような何の根拠もないただの**勘だけで逆張りエントリーするのはトレードとは言わず、ただのギャンブル**です。

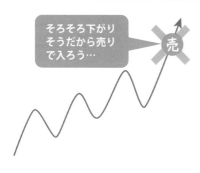

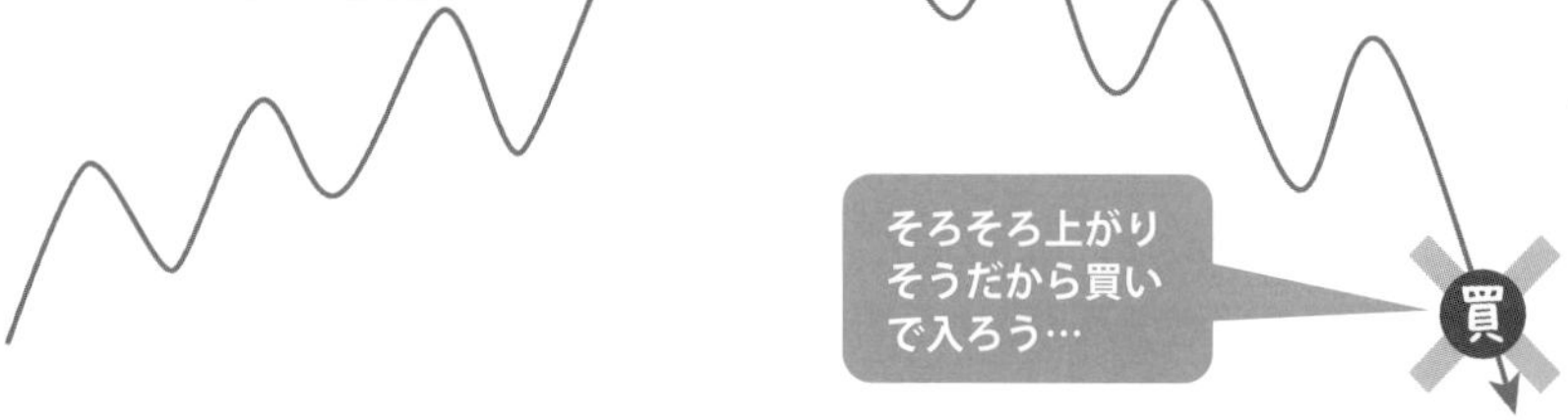

逆張りは反転パターンの形成を確認してから

逆張りは上手くいけばトレンド転換をとらえられるので大きな利益を狙えますが、**トレンドに逆らうので順張りよりも難しい**手法です。

そろそろトレンドが転換しそうだという判断は、明確な根拠の理由が必要です。**値ごろ感だけを見て判断するのは根拠にはなりません**。

では、**トレンド転換**にはどのような判断根拠が求められるのでしょうか？ ローソク足チャートで説明した「長いヒゲのトンカチやカラカサ」も根拠の一つになりますが、たったそれだけを根拠に逆張りを仕掛けるのはまだまだリスクが高いです。

逆張りをする際は、トレード転換のサインとして有名な**「反転パターン」の形成を確認してから仕掛ける**のがおすすめです。

例えば、高値が同じ水準で2回反転し、**ネックラインを割った時点**（下図参照）で、トレンド転換の可能性を示す

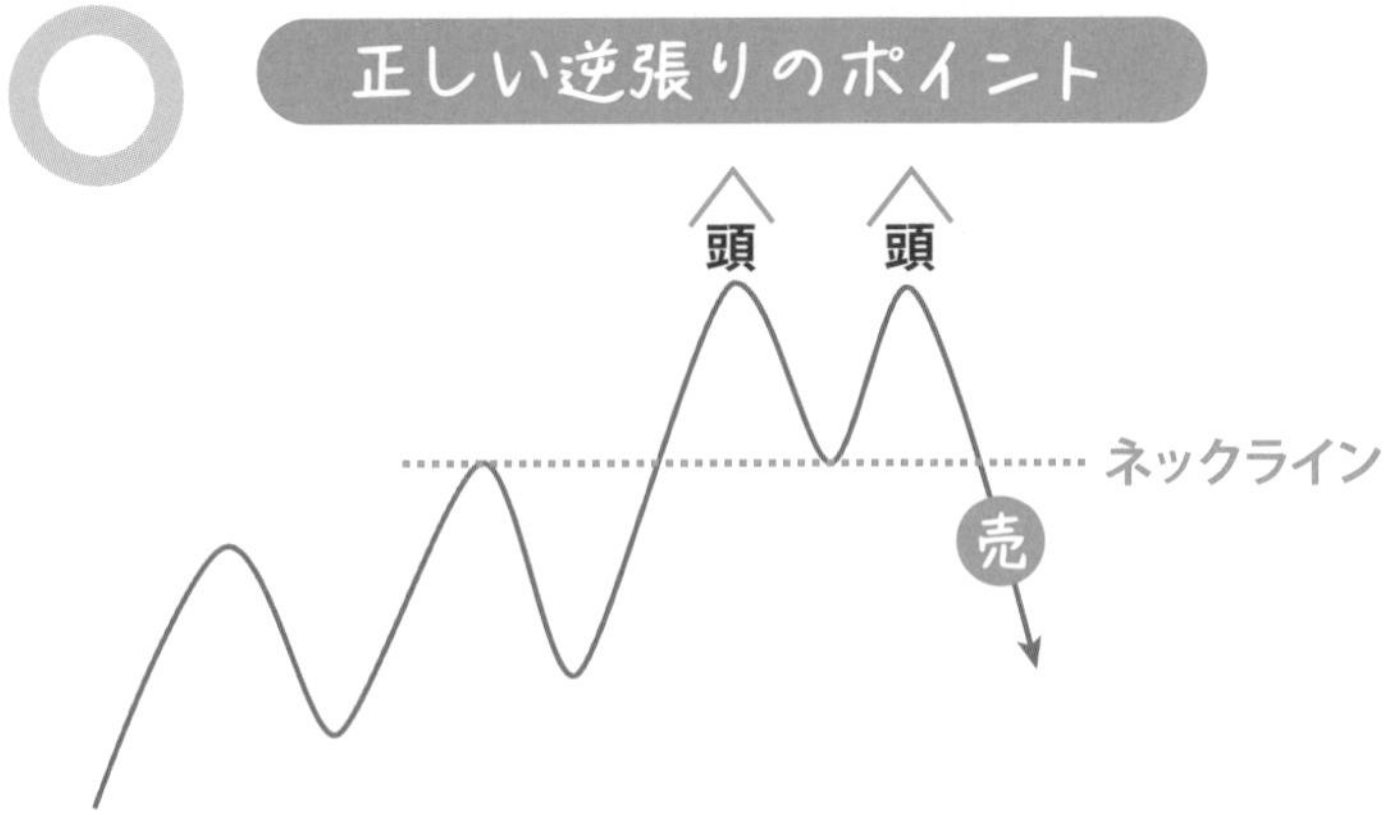

「**ダブルトップ**」が完成となります。

もちろん、相場の世界に「絶対」「100%」という言葉はありませんので、ダブルトップが完成した後に、再び相場が上昇トレンドになるケースもありますが、そろそろ下がりそうだから売るという何の根拠もないトレードに比べれば、勝率はグッと上がります。

逆張りは順張りよりも難しい手法です！
トレード転換のサインとして有名な「反転パターン」の形成を確認するのが大事です。

06 トレンド転換を示唆するチャートパターン

チャートにはトレンドの転換を示唆する『**反転パターン**』と、トレンドの継続を示唆する『**継続パターン**』があります。

これらの典型的なチャートの形を知っておくだけでも、「お、そろそろこのパターンが完成するかな？」と事前にパターンの完成を予想して、**先回りして投資の判断**をすることができるようになります。

1 ヘッドアンドショルダー（三尊）

最初のチャートパターンは「ヘッドアンドショルダー」です。**真ん中に頭となる大きな山があり、その両側に肩となる小さな山が2つ**ある形で、**三尊**《さんぞん》とも呼ばれます。

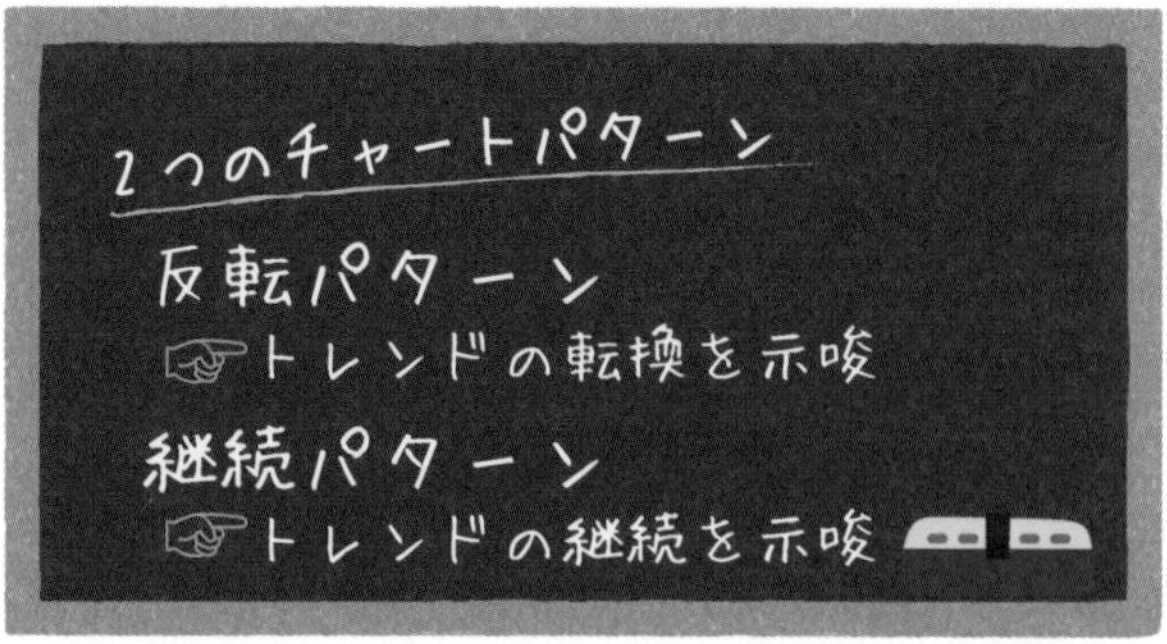
2つのチャートパターン
反転パターン
☞トレンドの転換を示唆
継続パターン
☞トレンドの継続を示唆

ヘッドアンドショルダーは両肩と頭のそれぞれの安値を結んだ線である**ネックラインを下に割れて完成**となり、**上昇トレンドから下降トレンドへの転換**を示唆する有名な形です。

ヘッドアンドショルダーを逆にした形も同様に反転パターンであり、下降トレンドから上昇トレンドへの転換を示唆します。

売買ポイントは、ヘッドアンドショルダーの完成を事前に予想して仕掛ける場合には、右肩からの反転箇所である**売1**（または**買1**）です。

その後、ヘッドアンドショルダーが完成すればより早い地点でエントリーできているので大きな利益を得られる反面、ダマしになるリスクもあります。

より慎重に取引したいならば、ネックラインを割った**売2**（または**買2**）ですが、仕掛けが遅い分、**売1（買1）よりもレートは悪く**なります。

ヘッドアンドショルダーや、この後に説明する反転パターンもそうですが、**安値圏や高値圏で完成**することが条件です。**反転パターン**を学習すると、パターンの位置や直前のトレンド状況を無視して反転パターンと解釈する人がいますが危険です。

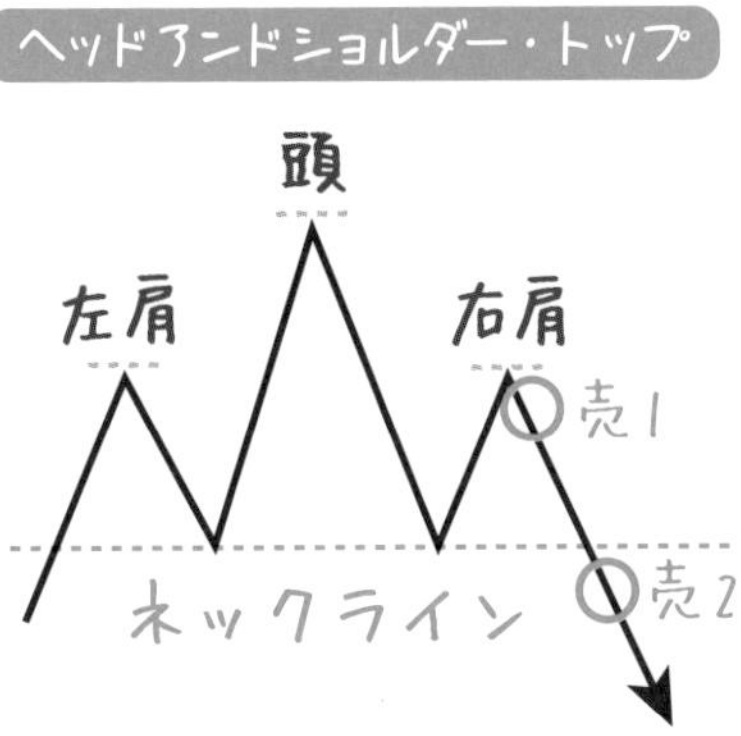

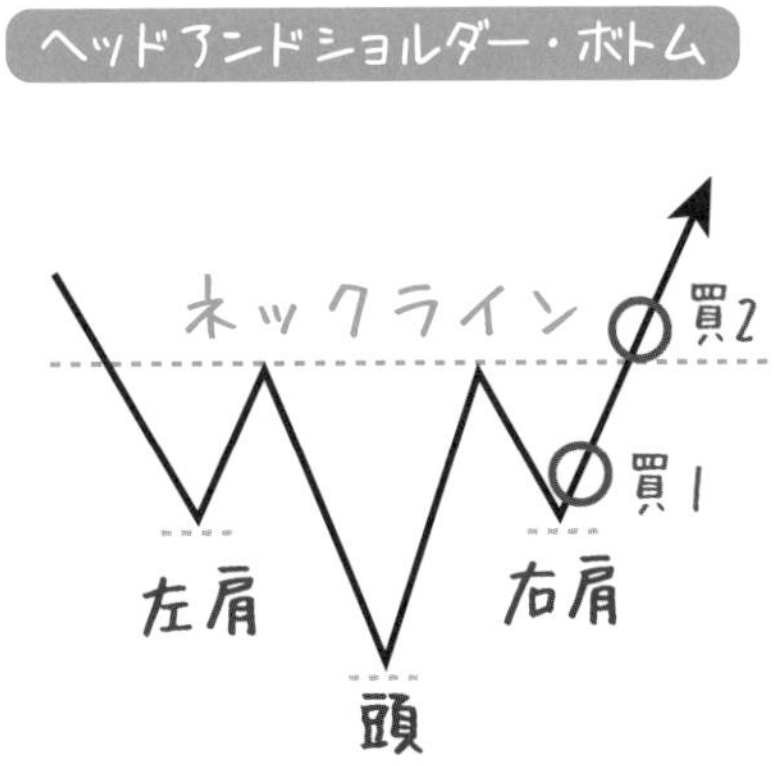

例えば、ヘッドアンドショルダーで**パターン1**の箇所は、直前のトレンドが**上昇トレンド**であり、かつ**高値圏で発生**しているので正しいヘッドアンドショルダーであるとみなせます。

一方、**パターン2**と**パターン3**はどうでしょうか？

パターン2と3は、高値圏ではなく、それに加えて直前のトレンドが下降トレンドなので、形はヘッドアンドショルダーでも、トレンド転換を示唆する**ヘッドアンドショルダーとは全く異質のもの**と言えます。

そもそも、ヘッドアンドショルダーは上昇トレンドから下降トレンドへの転換を示すものであり、直前のトレンドが下降トレンドであれば、何を示すのかよくわかりませんし、トレード判断にも使用できません。

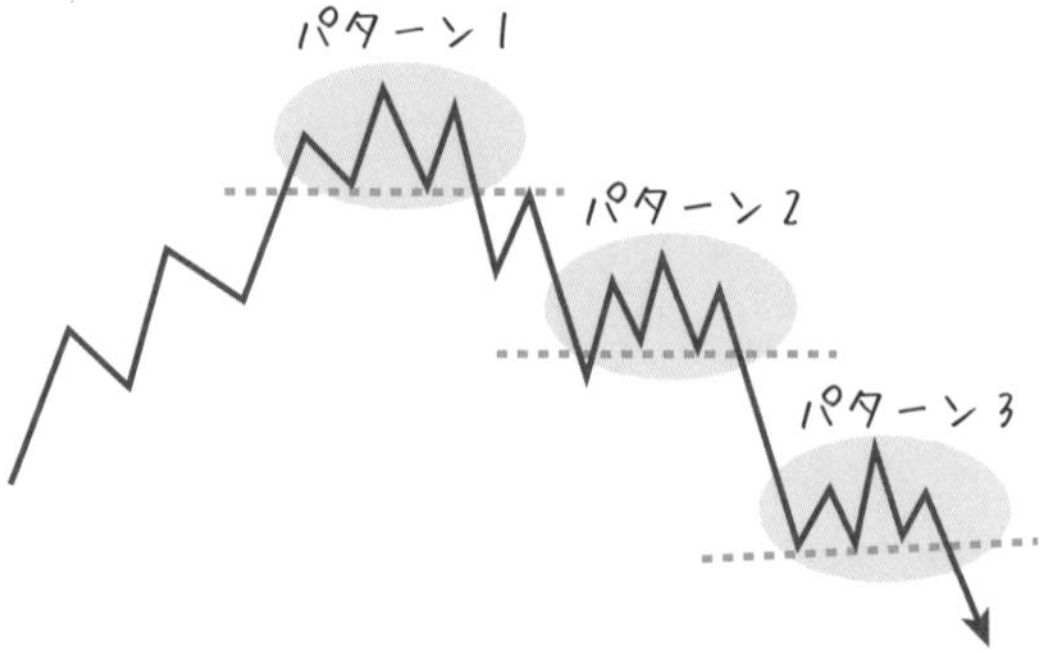

2 トリプルトップ（ボトム）とダブルトップ（ボトム）

トリプルトップ（ボトム）

ヘッドアンドショルダーと同様に、トレンド転換を示唆する代表的な形が「トリプルトップ

（ボトム）」と「ダブルトップ（ボトム）」です。

トリプルトップ（ボトム）は**頭が3つ**あるチャートの形で、頭同士の安値（高値）を結んだ**ネックラインを抜けて完成**となります。

2度上昇（下落）を試みたものの、最初の頭を更新できず、買い勢力と売り勢力の構図が逆転して下落（上昇）に転じるのです。

ダブルトップ（ボトム）

また、似たような形で頭が2つあるのが**ダブルトップ（ボトム）**です。ただし、反転（頭の数）が多い分、トリプルトップの方がダブルトップより強力なトレンド転換のサインとなります。

売買ポイントは、反転パターン完成を事前に予想して積極的に仕掛けるなら売1・買1、より慎重に行くならば完成後の売2・買2です。

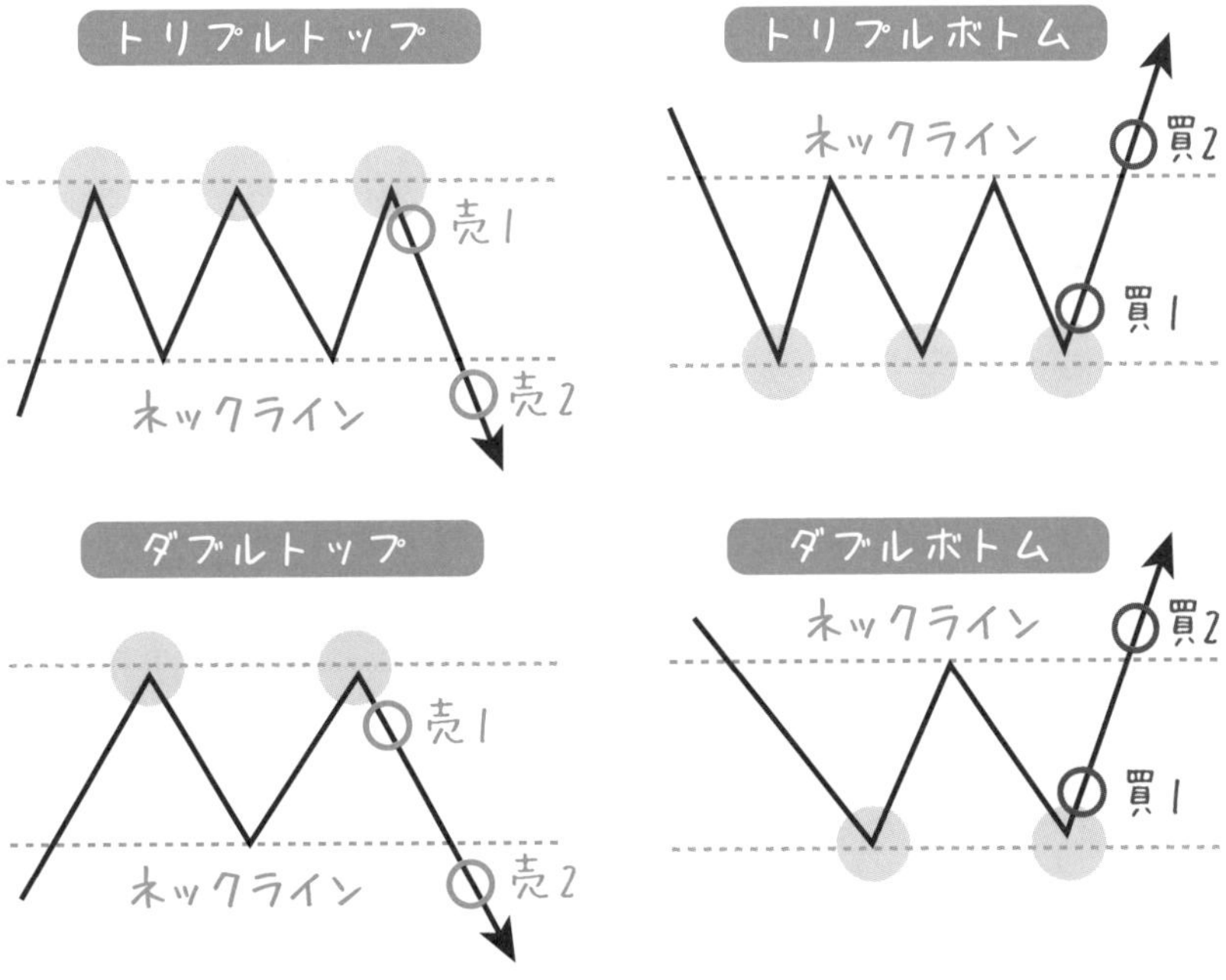

3 ソーサートップ（ボトム）

ソーサートップ（ボトム）の**ソーサーは「お皿」を意味**し、高値圏・安値圏でこのような形になった時にトレンド転換を示唆するチャートパターンです。

ソーサートップは、**緩やかに上昇**する中、目立った上げもなく次第に横向きのもみ合いが続き、安値を徐々に切り下げていき、大きく下落。そして、**プラットフォームと呼ばれる保ち合いを形成**して**ネックラインを割って完成**です。

ソーサーボトムも同様にソーサートップを逆にした形です。

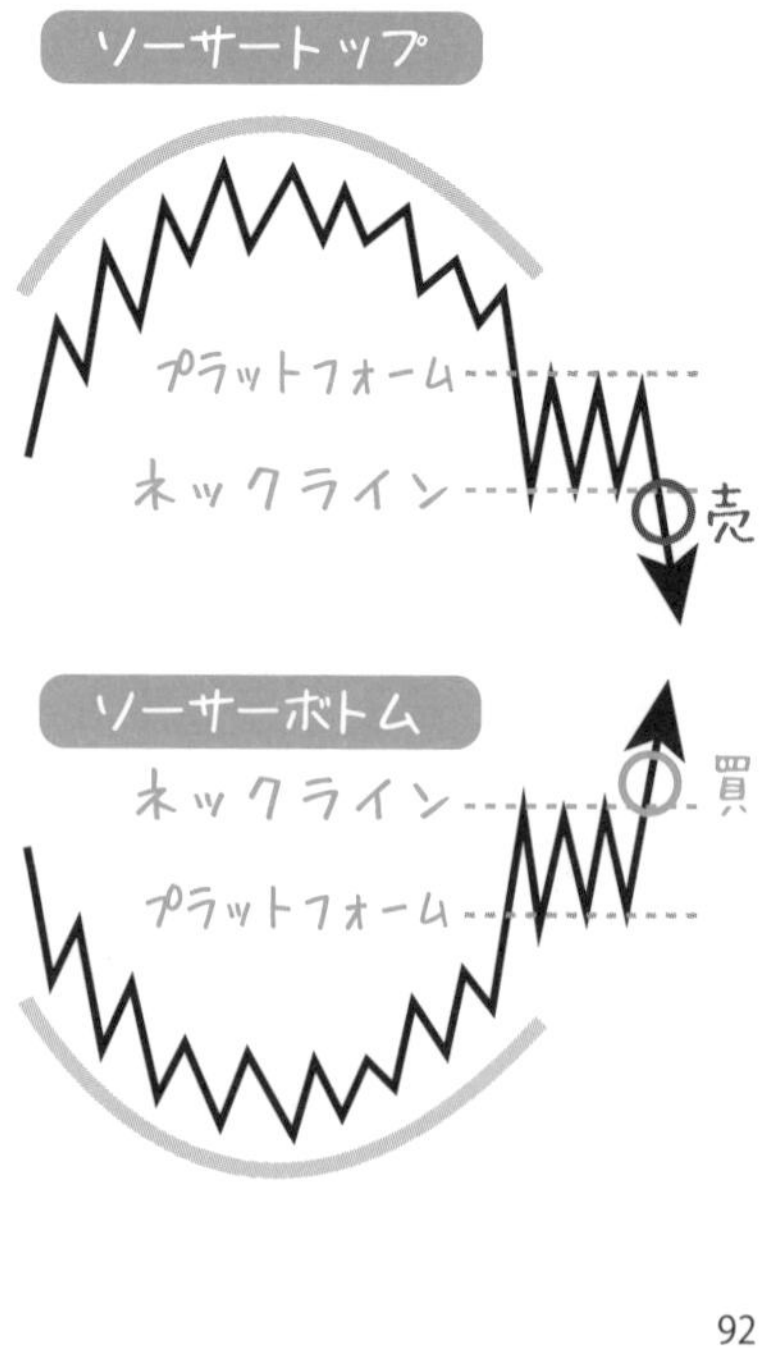

4 スパイクトップ（ボトム）

スパイクトップ（ボトム）は、日本語で「**V字トップ（ボトム）**」と呼ばれるものです。

その名の通り、トレンド転換時に何らチャートの特徴や節目が見つからず、**急激にトレンド転換**するのがこの形です。

背景に、ファンダメンタルズ的な新たなニュースが出た時や、一方に偏ったポジション解消が急激に進んだ時に発生します。

実際のトレードでは、スパイクトップ（ボトム）を判断して逆張りするのはリスクも高いので、静観するのが望ましいと言えます。

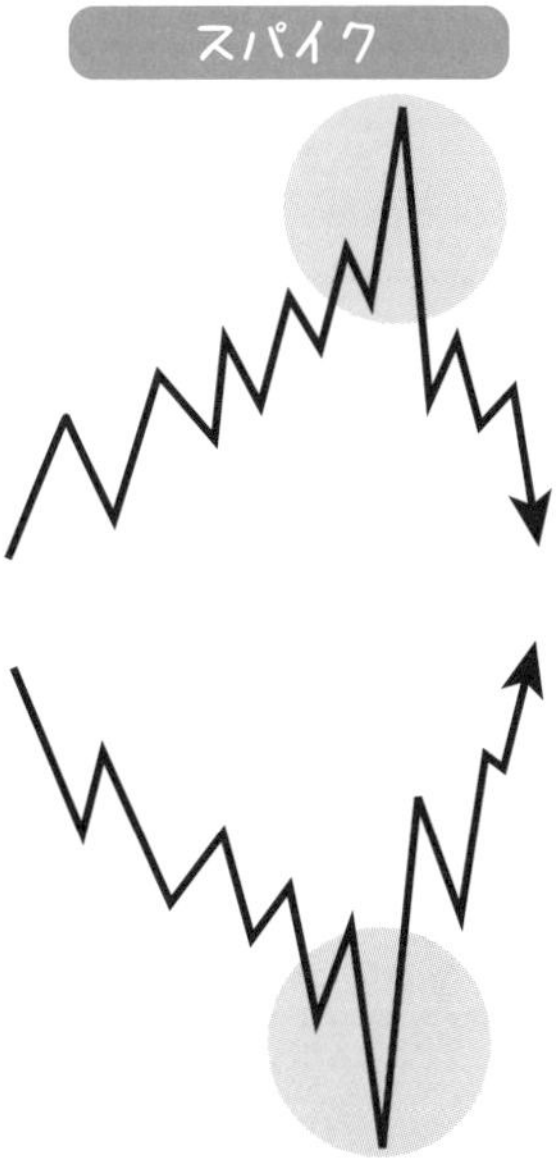

5 カップウィズハンドル

最後に取り挙げる反転パターンは、**底値圏で発生し、上昇トレンドへ転換**するカップウィズハンドルです。ただし、カップウィズハンドルに関しては、下落トレンドから上昇トレンドへの転換だけでなく、上昇トレンドの最中に発生して更に上昇を目指す場面でも発生します。

チャートの形状がコーヒーカップに似ていることから、このような名が付けられています。最初の高値を、上抜けを試すも失敗し、その後、再度トライして上抜けした時点でパターンの完成で買いのポイントとなります。

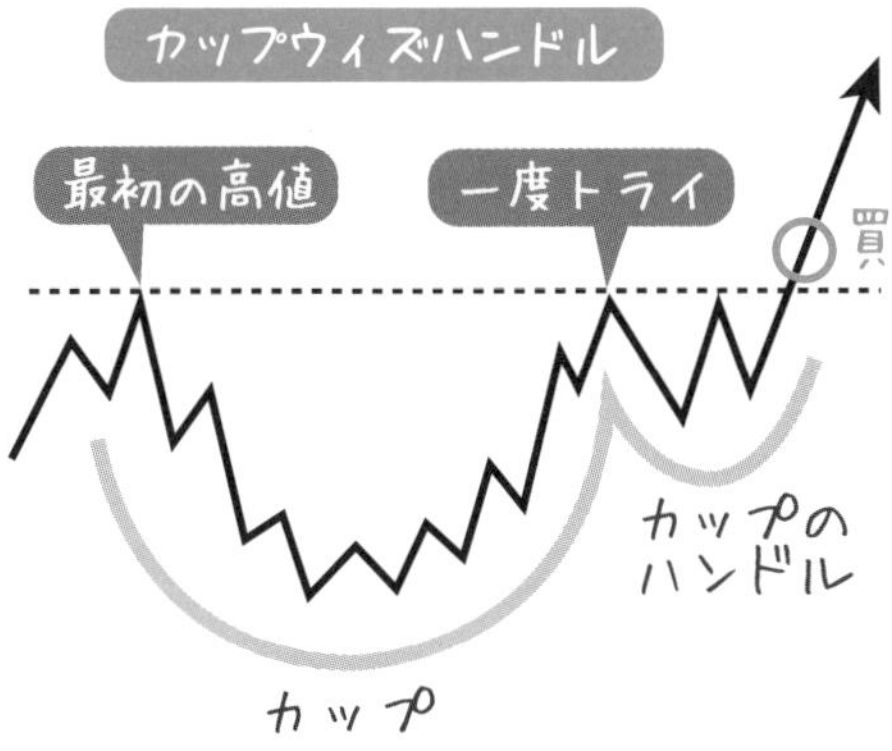

07 トレンド継続を示唆するチャートパターン

どんなトレンドも、その中には一時休止となる「もみ合い」が存在します。そして、その**もみ合いの形を理解する**ことで、トレンドが引き続き継続すると予想でき、適切なトレードを行うことができます。

1 三角保《も》ち《ち》合《あ》い《い》（トライアングル）

最も代表的な形は、「**三角保ち合い（トライアングル）**」です。その名の通り、チャートが高値と高値、安値と安値を結ぶと三角形になっています。

ここで、三角保ち合いにも３つ種類があり、それぞれ意味するところが違います。

シンメトリカルトライアングル

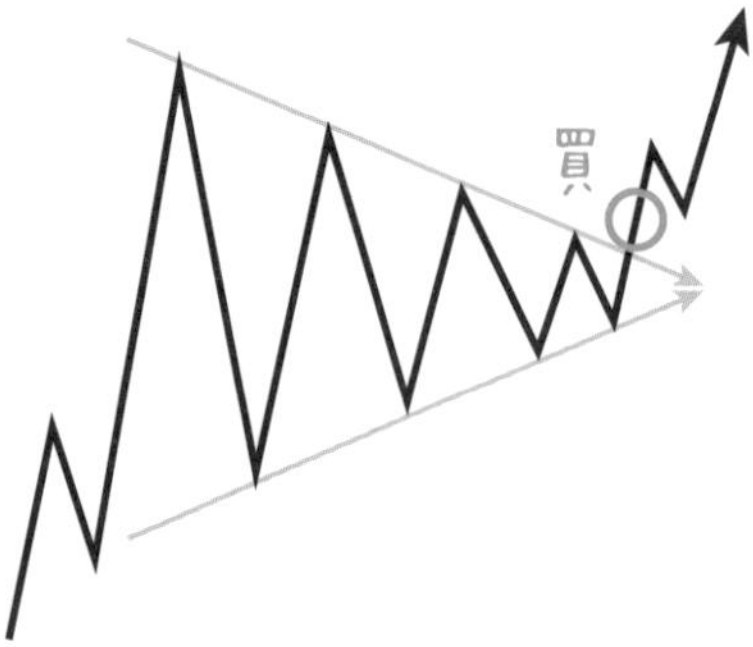

❶ **シンメトリカル（対称三角形）：前のトレンド継続**
❷ **アセンディング（上昇三角形）：上昇トレンド継続**
❸ **ディセンディング（下降三角形）：下降トレンド継続**

シンメトリカルは、上値は切り下がり・安値は切り上がる形で、**前のトレンド継続**を示唆します。つまり、上昇トレンドなら上昇トレンド継続、下降トレンドなら下降トレンド継続です。

アセンディングは、**安値のみ切り上げる強気の形**で、上昇トレンドの一時休止で発生し、上昇トレンド継続を示唆します。

一方、**ディセンディング**は、**高値のみ切り下げる弱気の形**で、下降トレンドの一時休止で発生し、下降トレンド継続を示唆します。

それぞれの売買ポイントは、**三角保ち合いを抜けた時点がエントリータイミング**となります。

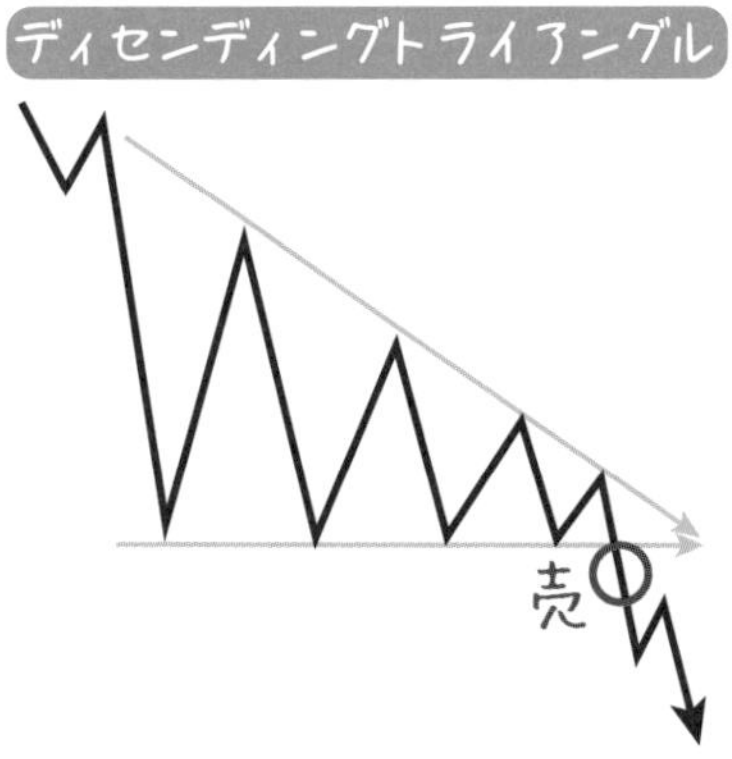

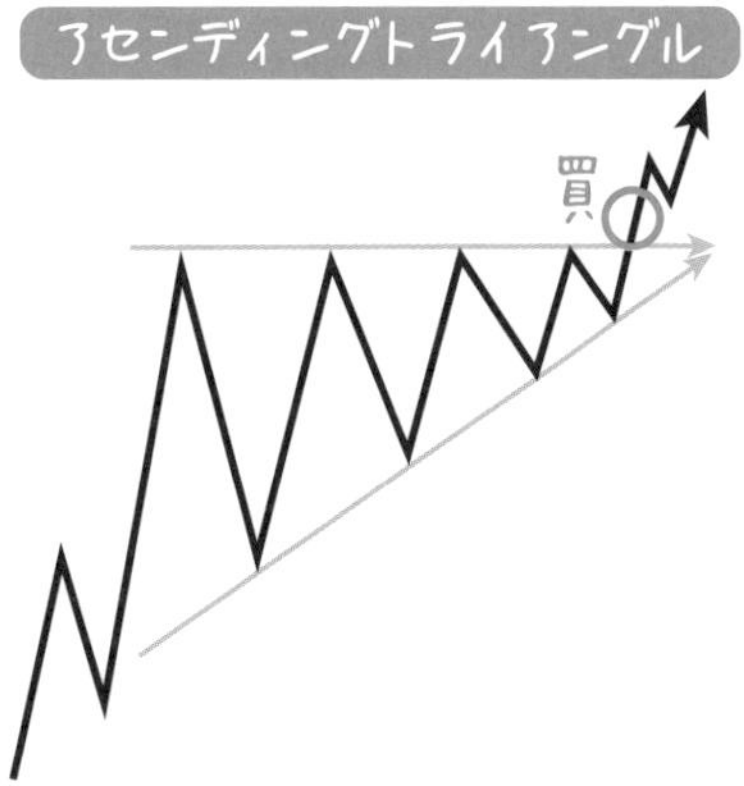

2 ペナント・フラッグ・ウェッジ

三角保ち合いと似たような形が「**ペナント**」です。形自体はシンメトリカルトライアングルと同じですが、より**短期の時間足で発生**し、小型の三角保ち合いと定義されます。その形が示唆する性質も、**前のトレンド継続**となります。

また、「**フラッグ**」と「**ウェッジ**」も、ペナントの親戚のようなもので、前の**トレンドの継続**を示唆し、それぞれ形は下図のようになります。

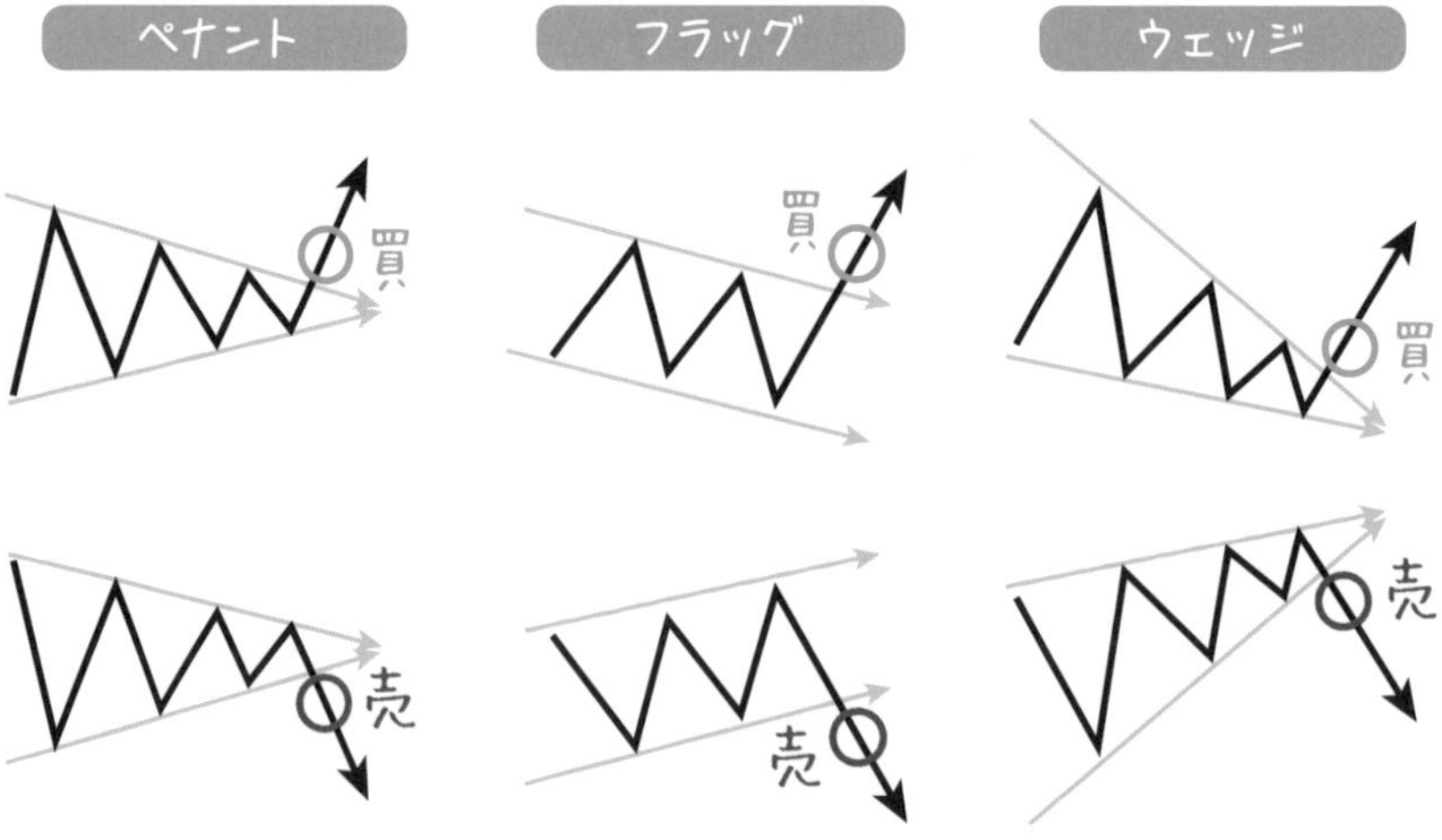

3 ボックス

最後に取り挙げるのは「**ボックス**」です。ボックスは2本の水平線（2時限目で学習）で囲まれた領域で上下するパターンであり、水平線を抜けた時点で完成です。また、前のトレンドの継続を示唆します。

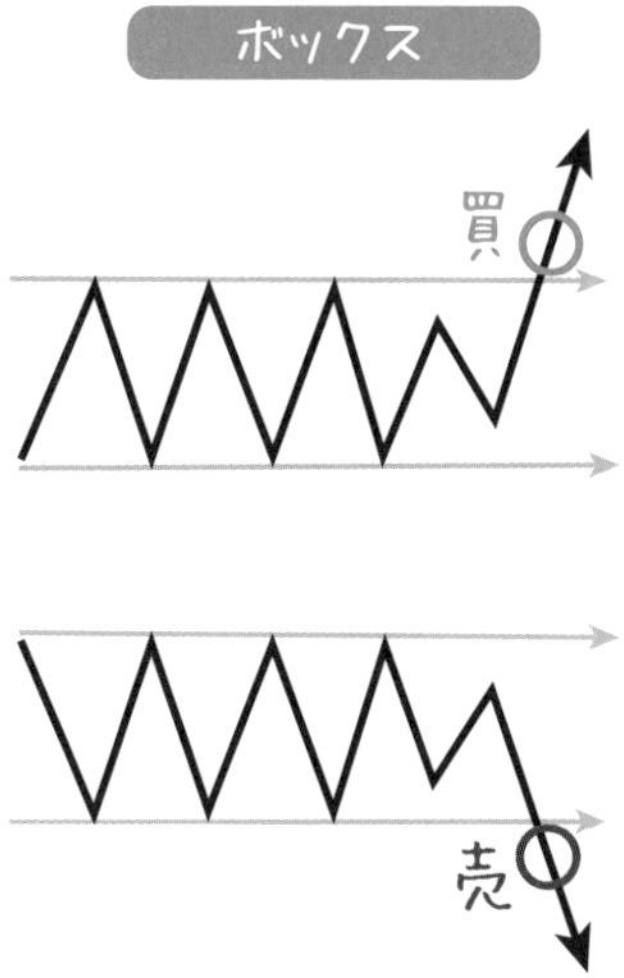

注意点

今回説明したチャートパターンは、完成したら必ず「100%」予想通りに動くわけではありません。そもそも、相場の世界に「絶対」や「必ず」はありません。あくまで可能性が高いのであって、予想と異なる動きになったら、早い段階で損切りをすることが必要です。

08

なぜ9割の投資家が負けるのか？

1 負ける人に共通しているリスクリワード設定

ＦＸで勝てない人に共通する原因はいろいろありますが、特に大きな理由が**「リスクリワード」の設定が損大利小**になっていることです。私的には、リスクリワードはチャート分析と同等かそれ以上に重要な要素だと思っています。

リスクリワードとは、1回のトレードにおける「利益：損失」の比率を意味します。

損小利大のリスクリワード

次の図のように買いエントリー後、利益確定を40銭、損切り

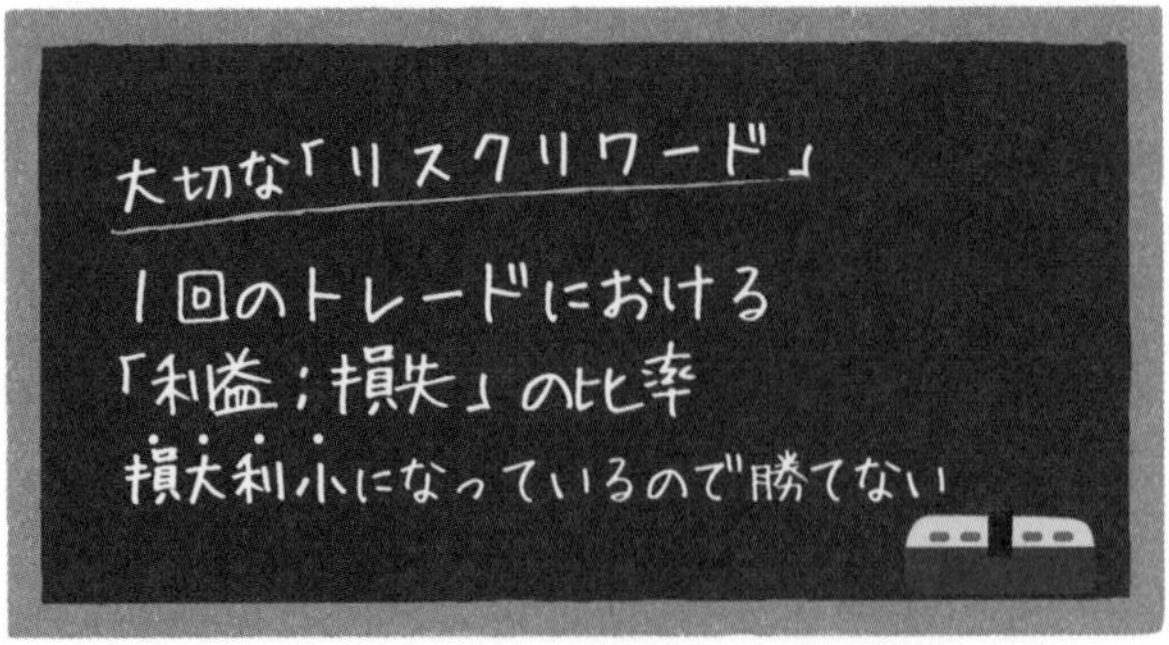

大切な「リスクリワード」
1回のトレードにおける
「利益：損失」の比率
損大利小になっているので勝てない

を20銭で定めた場合、リスクリワードは「**利益：損失＝2：1**」になります。そして、FXで稼ぎ続けるためには、常に損失よりも利益の方が大きい**損小利大**の状態を保つ必要があります。

損大利小のリスクリワード

リスクリワードを**利益：損失＝1：2**で、損失の方が大きい状態でトレードすると、負けの回数よりも勝ちの回数が2倍以上多くならないと利益が残りません。勝率67％以上を出せないとトータルで利益が出ないので、例えば勝率50～60％くらいだとすると、トレードすればするほどマイナスが増えていくことになります。

また、損大利小の習慣がつくと、損切りがなかなかできずに、せっかくコツコツと**稼いだ利益を、たった1回の大負けで全部吹き飛ばしてしまう**可能性もあります。

このように、FXはチャート分析の手法に加えて、資金管理であるリスクリワードも適切に管理しないと稼ぐことはできません。ちょっと利益が出ただけですぐに利益確定

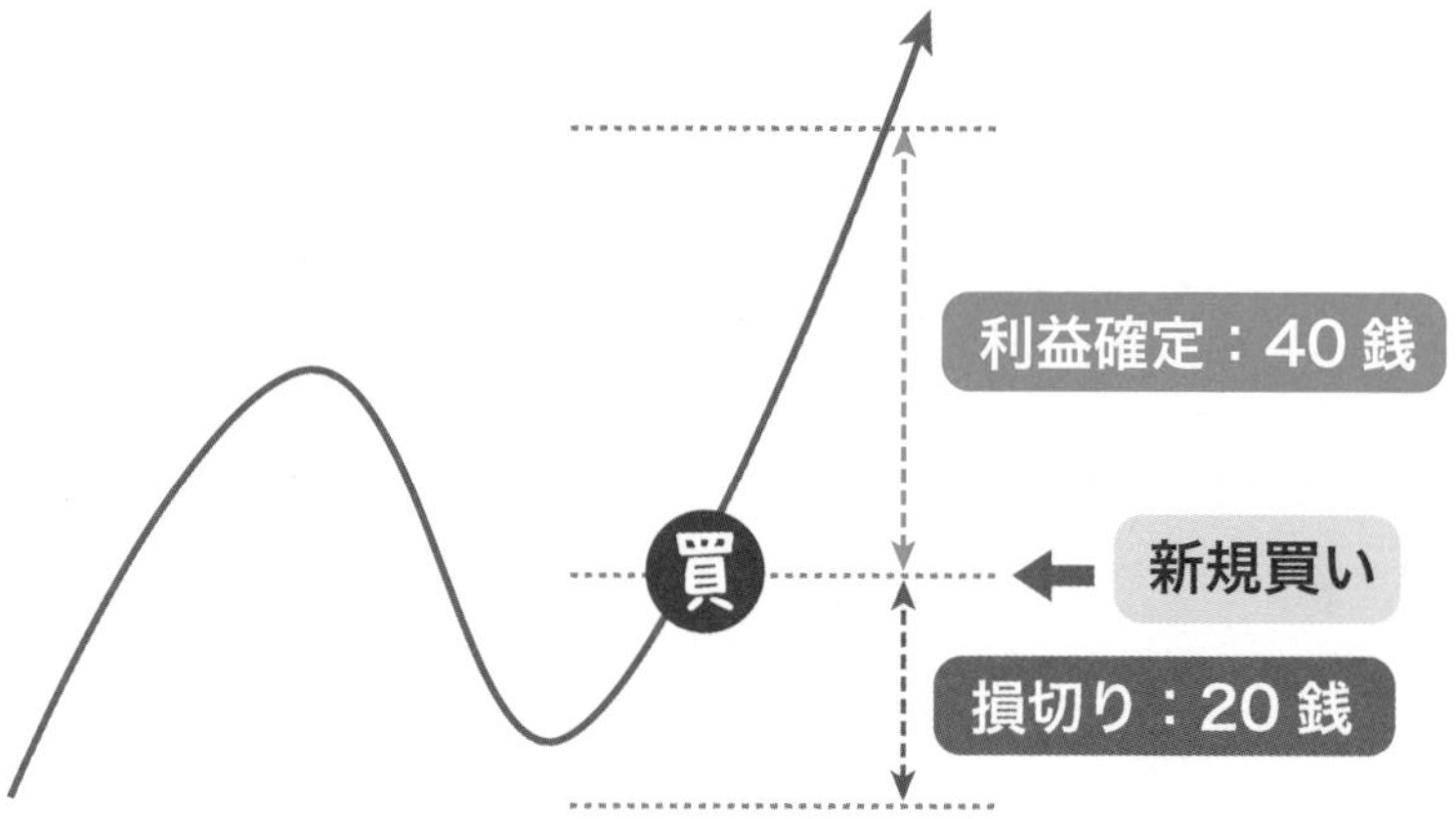

をし、逆に含み損を抱えた時は「すぐ戻るだろう」と何の根拠もない期待にすがり、結果的に大負けする負けパターンに陥らないようにしましょう。

2 負けは最高のプレゼントです！

ＦＸをしていれば、どこかで連敗を重ねて自信をなくす時があると思います。

例えば、**勝率70％の手法**は、簡単に言えば１０００回トレードして、７００回は勝つということです。残り３００回の負けは不規則で発生するので、10回連続負けが続くことも確率論的にはあり得るわけです。

負けが続いたり、大きな損失を出したりしてしまうと、メンタルをやられてしまいます。トレードに感情が入りやすくなり、極端にレバレッジを掛けてロットを増やしたり、何でもない相場ですぐにエントリーをしがちになります。

ＦＸや相場の世界で生き残っていくためには、負けと上手に付き合う工夫が必要です。

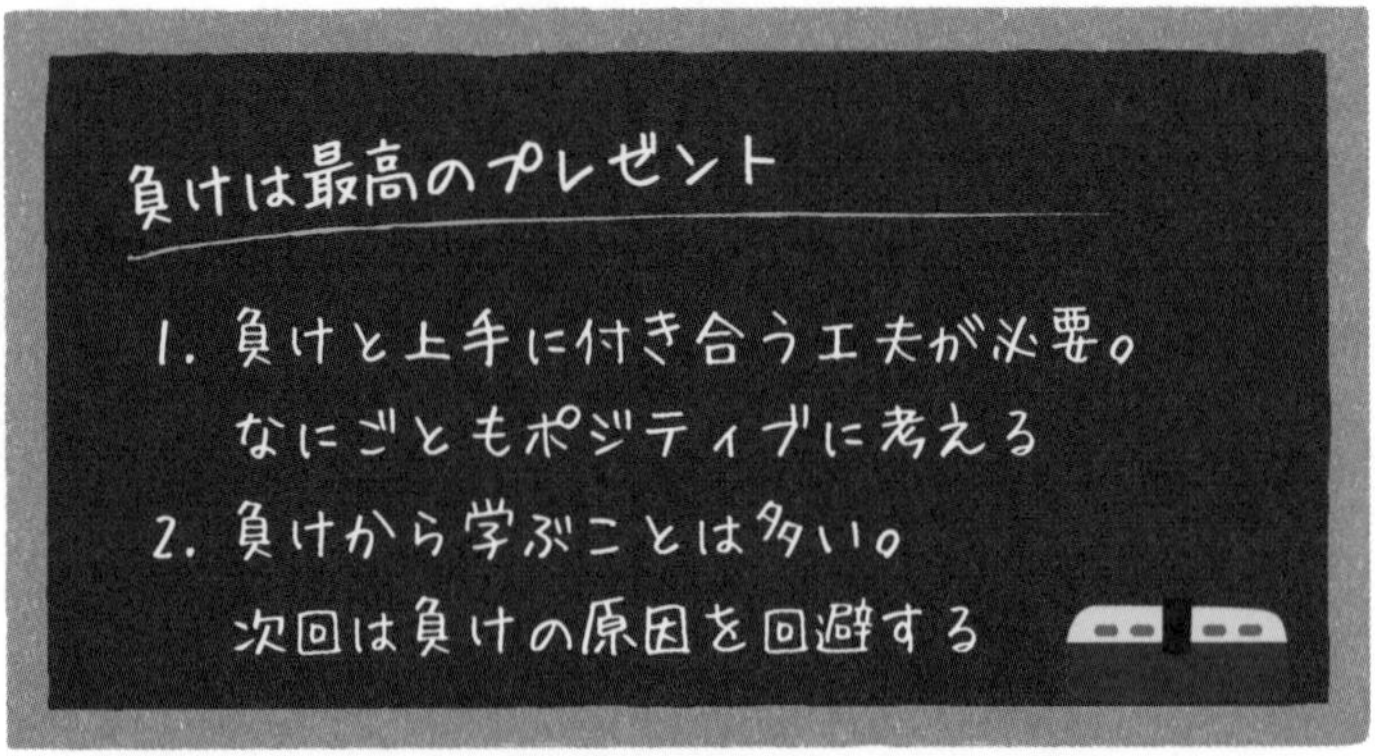
負けは最高のプレゼント
1. 負けと上手に付き合う工夫が必要。
なにごともポジティブに考える
2. 負けから学ぶことは多い。
次回は負けの原因を回避する

私のおすすめは、**「負けは自分を成長させるための最高のプレゼント」であるとポジティブに考える**ことです。

実際に、負けから学ぶことは多いです。

例えば、負けたトレードは必ず記録を取り、どんな点がダメだったのかを自分なりに分析するのです。すると、負ければ負けるほど、自分の中に負けた理由の原因リストがたまっていきます。

１００回負ければ、１００回分の負けの体験が得られます。そして、次回のトレードでその負けの原因を回避するようにすればいいのです。

それではこの次に、実力が身に付くトレードの記録方法や検証方法について解説します。

負けは最高のプレゼント！
後からなぜ負けたのか、
原因がわかれば
徐々に勝ちトレードが
増えていきますよ。

09 実力がつく！トレード記録と検証の重要性

1 トレード記録と検証のポイント

FXの実力を高めるために絶対に取り組むべき訓練は、**「トレード記録と検証」を毎回行う**ことです。

トレードをした後、そのトレードから何も学びを得なければ実力は変わりません。闇雲に数をこなしても、意味のないトレードで終わってしまいます。

トレードをした後は、そのトレードから**少しでも多くの改善点を見つけるべき**です。

例えば、

❶ **エントリーポイントは優位性があったか？**
❷ **相場環境認識は正しかったか？**

❸ **損切りの位置は的確だったか？**
❹ **リスクリワードを意識して利食いはできたか？**

1回のトレードで、最低1個以上の学びを得ることを意識しましょう。

経験ゼロの方でも、トレード記録と検証をしっかりやれば、トレードをこなすほどメキメキと実力が身に付いていきます。

毎回のトレードで記録するべき項目は下の通りです。

トレードの記録方法は、手書きでノートにまとめても、パソコンが得意であればエクセルなどでまとめてもいいでしょう。手書きだとその分手間もかかりますが、モノとして残るので、愛着も湧きます。

エクセルは管理が簡単で、チャートの画面ショットも手軽に画像として貼り付けることができます。

● トレードで記録するべきポイント

- トレード時間帯
- 通貨ペア
- ロット（取引数量）
- 売買方向
- 新規注文レート
- 決済レート
- 具体的なエントリー根拠
- 次回へ活かす改善点

2 徹底的かつ地道な改善こそが一番の近道

人間には「できるだけ努力をせず、楽をして稼ぎたい」という本能があります。しかし、プロのスポーツ選手に1日でなれないのと同じように、FXも手法を学んだからといって、すぐに稼げるほど甘くはありません。

為替のマーケットは、**金融機関、ヘッジファンドなどのプロや、熟練の個人投資家など、強豪ひしめく世界**です。そんな彼らと戦うためには、**徹底的な練習により実力を高めることが必須**なのです。

巷の書店には、「○○で誰でも簡単に稼げる！」「必勝のトレード手法！」こんな魅力的なタイトルの書籍や雑誌があふれており、まるで、楽に稼げる裏技が存在するかのような錯覚を受けます。

しかし、そのような裏技があると信じてしまった人は、最終的にどうなるでしょうか？　新しい手法を学んでは試し、稼げないのを自分のせいではなく本や教材のせいにし、また新たな手法を探す旅に出ます。あるはずのない、簡単に稼げる裏技を探し求めて。

ＦＸで稼ぐためには、**チャート分析**や**相場知識**を身に付けつつ、自分自身の実力を最大限高めることを意識しましょう。

それでは2時限目ではいよいよトレンド系のチャート分析から説明をしていきます。

2時限目

トレンド系チャート分析で
タイミングを見極めよう

買い・売りを「いつ」
すればいいのかを判断する
テクニカル分析が
トレンド系のチャート分析
です！

01 トレンド分析で「いつ」買うかがわかります

1 トレンド系とオシレーター系

今の相場が「上昇トレンド・下降トレンド・横ばい」のいずれの状態なのか、そして、**買い・売りを「いつ」すればいいのか**を判断するテクニカル分析が**トレンド系**です。代表的なものに「移動平均線」「ボリンジャーバンド」「トレンドライン」「一目均衡表」などがあります。

一方、相場が**「買われ過ぎ・売られ過ぎ」の過熱感を判断する**のが**オシレーター系**のテクニカル分析です。「RSI」「MACD」「ストキャスティクス」などがあります。

テクニカル分析はトレンド系単体、オシレーター系単体

● トレンド系とオシレーター系のチャート分析

トレンド系	オシレーター系
買い・売りを「いつ」すればいいのかを判断	「買われ過ぎ・売られ過ぎ」の過熱感を判断
・移動平均線	・RSI
・トレンドライン	・MACD（マックディー）
・水平線	・ストキャスティクス
・ボリンジャーバンド	・RCI
・一目均衡表	

だけ使っても上手くいきません。**トレンド系とオシレーター系を上手に組み合わせる**ことで、それぞれの弱点を補いつつ分析の精度を向上させることができるのです。

2 相場環境を認識して売買ポイントを定める

ＦＸで利益を上げるため最初にするべき分析は「**相場環境認識**」です。これは、現在の相場が「**上昇トレンド**」「**下降トレンド**」「**横ばい（トレンドなし）**」**のいずれに該当するのか**を認識することです。

その上で、上昇トレンドであれば買い、下降トレンドであれば売り、横ばいであれば様子見の選択肢を採ることになります。

では、相場環境認識が上昇トレンドと判断できたら、今度は「いつ」買えばいいのでしょうか？

何の根拠もなしに買うと、その瞬間に相場が下がってこんなはずじゃなかったと後悔するでしょう。

相場環境認識が買いと判断できたら、更に分析をして**優位性の高いエントリーポイント**を定めていくのです。この地道な作業こそが、ＦＸで勝率を高め安定して稼いでいくための秘訣となります。

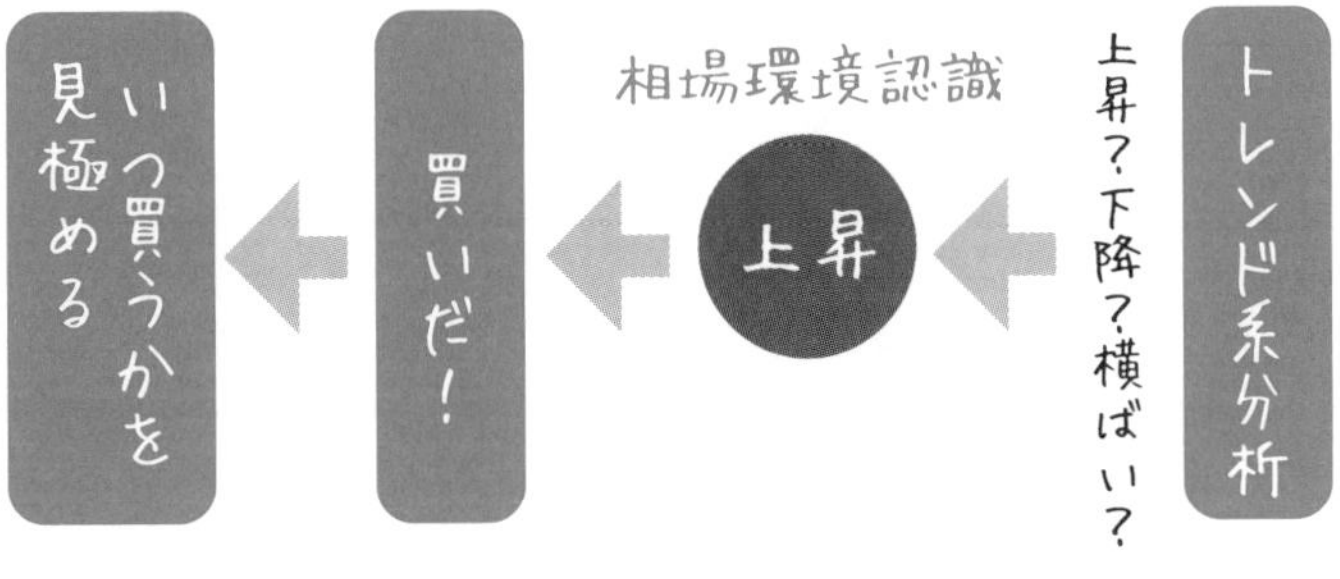

02

移動平均線でトレンドを判断しよう

1 移動平均線なら相場環境が簡単にわかります

移動平均線は**過去の一定期間の価格（ローソク足の終値）の平均値を結んだ線**のことです。英語では**「Moving Average（MA）」**と言います。テクニカル指標で最もよく使われるチャートです。

例えば、日足チャートでは、過去10日間のローソク足の終値を足して10で割った線が10MAとなります。

チャートで10MAであれば、1分足なら10分、1時間足なら10時間の移動平均線となります。

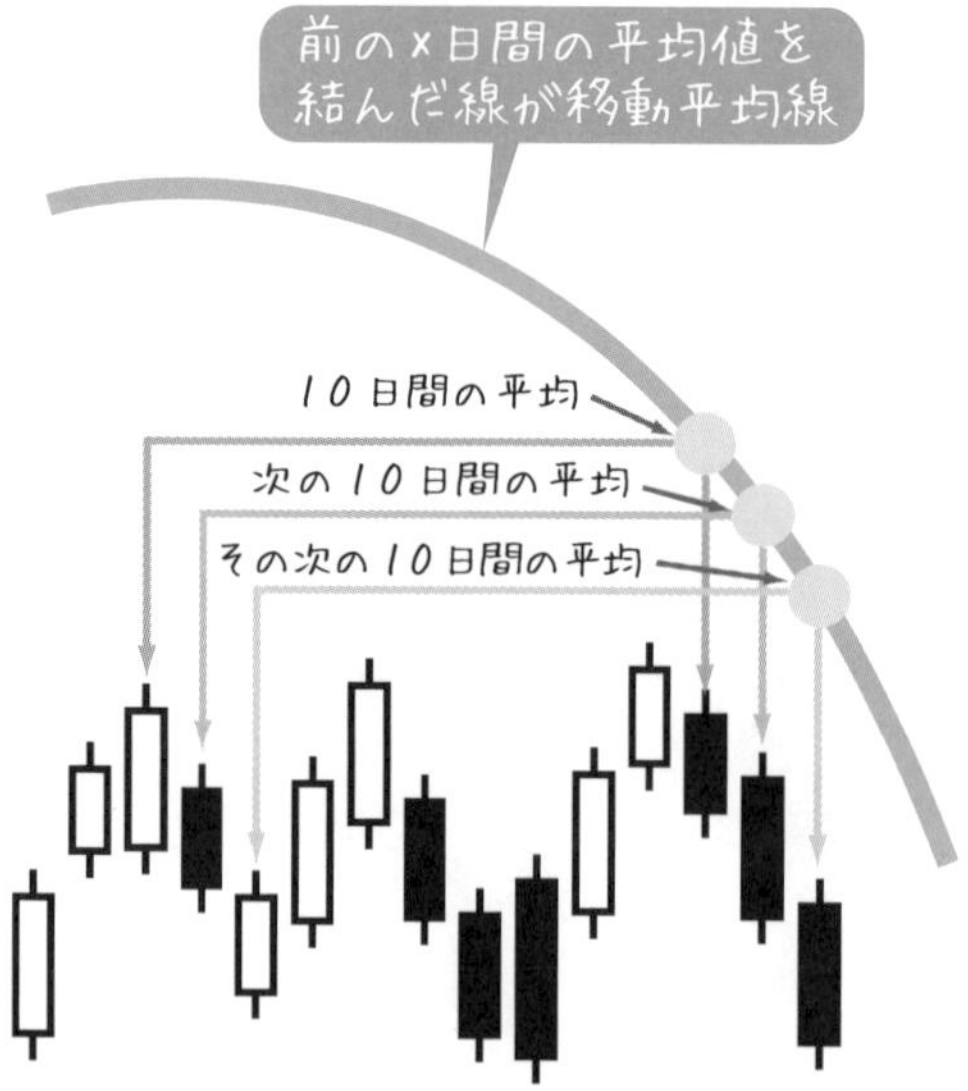

移動平均線の期間の設定はどうする

よく「移動平均線はどの設定期間が一番いいの？」という質問をもらいます。

私も過去に**移動平均線の最適化**を行い、どの設定期間が一番グランビルの法則が機能するのかを検証した時がありました。

しかし残念ながら、通貨ペアやローソク足の時間によっても最適値は異なる他、測定期間によっても結果が変わってきてしまい、**一番機能する設定値を見つけるのは困難**との結論に至りました。

日々のデータを検証し、最適化を行い続けても、相場の環境は刻々と変化し続けているので、労力以上のリターンは得られないでしょう。

それに、移動平均線は自分が指定した過去一定期間の買いたい人と売りたい人の状況を端的に表すものであることを考えると、どの期間を使ってもある程度は機能すると言えます。

ただ一般的に、よく使用されている設定期間はあります。ここから、一つずつ好きなものを選べば、まず間違いはないでしょう。

● 移動平均線の期間ごとの設定値

時間軸	設定値
短期移動平均線	15、21、25
中期移動平均線	50、75、100
長期移動平均線	200

移動平均線の向きで相場環境が分かる

移動平均線をローソク足チャートに表示させることで、設定期間の売買が買いと売りのどちらが優勢であったかを判断することができます。まず注目するべきは、**移動平均線の「向き」**です。

移動平均線が**下向き**であれば、過去一定期間で買いたい人よりも売りたい人の方が多かったことを意味し、相場環境は**下降トレンド**であると認識できます。

そして、○印の部分で移動平均線を上抜けすると、買いたい人が増えて買いと売りの平均がフラットになり、更に買いたい人が増えると移動平均線が**上向き**となり、相場環境は**上昇トレンド**になります。

移動平均線が**横ばい**の部分は、買いたい人と売りたい人が拮抗している状態であり相場環境は**横ばい（トレンドなし）**。つまり、優劣がつけ難く今後どちらにも傾く可能性が高い局面であり、**トレードは控えるべき**と言えます。

● 相場環境の判断方法は移動平均線の向きに注目

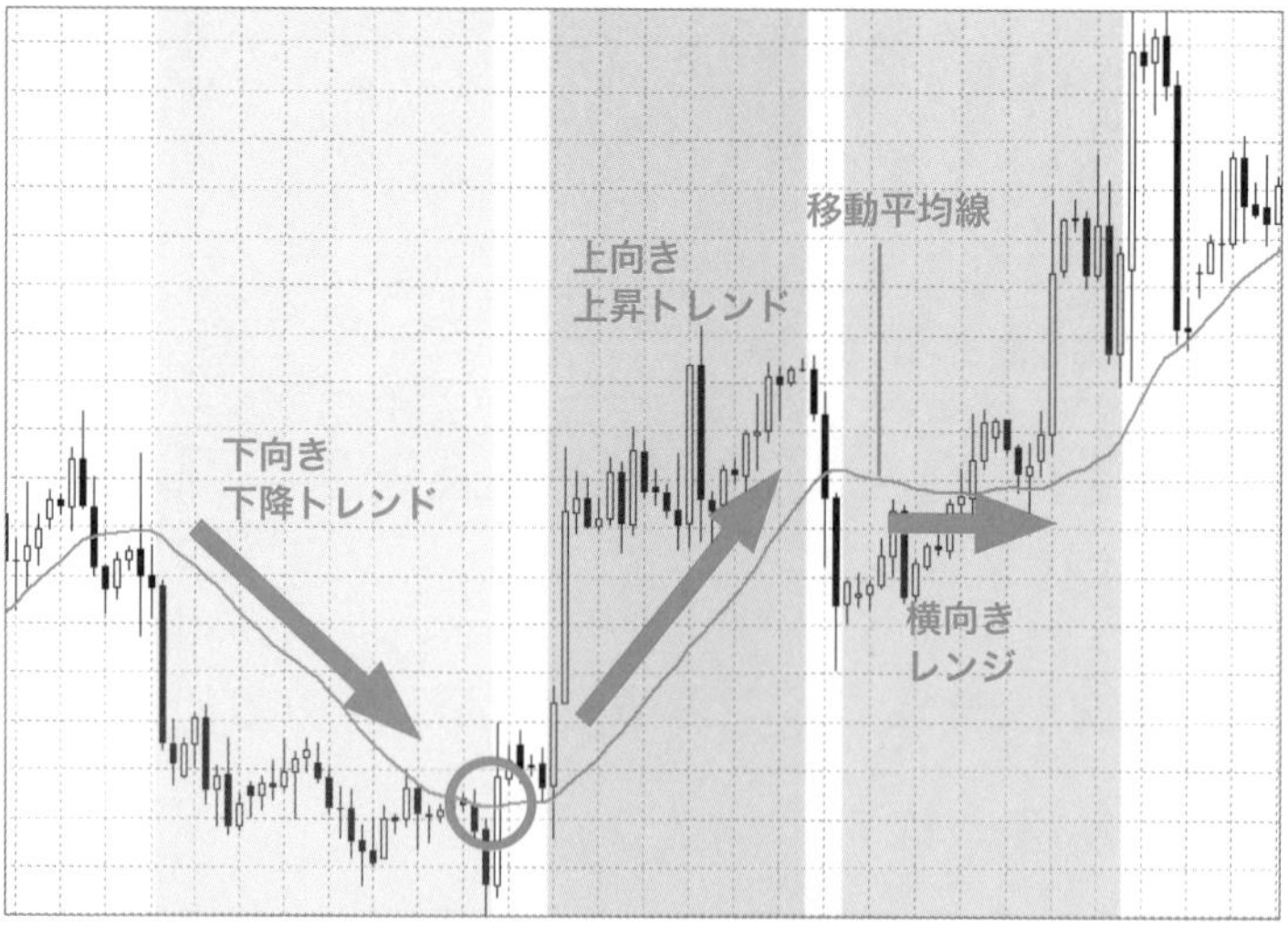

2 移動平均線とローソク足の位置関係

そして、もう一つ注目するべきは、**移動平均線とローソク足の位置関係**です。

例えば、**移動平均線が下向き**で**ローソク足も移動平均線の下側**に位置している時、過去一定期間の売買は**売りが優勢**であり、現在レートはその平均値よりも更に下に位置しているので、**非常に強い下降トレンド**が発生していることになります。

このような時は、ローソク足が移動平均線を一時的に上へ抜けたとしても（○印）、移動平均線の向きが下向きである限り下降トレンドが続いているので、再び移動平均線を下に割って下落が続く可能性が高いです。よって、**移動平均線が下向きである限り、選択肢は売りのみ**となります。

よく、移動平均線をローソク足が単純に「上抜けしたから買い」「下抜けしたから売り」といった手法

● 移動平均線とローソク足の位置関係

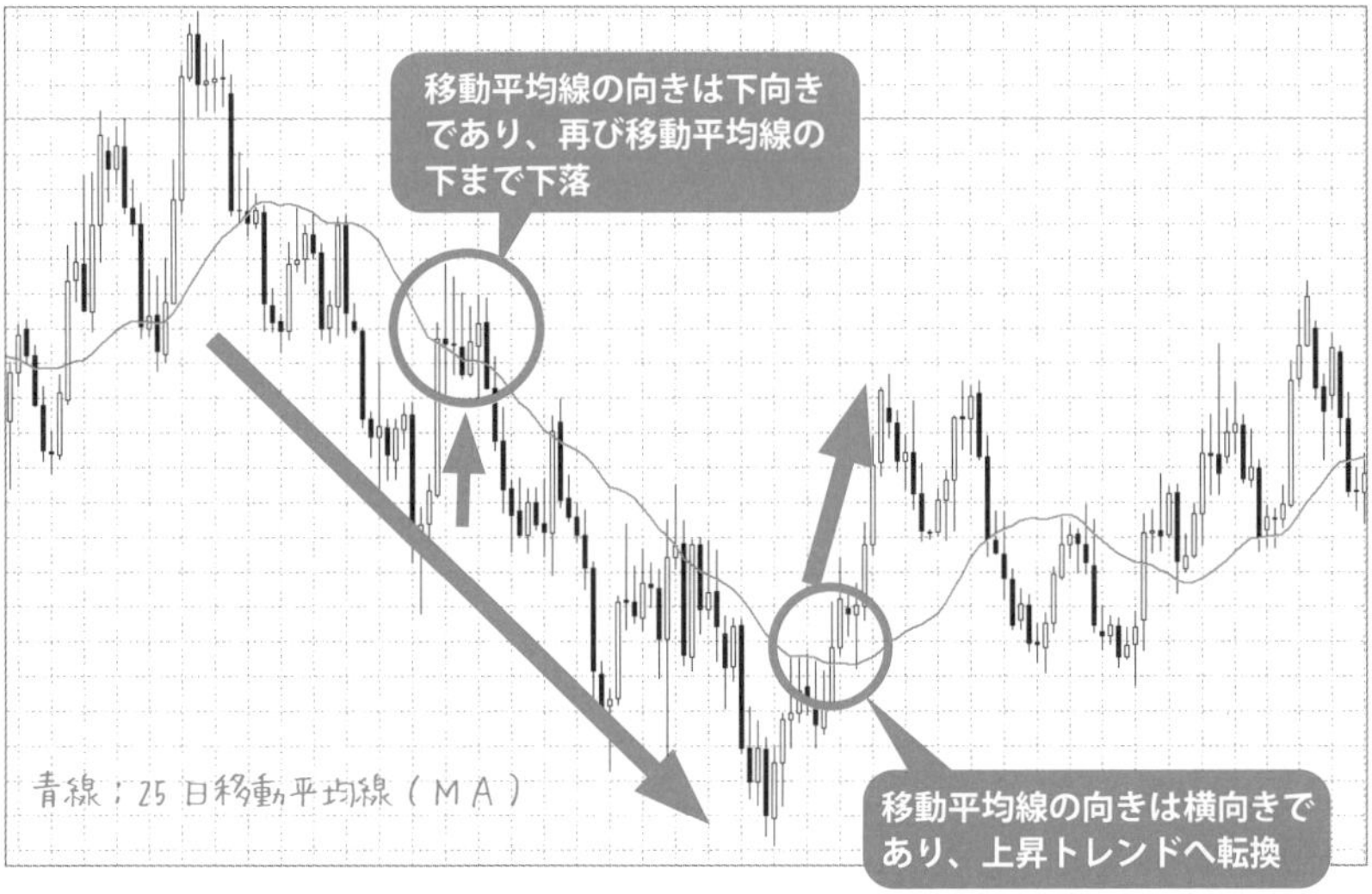
移動平均線の向きは下向きであり、再び移動平均線の下まで下落
移動平均線の向きは横向きであり、上昇トレンドへ転換
青線：25日移動平均線（MA）

の情報が出回っていますが、これは極めて表面的なものであり、実際は通用しません。

その時点の移動平均線の向きに注目しないとまったく意味がないのです。

移動平均線の向きこそが、**買いたい人と売りたい人の勢力図の状態**を示すものであり、移動平均線が下向きから横向きまたは上向きになり、ローソク足が下から上に抜けた時点ではじめて買い（右〇印）を狙うことができます。

売りの場合も同様に、移動平均線が上向きから下向きまたは横向きになり、ローソク足が上から下に抜けた時に売りを狙うことができます。

これら**移動平均線のエントリーポイント**をまとめたものが、次で説明する「**グランビルの法則**」です。

3 グランビルの法則でタイミングを計る

移動平均線は相場環境認識の判断だけではなく、皆さんが知りたい「**エントリーポイント**」も見つけることができます。それが、「グランビルの法則」と呼ばれるものです。

グランビルの法則では、**移動平均線と為替レートの位置関係によって、買いポイントと売りポイント**を示しています。

特に狙い目のポイントは、**下降トレンドから上昇トレンドへ転換**する

グランビルの法則では、
移動平均線とレートの
位置関係で買いポイント、
売りポイントが
わかります！

❶と、上昇トレンドから下降トレンドへ転換する❺の箇所です。

繰り返しですが、その際は必ず移動平均線の向きを確認しましょう。

❶では移動平均線が下向きから、買いたい人が徐々に増えて横向きまたは**上向きへと変化し、ローソク足が下から上へ抜けた時点**で「買い」です。

もし、移動平均線が下向きであったなら、いくらレートが下から上へ抜けようと買いのポイントとはなりません。❺も同様です。

ちなみに、グランビルの法

買いのエントリーポイント

❶ 移動平均線が下向きから「横向きまたは上向き」へ変化した場面でレートが上抜け

❷ 移動平均線が「上向き」の場面でレートが下へ離れて反発

❸ 移動平均線が「上向き」の場面でレートが上から下へ近づき反発

❹ 移動平均線が「下向き」の場面でレートが下に離れて反発

売りのエントリーポイント

❺ 移動平均線が上向きから「横向きまたは下向き」へ変化した場面でレートが下抜け

❻ 移動平均線が「下向き」の場面でレートが上へ離れて反落

❼ 移動平均線が「下向き」の場面でレートが下から上へ近づき反落

❽ 移動平均線が「上向き」の場面でレートが上に離れて反発

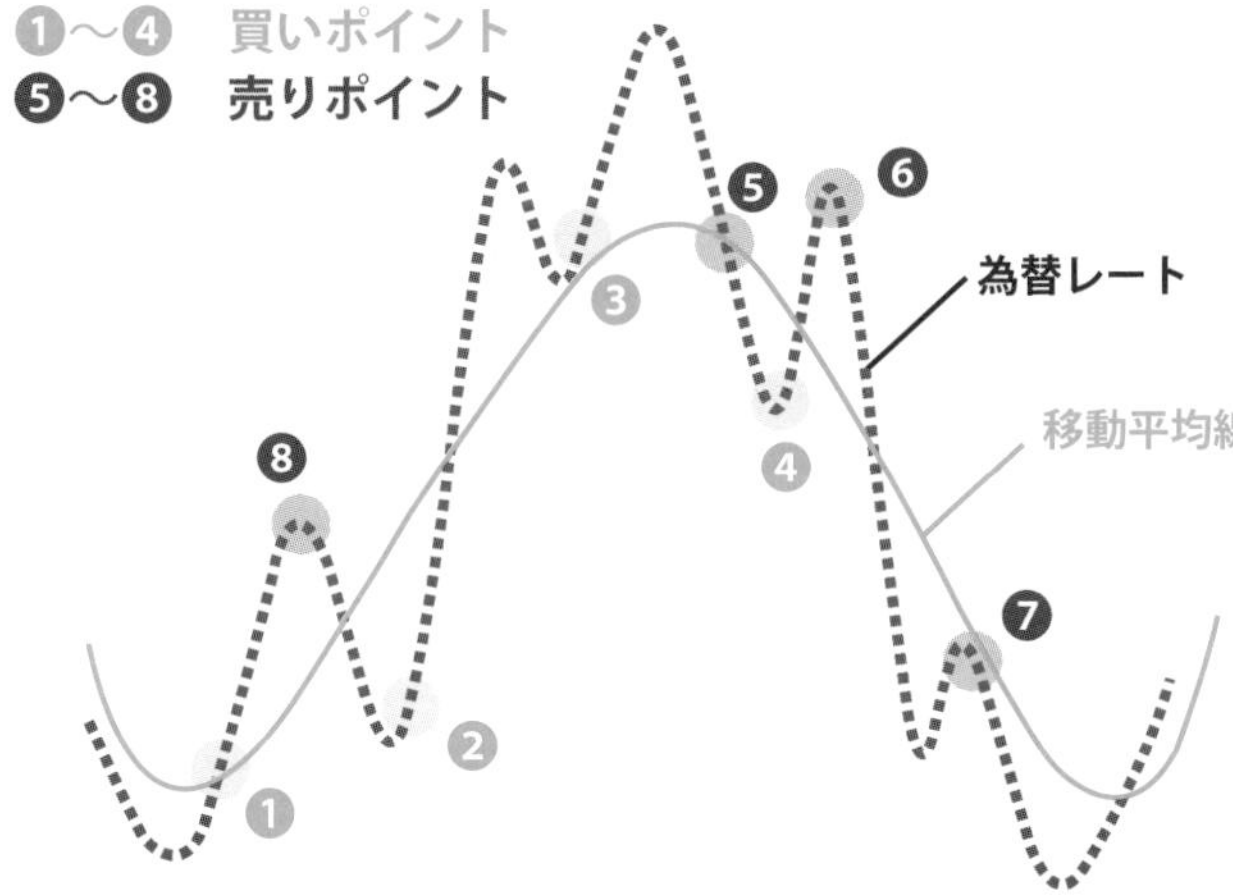

則ではエントリーポイントに当たる❹と❽は、個人的にはおすすめしません。なぜなら、❹と❽は主要なトレンドの方向である移動平均線の向きとは逆の方向に仕掛ける逆張りであり、負けるリスクも高くなるからです。

よって、移動平均線を使ったトレード手法は、まずは❹と❽以外のグランビルの法則のポイントを狙っていきましょう。

4 ゴールデンクロスとデッドクロス

グランビルの法則に加えて、もう一つ非常に有名な移動平均線の手法に「**ゴールデンクロスとデッドクロス**」があります。

ゴールデンクロスとは、期間が長い移動平均線を期間が短い移動平均線が下から上に抜けることであり、今後上昇トレンドが続く可能性があることから**買いのシグナル**となります。

一方、**デッドクロス**は期間が長い移動平均線を期間が短い移動平均線が上から下に抜けることであり、今後下降トレンドが続く可能性が高いことから**売りのシグナル**となります。

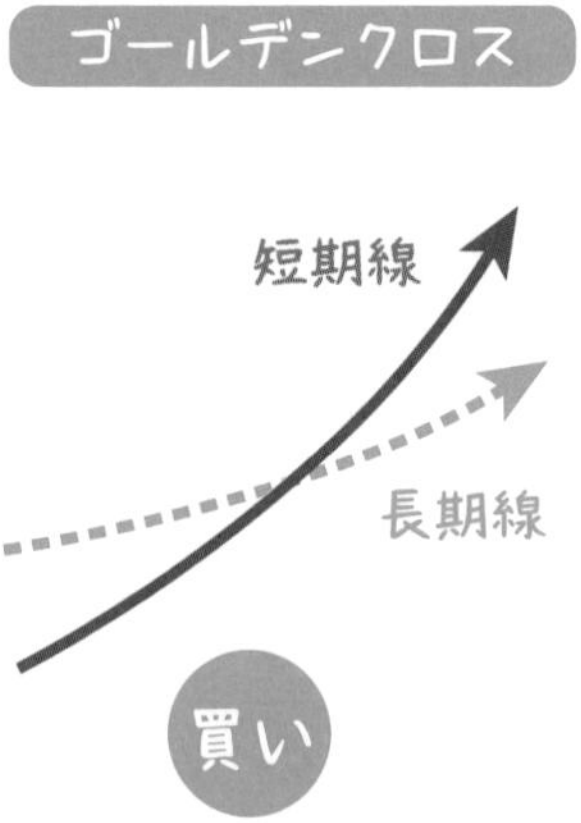

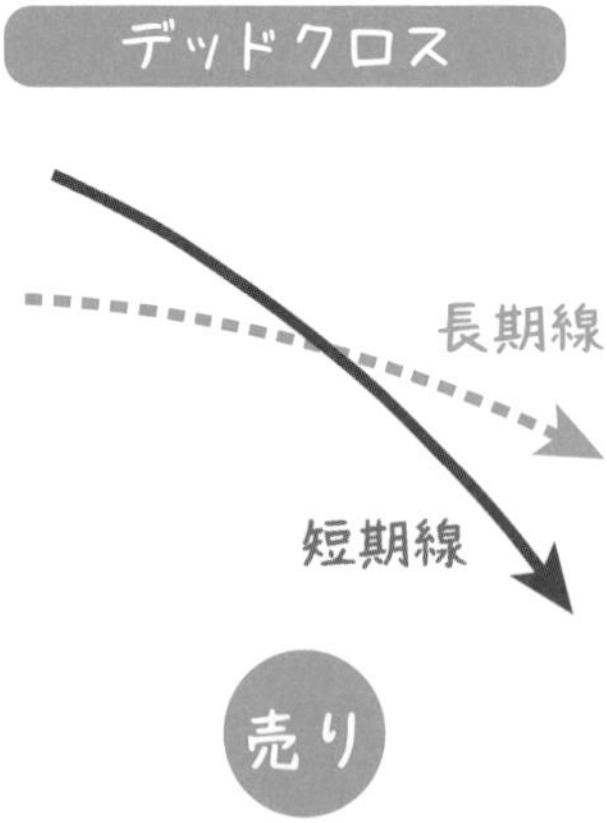

ゴールデンクロスとデッドクロスはチャートでは頻繁に発生するので**ダマしも多い**ですが、この後で解説するライン分析などと組み合わせることで優位性を更に高めていくことができます。

5 3種類の移動平均線

移動平均線と言っても、実は3つの種類があります。

❶ 単純移動平均線（SMA：Simple Moving Average）
❷ 指数平滑移動平均線（EMA：Exponential Moving Average）
❸ 加重移動平均線（WMA：Weighted Moving Average）

単純移動平均線は今までの解説でも使用した、過去一定期間の価格（ローソク足の終値）を平均して結んだ線のことです。最もシンプルですが、**相場が急激に大きく動いた場合には、過去の価格の影響が大きくなり、直近の価格に追随できない**などのデメリットがあります。

これを解決したのが加重移動平均線と指数平滑移動平均線です。

計算式は複雑なので割愛しますが、**加重移動平均線**は過去の価格よりも**直近の価格の比重を高め**、直近の買いたい人と売りたい人の状態をより強く表した平均線です。

加重移動平均を更に複雑な計算を加えて進化させたのが、**指数平滑移動平均線**です。加重移動平均線と指数平滑移動平均線は、直近の価格変動をより早くとらえて反応が速いですが、その分ダマしも増えるデメリットがあります。

例えば、左ページのチャートの○の部分では、指数平滑移動平均線が横向きでローソク足が下から上へと抜けており、**グランビルの法則の買いポイント**になっていますが、結果的にその後**すぐに下落してダマし**で終わっています。

初心者の方であれば、まずは「**単純移動平均線（SMA）**」から使っていきましょう。

3つの移動平均線の特徴を比較

移動平均線	特徴
単純移動平均線（SMA）	・シンプルな構造 ・相場が急に大きく動くと反応が鈍い
指数平滑移動平均線（EMA） 加重移動平均線（WMA）	・直近の価格に比重を置いた構造 ・相場の急変動にも早く反応 ・反応が良すぎる分、ダマしも増える

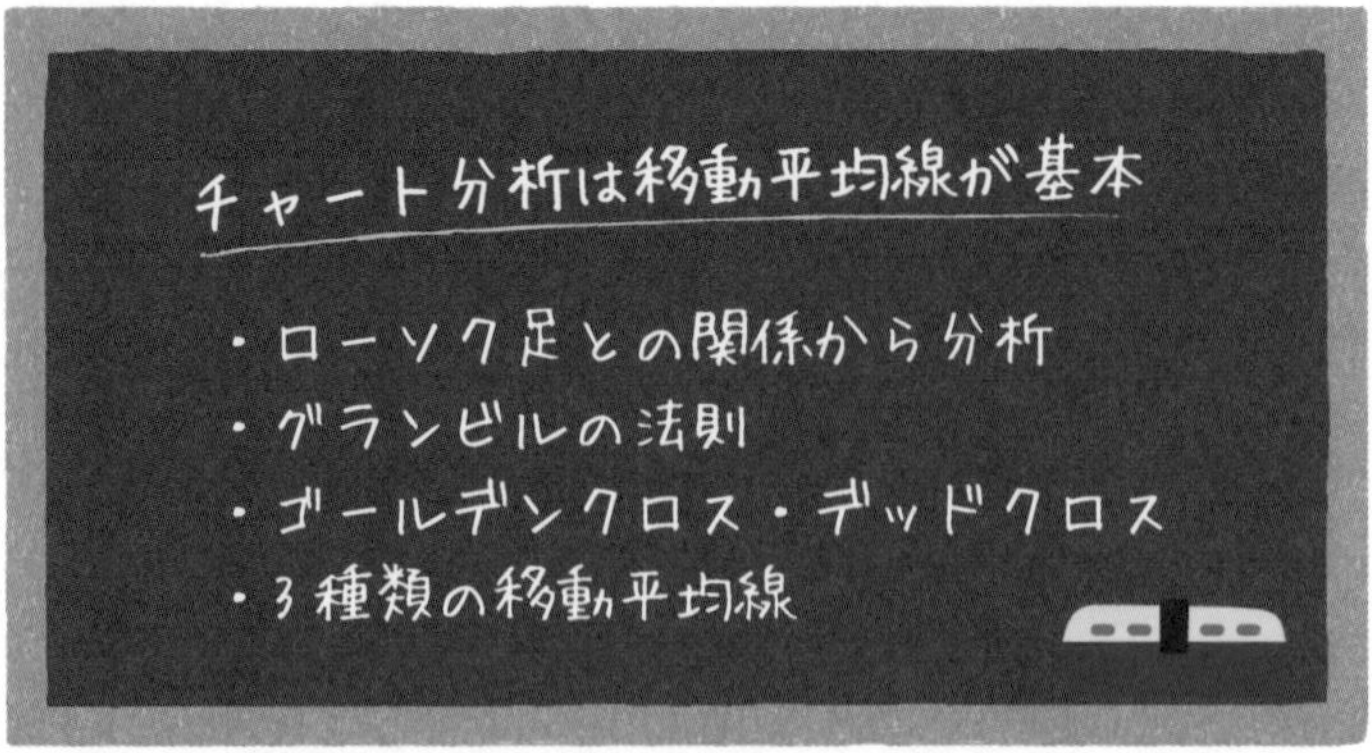
チャート分析は移動平均線が基本
・ローソク足との関係から分析
・グランビルの法則
・ゴールデンクロス・デッドクロス
・3種類の移動平均線

● 指数平滑移動平均線がダマしになっている

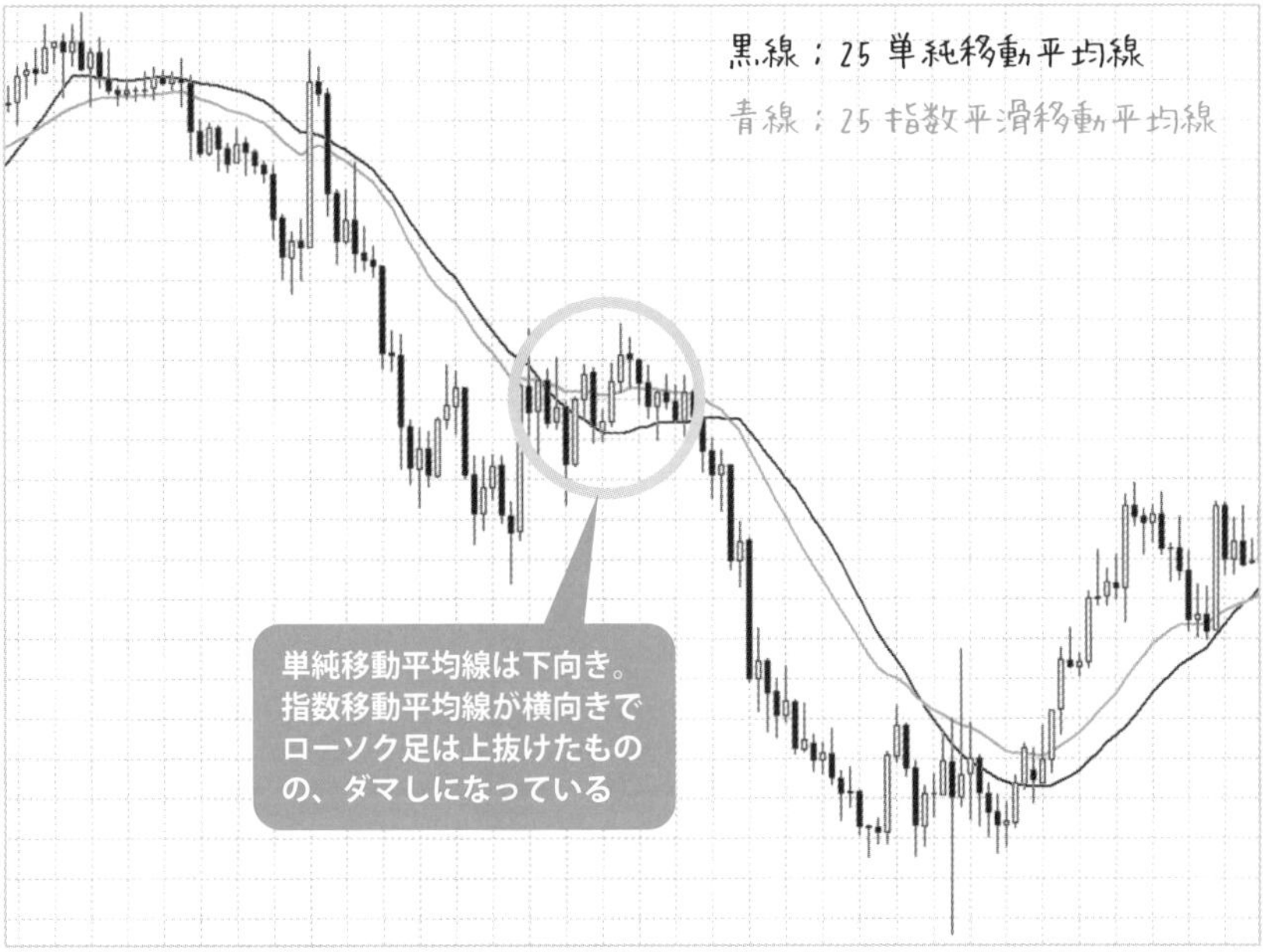
黒線：25単純移動平均線
青線：25指数平滑移動平均線
単純移動平均線は下向き。指数移動平均線が横向きでローソク足は上抜けたものの、ダマしになっている

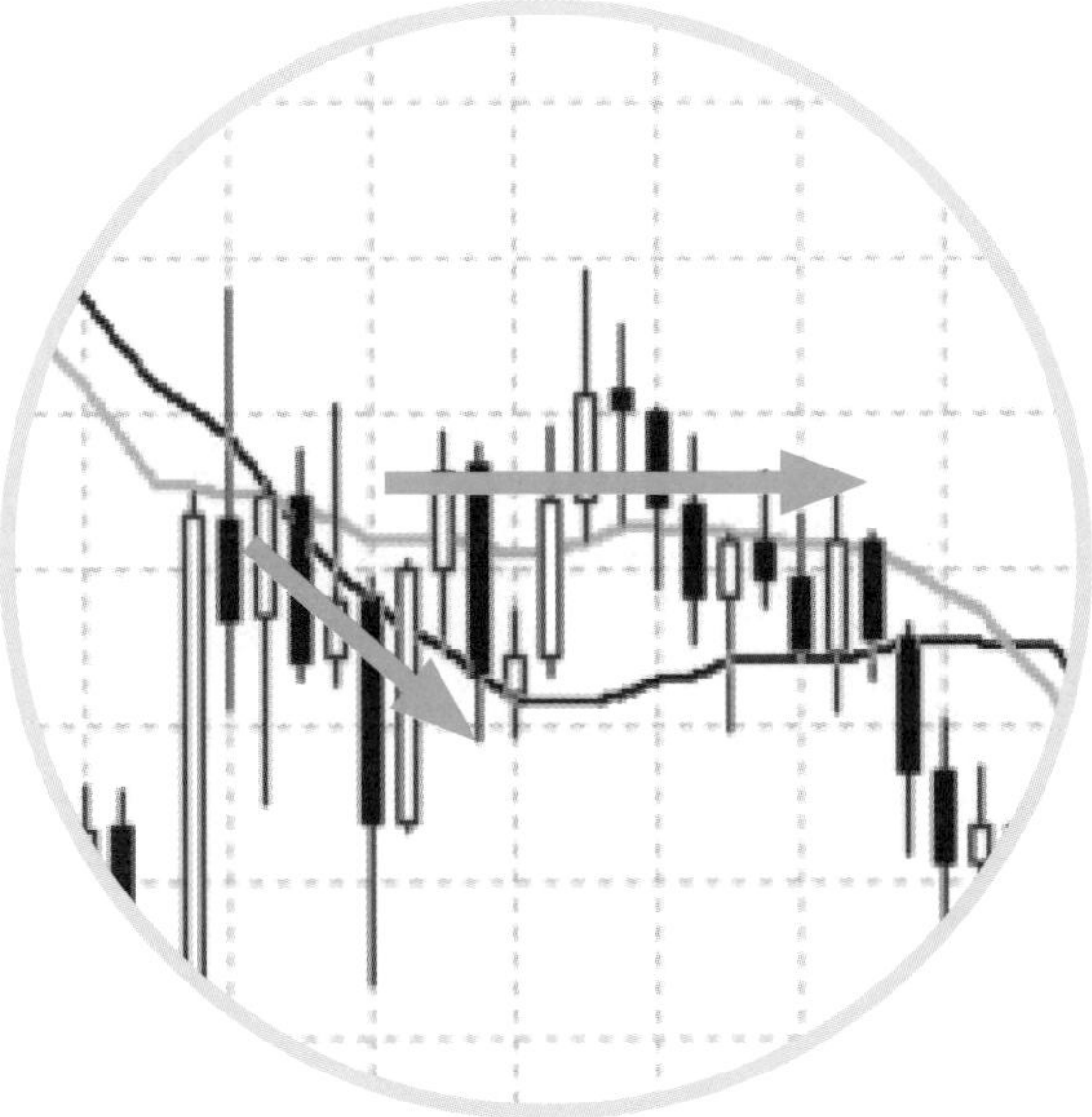

03 ライン分析で大衆心理を読もう！

1 ラインは投資家の心理分析から

テクニカル分析の中でも非常にシンプルですが、使いこなせると強力な武器となるのがチャートに線を引く「**ライン分析**」です。

ラインの種類としては、

❶ **チャートへ水平に引く「水平線（サポートラインとレジスタンスライン）」**
❷ **斜めに引く「トレンドライン」**
❸ **斜め平行に2本引く「チャネルライン」**

の3種類があります。

水平線

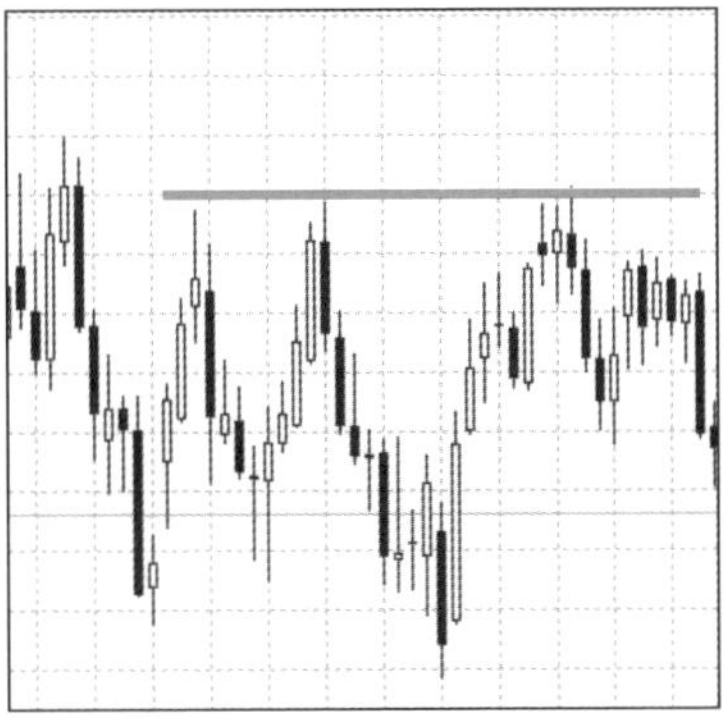

トレンドライン

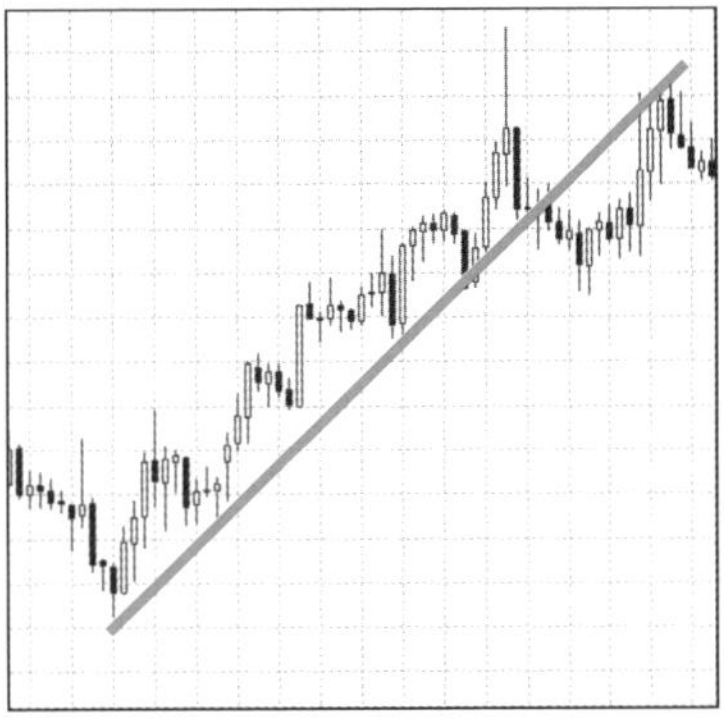

チャネルライン

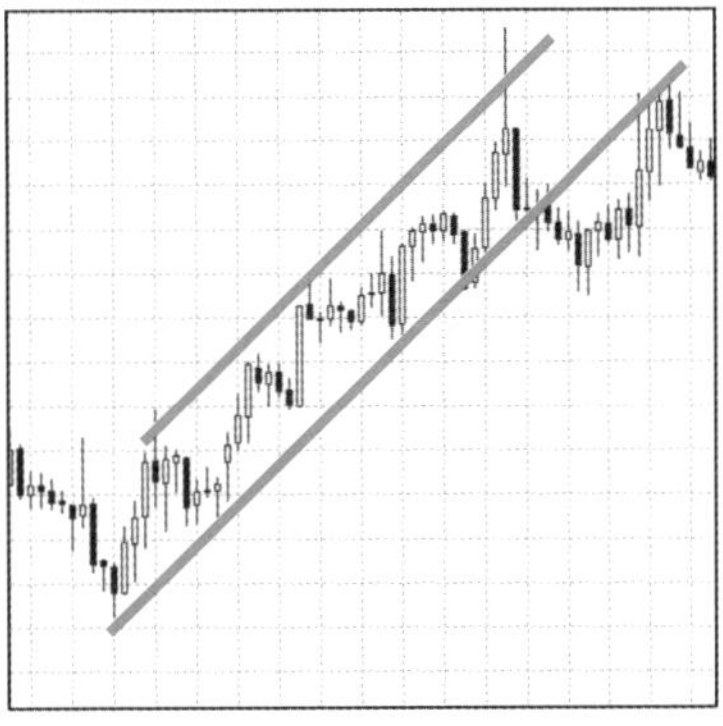

他の投資家に意識されるラインで分析する

ラインを引くときは**他の投資家に意識されているライン**を見つけましょう。

ラインは世界中の投資家が使用しているツールですが、ただ闇雲にラインを引いても全く意味がありません。

ラインが機能するのは、その裏に他の投資家の心理が密接に関係しており、

「どうしてそのラインが機能するのか？」

「他の投資家に意識されそうなラインか？」

「ラインが抜けると他の投資家の心理はどうなるか？」

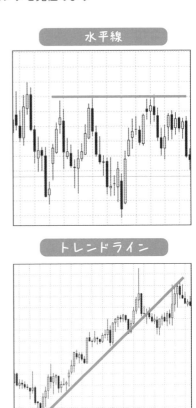

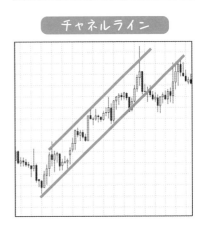

などの視点を持って、ラインを引いて使っていく必要があります。

チャートにラインを引く際には、次の２つの心構えを意識しましょう。

心構え1　世界中の投資家が意識しているラインを見つける
心構え2　ラインはアバウトにとらえる

誰もが意識するラインで売買が交錯します

為替は買いたい人と売りたい人の勢力が変化することで変動し、その推移を表したものがチャートです。

チャートには、ある特定の水準で、**買いたい人と売りたい人の力関係が明確に逆転する場所**があります。その場所こそが、チャートで認識できる高値と安値であり、**高値や安値を結ぶ**ことでラインが引けるのです。

ここで例えば、誰もが発見できる水平線があった時、再度その水平線に相場が近づいたらどんな大衆心理が働くでしょうか？

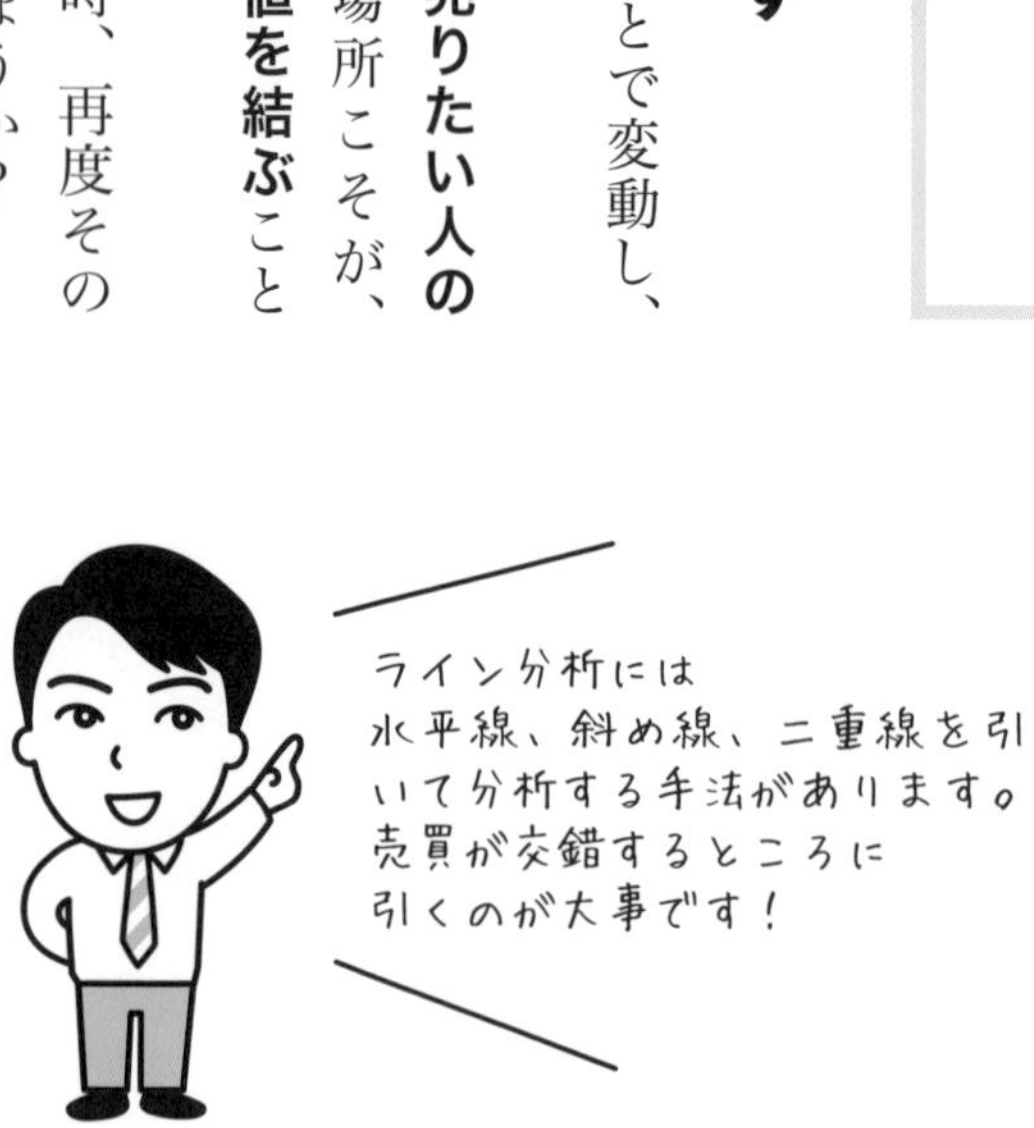
ライン分析には
水平線、斜め線、二重線を引いて分析する手法があります。
売買が交錯するところに
引くのが大事です！

ある人は「この水平線で反発したら買いを仕掛けよう」、また別の人は「この水平線を抜けたら損が拡大しそうだから損切りしよう」といった心理が働きます。

つまり、**誰もが意識するラインであればあるほど、そのラインを交えて売買が交錯**するので、より強い機能を持ったラインとなります。

一方で、誰も気づかず意識していないラインを引いた時、そのラインは機能するでしょうか？言うまでもありませんが、大衆心理とはかけ離れたラインとなり、その機能は乏しくトレードで使えないラインとなります。

ラインはアバウトに引きましょう

ラインを引くときは、ある程度**「アバウト」に引く姿勢が大切**です。アバウトというのは雑に引くという意味ではなく、「数銭（pips）の**誤差は気にしない**」ということです。

1時限目でも説明しましたが、チャートはFX会社の**スプレッドによっても形状が異なる**他、意識されるラインとはいえ全ての投資家がそのラインに沿って取引するはずがありません。

例えば、外国為替市場にはトレードで利益を狙う投資家以外にも、海外の売り上げを両替して自国に送金する**実需企業の取引**などもあります。

そのような取引の影響により、ラインで反転する時は、ズレがなくピッタリに反転する時もあれば、多少の誤差が発生して反転する時もあるのです。

2 トレンドラインは正しく引くことが重要！

トレンドラインは斜めに引くラインですが、そこには正しい引き方があります。基本的なところですが、

斜め上に引くラインが「上昇トレンドライン」
斜め下に引くラインが「下降トレンドライン」

上昇トレンドラインが引ければ相場は上昇トレンド、下降トレンドラインが引ければ相場が下降トレンドとなり、各トレンドラインを割るまで現在のトレンドは継続します。

極端な話、トレンドラインが引ければ、単純にその**トレンド方向に押し目・戻り目でエントリー**し、**トレンドラインが割れた時点で撤退**するだけで、ＦＸでは利益を上げることができます。

トレンドラインを使ったエントリーポイントは、**ライン上の反発地点である2点目以降の箇所**になります。

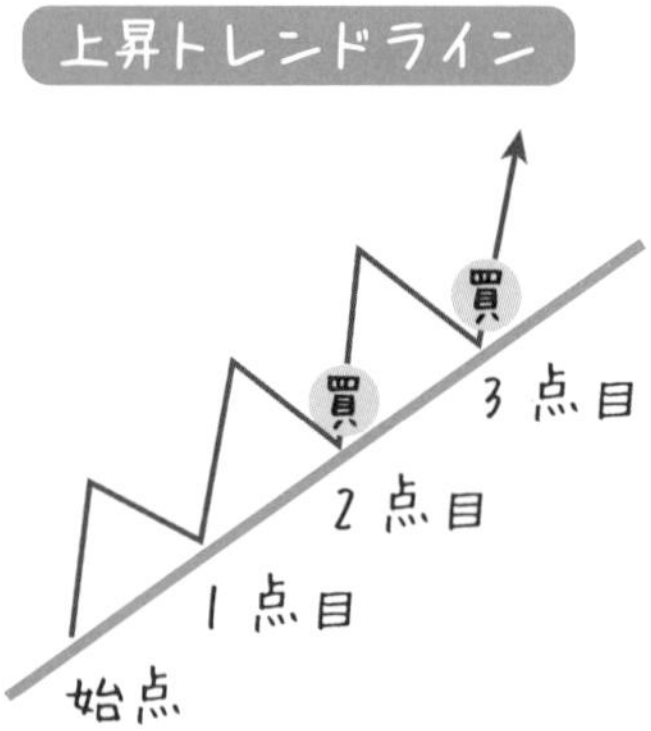

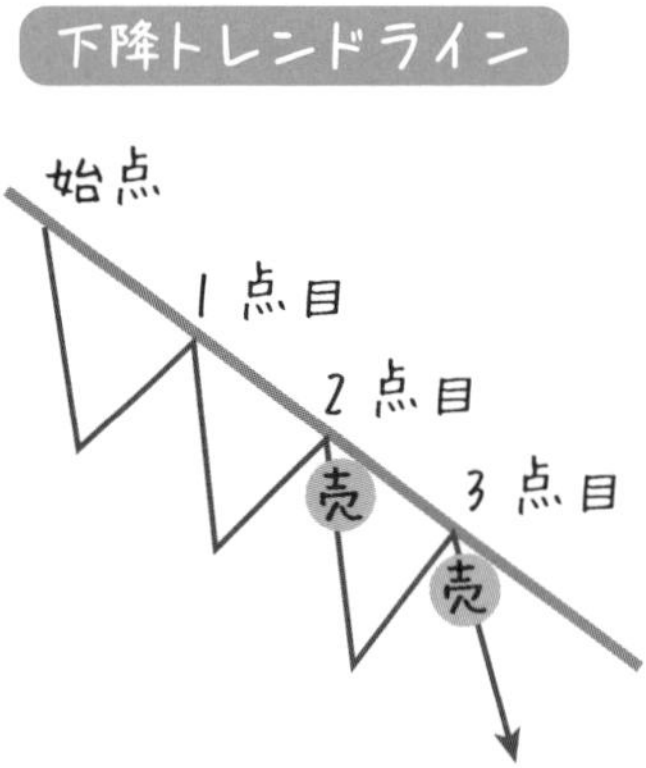

ただし、単純に安値と安値（高値と高値）を斜めに結べば全てがトレンドラインというわけではありません。

トレンドラインは1点目を付ける前の直近高値または安値の更新がなされ、はじめて始点と1点目を結んで引くことができます。

例えば、下図の左側のように、1点目の後の高値がその前の**直近高値を上抜けていない場合**、まだ上昇トレンドラインは引けません。これは下降トレンドラインを引く場合も全く同じです。

ではどうしてこんなルールがあるのでしょうか？

それは、テクニカル分析の元祖である**ダウ理論**の「**トレンドは明確な転換シグナルが出るまで継続する**」という原則に従っているためです。

上昇トレンドは「**高値と安値の切り上げ**」、下降トレンドは「**高値と安値の切下げ**」があって認識できます。

よって、直近高値を上抜けし、高値と安値がそれぞれ切り上がることを確認できて、はじめて上昇トレンドラインが引けるのです。

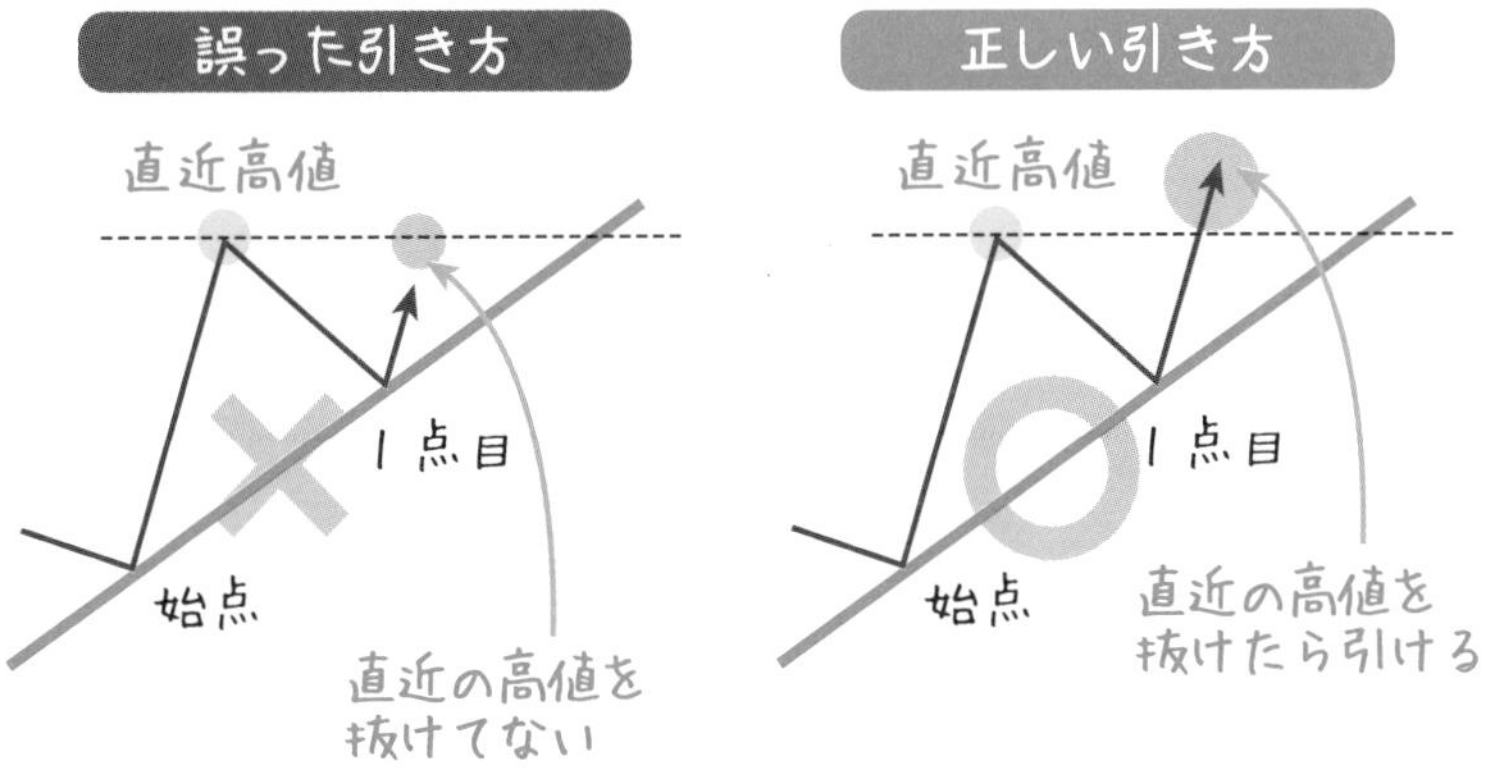

トレンドライン割れはトレンド転換ではない！

トレンドラインを割れた瞬間にエントリーする人がいますが、これは危険な行為です。例えば、上昇トレンドラインを下抜けた時に売りでエントリーすることです。

この時点ではまだ、単に上昇の勢いが弱まっているに過ぎず、**下降トレンドへ転換したわけではありません**。

その後、再び上昇トレンドラインを上抜けすることもありますし、「**リターンムーブ**」と呼ばれる戻りも頻繁に発生します。

仮に売りを狙うのであれば、**リターンムーブ後の第二波**を狙った方が優位性の高いポイントと言えます。

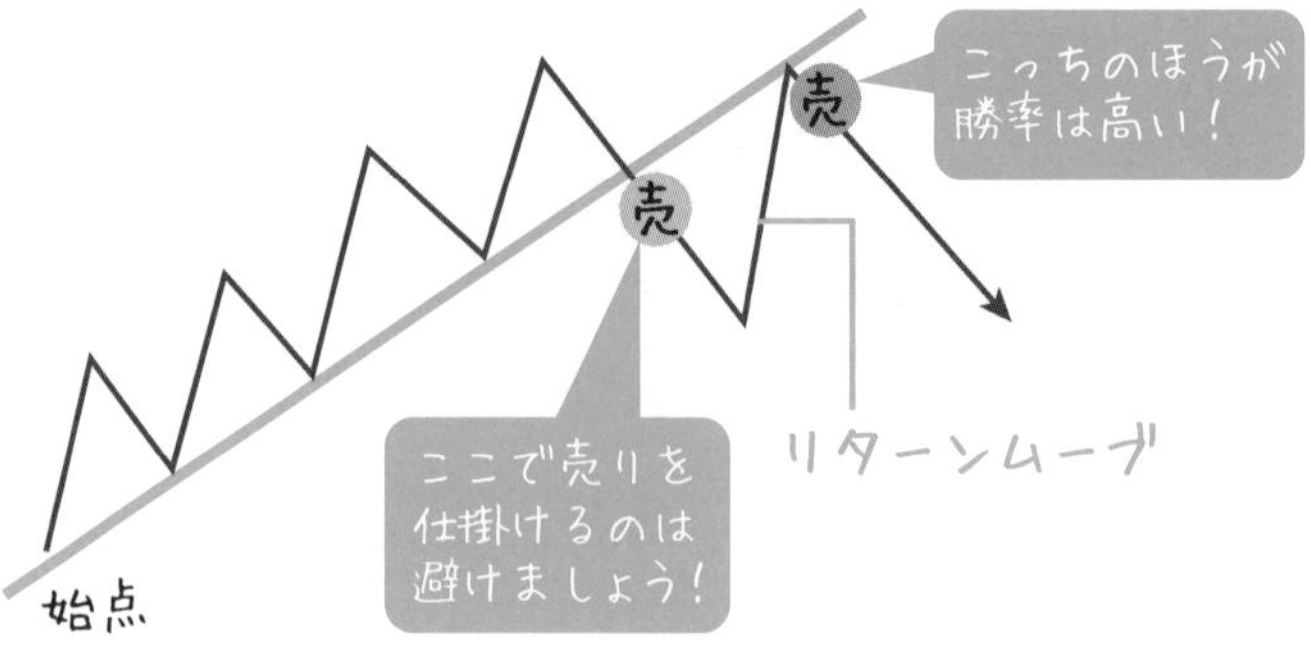

3 水平線で他の投資家心理を読み解こう！

水平線には、**高値と高値を結んだ**現在レートよりも上の「**レジスタンスライン（抵抗線）**」、**安値と安値を結んだ**下の「**サポートライン（支持線）**」があります。

水平線が引けると、その水準で**相場の反転を予想**したり、抜けた場合には**トレンドの加速を予想**したりすることができます。つまり、根拠を持ってエントリーポイントを探すことができるのです。**水平線はブレイクした後、その機能が逆転**します。

例えば、レジスタンスラインでいままで買いたい人よりも売りたい人の方が多く、相場の上昇が妨げられていた水準を、一度上抜けると、今度はその水準にて、売りたい人より買いたい人の方が多くなるサポートとして機能するのです。

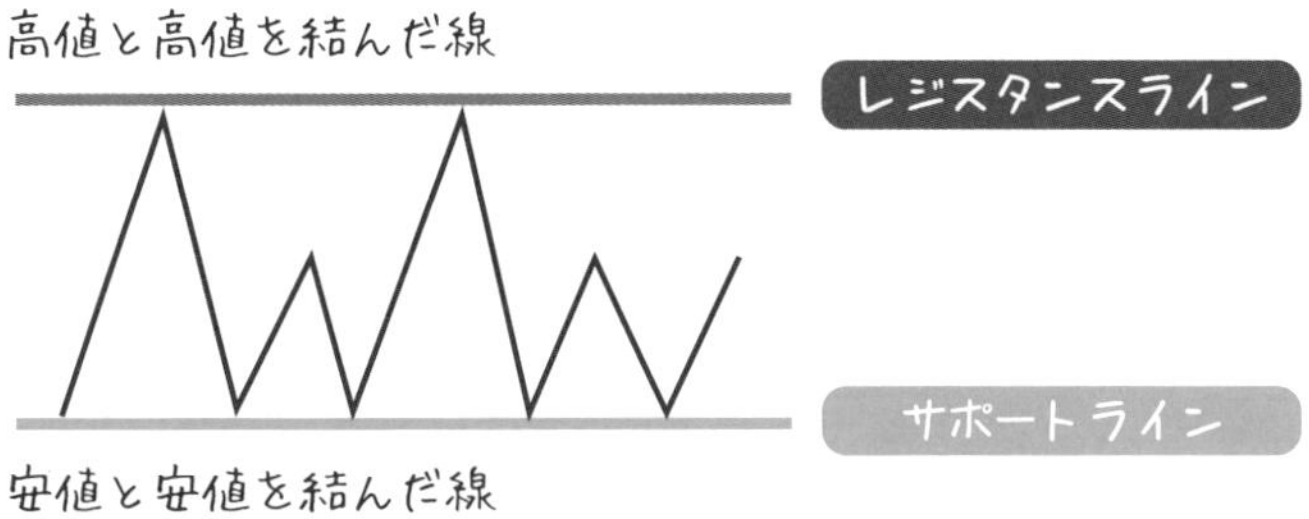

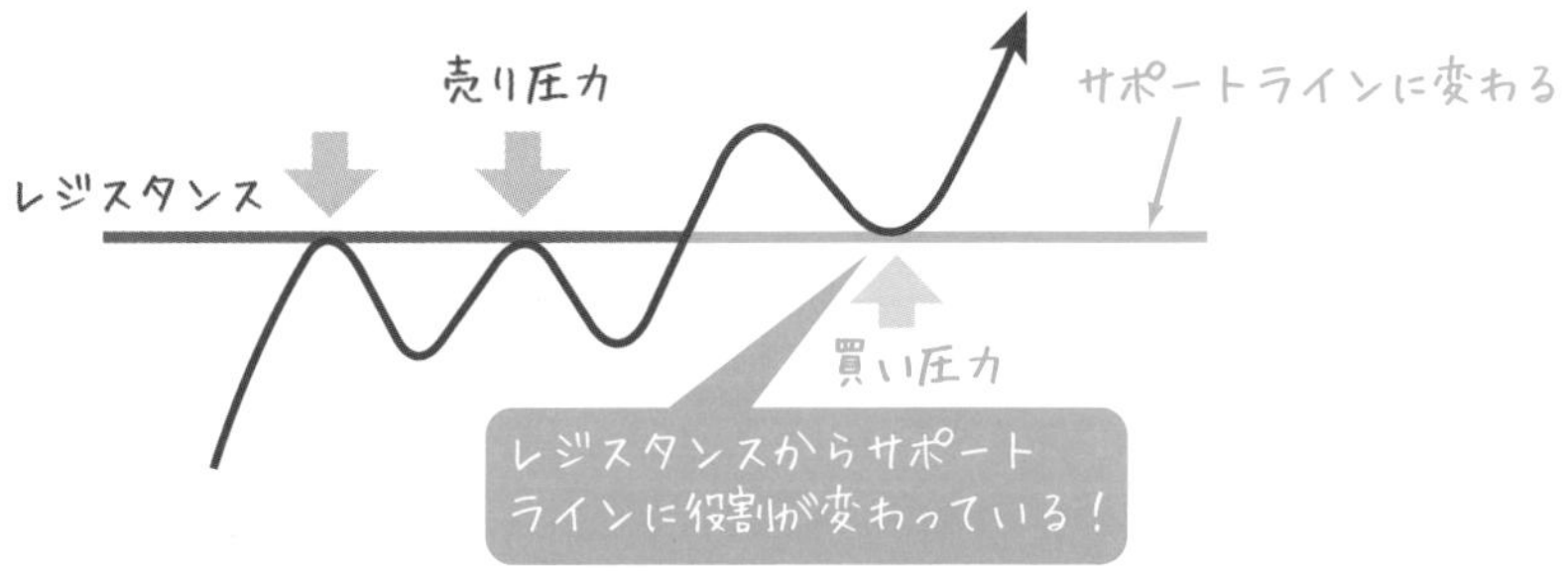

ではそもそも「なぜ」水平線が機能するのでしょうか。

表面的な「このシグナルが出たから買い」「この線と線がクロスしたから売り」なんて理解は、相場の世界では何の役にも立ちません。

その裏側のどうしてこのシグナルが出ると買いで正しいのか、**背景・理由まで理解**しておかないと応用が効かず、使いこなすことは難しいのです。

水平線での反転は2種類の取引が発生するから

それでは**水平線が機能する理由**を、レジスタンスラインを例にとり解説します。

今、為替レートがレジスタンスラインまで上昇すると、その前に買いを仕掛けていた投資家は含み益が発生している状態になります。

相場が上昇するということは、売りたい人よりも買いたい人の方が多かった状態なので、その買いたい人がどこで次の行動、つまり利益確定をするかを見極めることが重要となります。

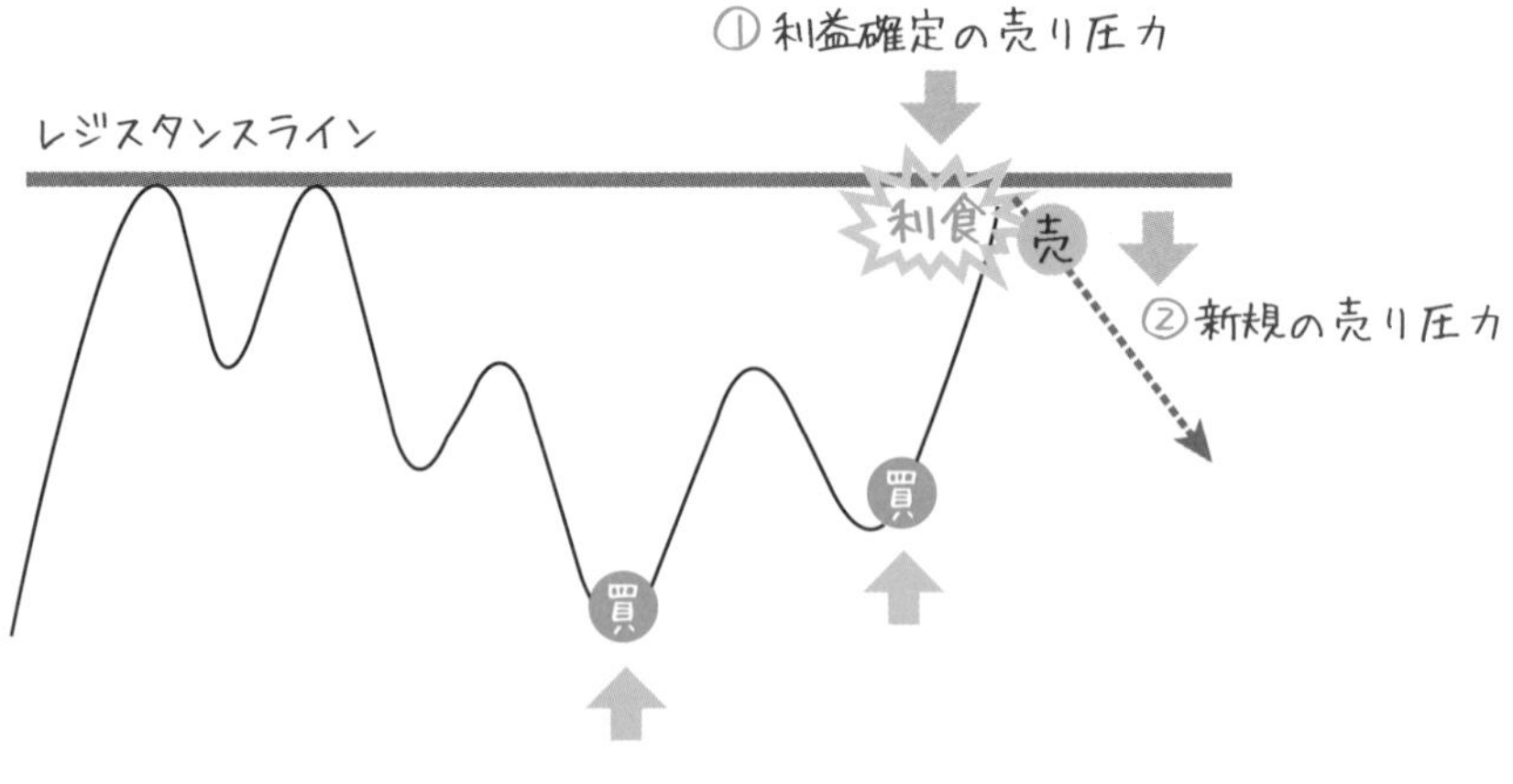

そんな時、誰でも分かる目立つレジスタンスラインが目の前にあれば「**このレジスタンスで頭打ちとなりそうだから利食いしておくか**」となるわけです。

レジスタンスに近づけば近づくほど、その利益確定の売り圧力は増大①すると言え（前ページ下図）、レジスタンスで反転すると、一層その傾向は強まります。なぜなら、せっかく含み益が出ているのに、反転して含み益が減ってしまうのをわざわざ指をくわえて待つ必要はありませんからね。

そして、もう一つレジスタンスで反転する重要な要素があります。それは、**反転を狙った新規の売り注文**②です。

レジスタンスでの反転を確認すれば、そのラインを根拠に新規で売りを仕掛ける投資家もいます。

ラインブレイク時は損切りを巻き込み大きく動く

では、水平線をブレイクした時はどんな大衆心理が働くのでしょうか？

レジスタンスラインを根拠に売りを仕掛けた投資家の多くは、

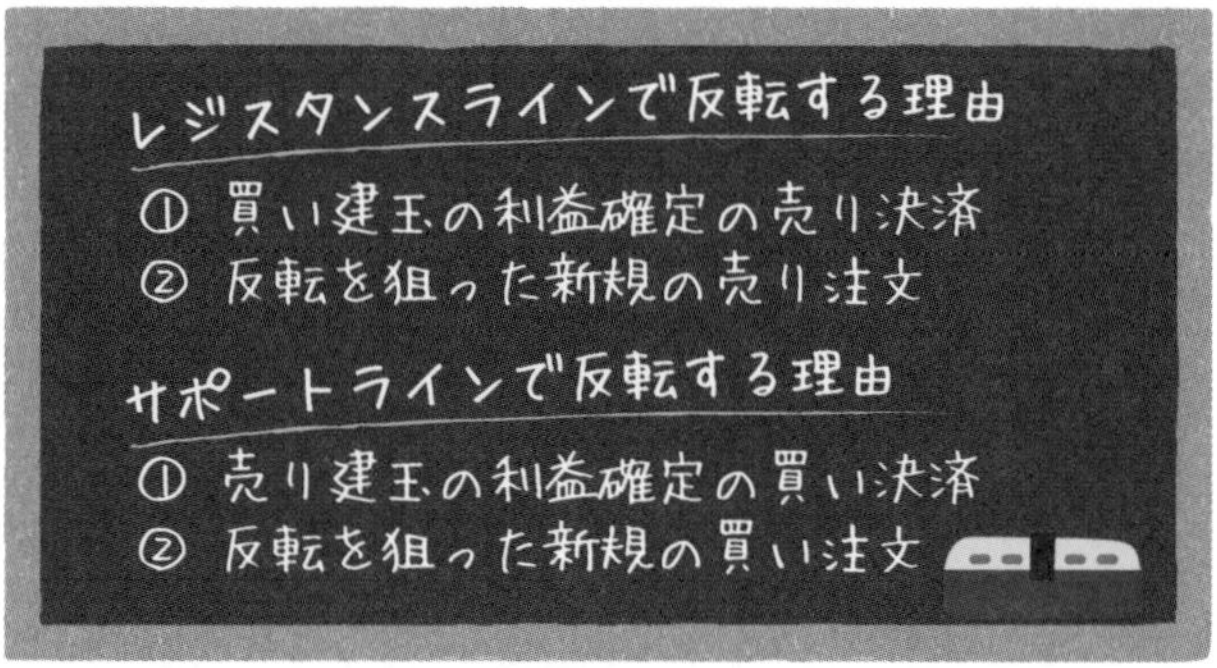
レジスタンスラインで反転する理由
① 買い建玉の利益確定の売り決済
② 反転を狙った新規の売り注文
サポートラインで反転する理由
① 売り建玉の利益確定の買い決済
② 反転を狙った新規の買い注文

損切り注文をそのラインの上に設置することがほとんどです。これは、レジスタンスで価格が反落すると見込んで売りを仕掛けているので、もし**レジスタンスを上抜け**したら根拠が崩れたことを意味し、**素早い撤退が最善策**になるためです（稼いでいる上級者ほど、この動作を徹底しています）。

すると、仮に買いたい人の方が売りたい人よりも多くレジスタンスを突破すると、**売り建玉を持った人の損切り買い注文**①を巻き込んで相場が一気に上昇します。

更に、その上昇を狙って**新規で買いを仕掛ける投資家**②もいるので、伸びが加速するのです。

もし、**水平線と損切り注文がたくさん溜まっているエリア**を発見できれば、**ブ**

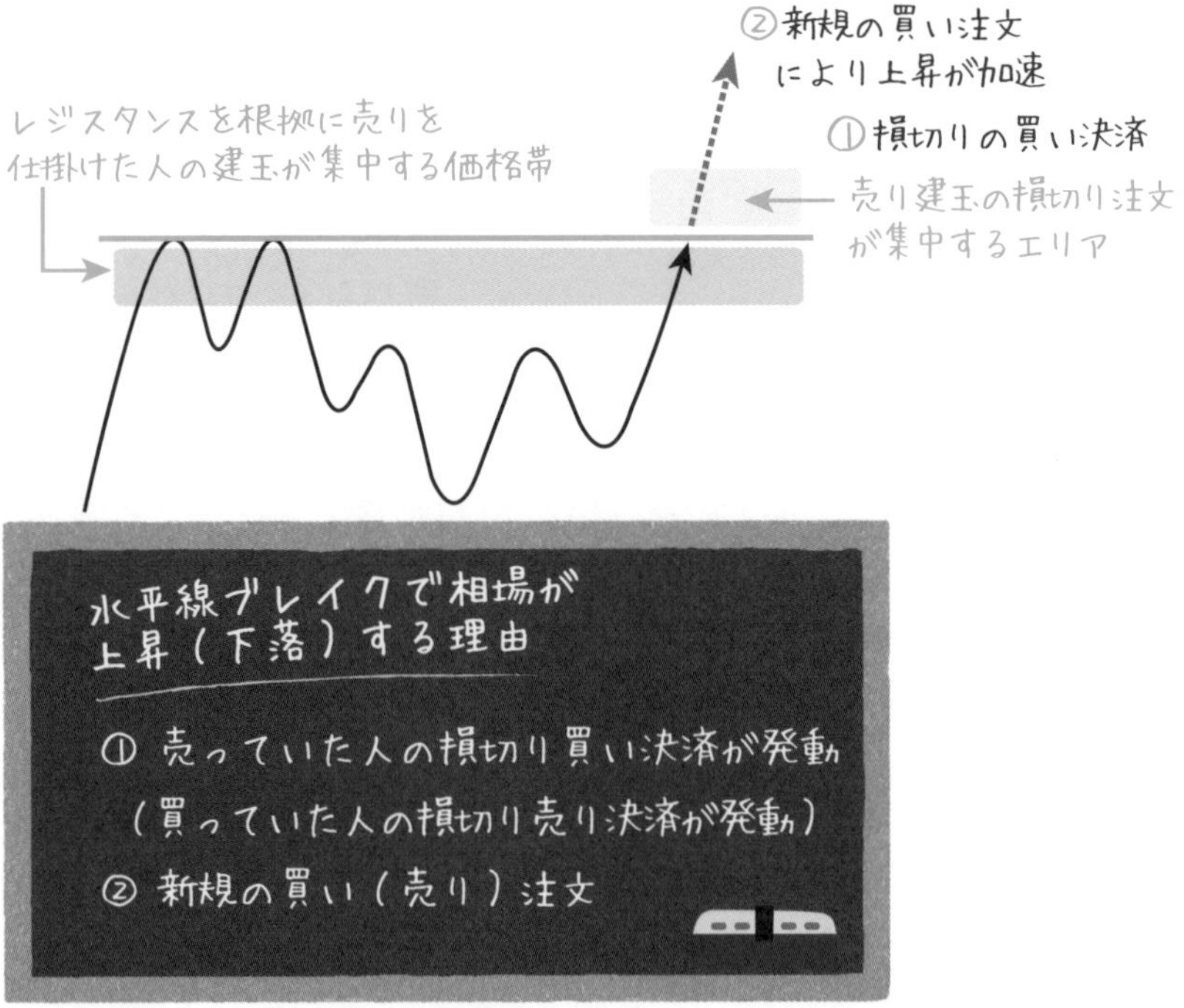

②新規の買い注文
により上昇が加速
レジスタンスを根拠に売りを
仕掛けた人の建玉が集中する価格帯
①損切りの買い決済
売り建玉の損切り注文
が集中するエリア
水平線ブレイクで相場が
上昇（下落）する理由
① 売っていた人の損切り買い決済が発動
（買っていた人の損切り売り決済が発動）
② 新規の買い（売り）注文

レイクと同時にエントリーすることで利益を上げられます。

ただし、このブレイク狙いのトレードは「ダマし」のリスクも高いことに加え、ブレイクでレートが一気に動くと、成約レートが予想以上に悪いレートになる可能性もあることから注意が必要です。

ブレイク後の第二波を狙う

ではどうすればいいのでしょうか？

より勝率を高めたい場合は、**水平線をブレイクした瞬間の第一波は見送り、その後の第二波を狙う**のです。

そして、このパターンは驚くほどよく発生します。ラインをブレイクした後、相場が一直線に上昇または下落することは稀です。

もし急激に一直線に上昇・下落し続けた場合、第一波を見送ると利益を取り逃すことになりますが、それと同時にダマしを回避し負けのリスクを最小限に抑えられます。

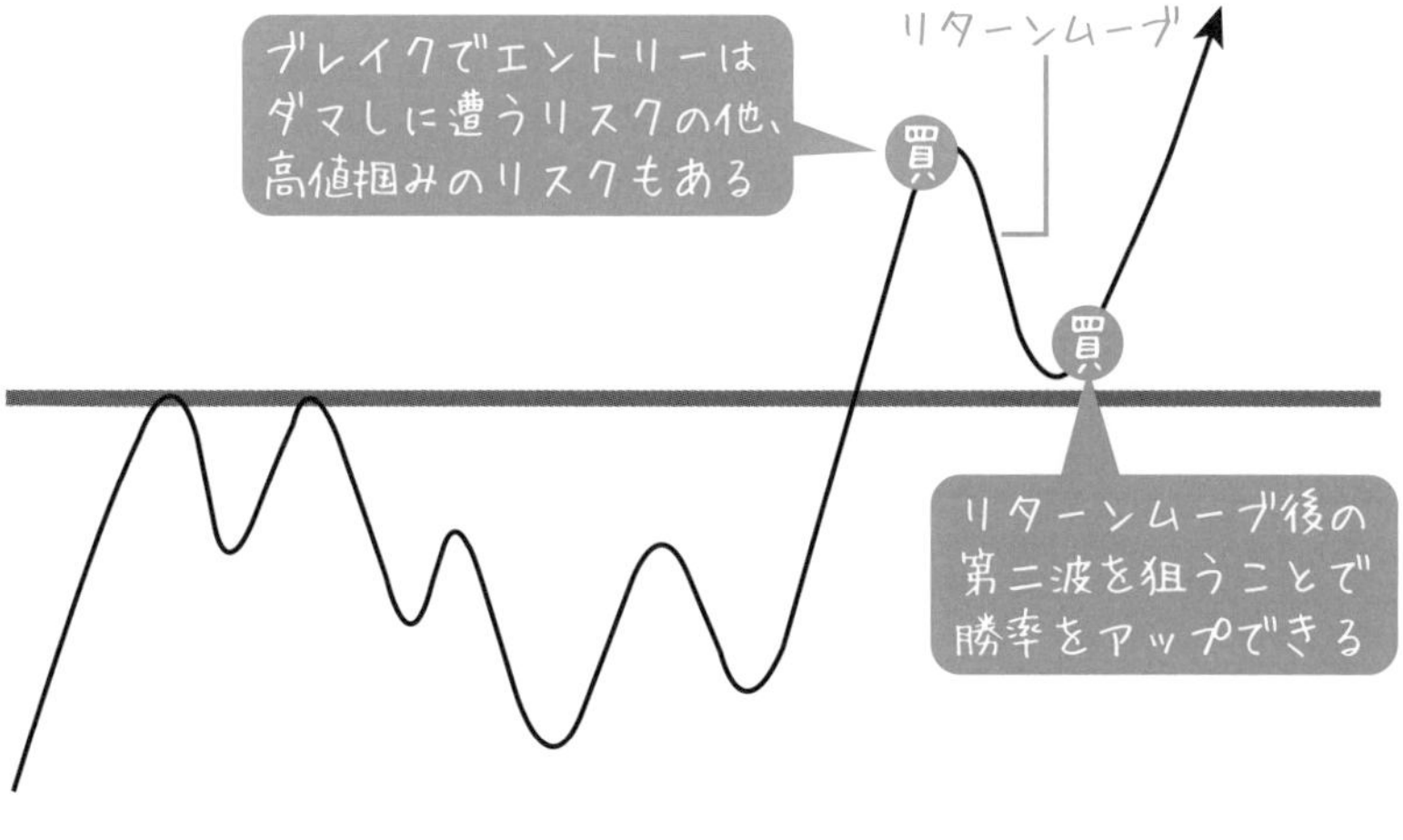
リターンムーブ
ブレイクでエントリーはダマしに遭うリスクの他、高値掴みのリスクもある
買
買
リターンムーブ後の第二波を狙うことで勝率をアップできる

それでいて、**勝率の高い第二波**のみをとらえていくので、安定して利益を積み上げていくことができるのです。

4 チャネルラインは利益確定の目安！

トレンドラインが引けた時にセットで引きたいのが「**チャネルライン**」です。

チャネルラインは**トレンドラインと平行にして引く**ことで、**利益確定のタイミングや新規エントリーのタイミング**を計ることができます。

例えば、始点と1点目の間の高値1の更新で上昇トレンドラインが引けた時、上昇トレンドラインを平行に移行して**高値1と高値2を結んでチャネルライン**が引ける時があります(下図)。

その時、2点目の反発で買いエントリーし、**上側のチャネルラインに当たった時に売り決済**をするのです。

下降チャネルラインも同様で、始点と1点目の安値1の更新で下降トレンドラインが引け、安値1と安値2を結んで

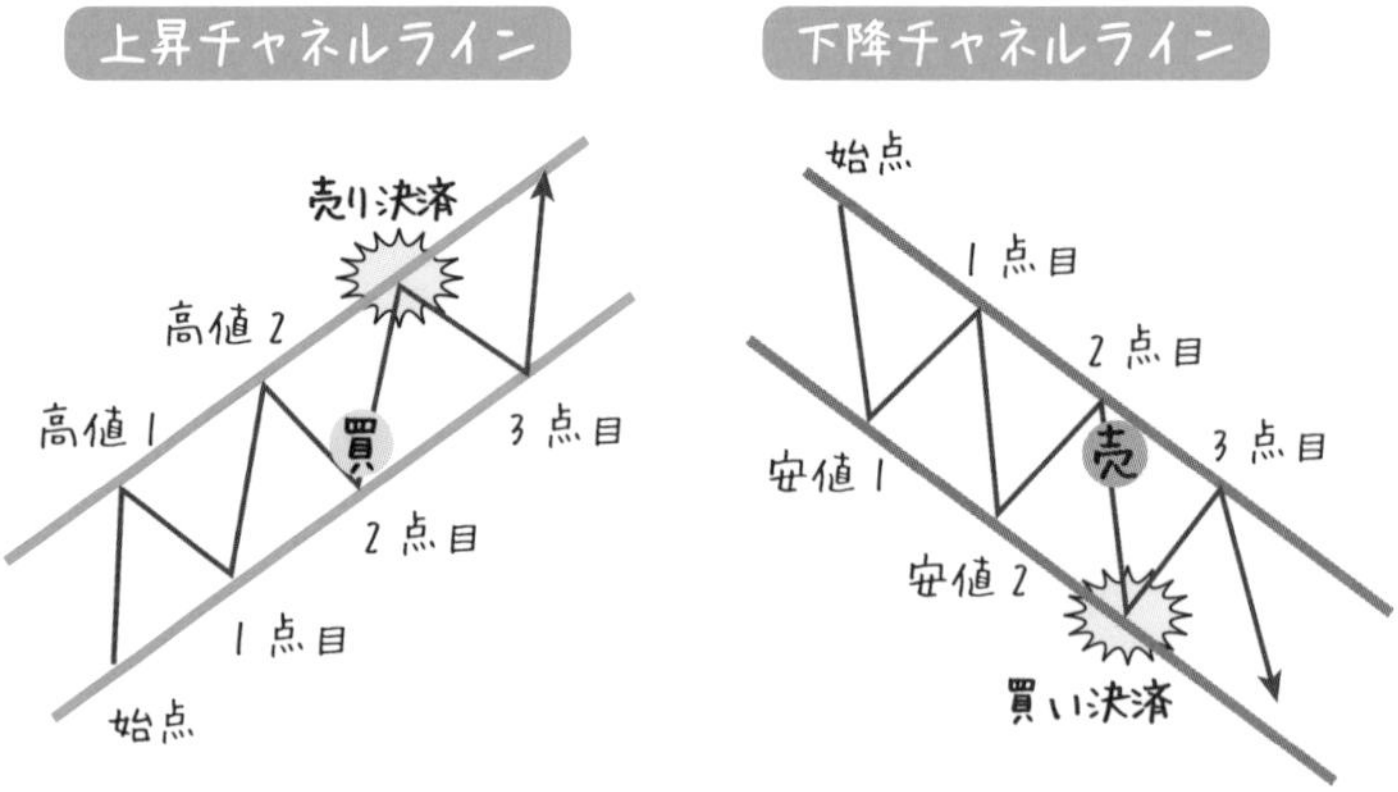

チャネルラインを引きます。この状態が完成すれば、2点目で売りエントリーし、下側のチャネルラインで買い決済です。

一見、非常にシンプルなチャネルラインを使ったトレードですが、このパターンもチャートによく頻出します。ここで大切なのは、**トレンドの方向に逆らわない**ことです。

例えば、**上昇チャネルライン**の場合は、売買する方向は**買いのみ**であり、逆張りで売りをしてはいけません。あくまで、**上側のラインは「利益確定の目安」**としてだけ利用するのです。

下降チャネルラインも同様に、下側のラインは売りを仕掛けた後の利益確定をする目安としてだけ利用します。

チャネルを抜けたら新たなラインを引く！

それでは最後に、チャネルラインの応用テクニックを紹介しましょう。

チャネルラインを抜けた時、また新たなチャネルラインを引くことができます（下図）。

例えば、上昇チャネルラインを上抜けしたとき、最初の

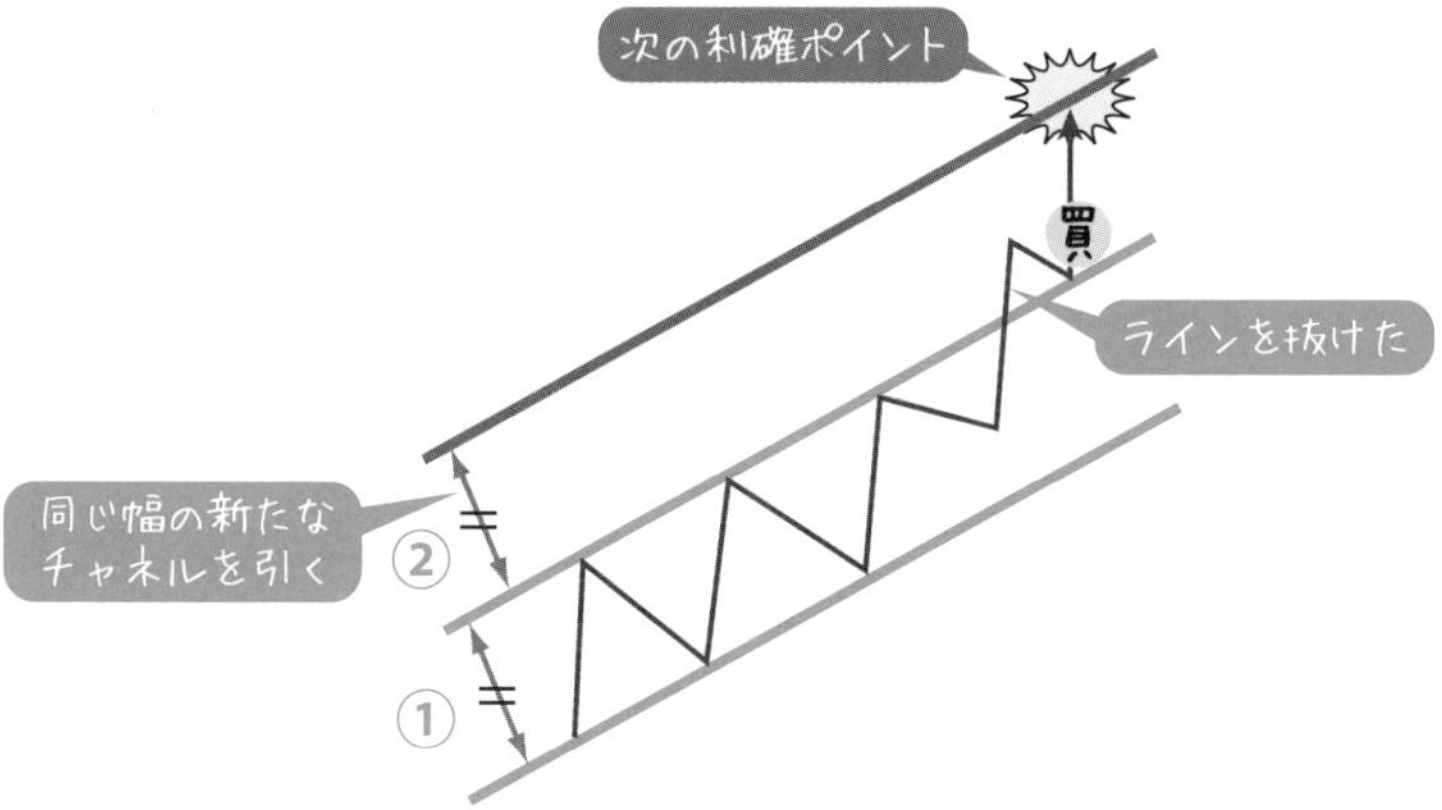

チャネルラインの幅①と同じ幅のチャネルラインを上側に追加するのです。今後、為替レートは新たに追加された上のラインを目指して上昇する可能性が高いので、真ん中のラインで反発したら買いエントリー、上のラインに達したら売り決済のトレードを行うことができます。

5 ラインの重要度を判断する3つのポイント

そもそも「**ラインはどのローソク足の時間足で引けばいいの?**」と疑問に思った方もいるでしょう。

結論から言えば、どの時間足で引いたラインも**その時間足では有効なライン**となるのでトレードに活用することができます。1時間足で引けたラインもトレードで使えますし、5分足で引けたラインも同じです。

ただし、ラインにも重要度があり、次の項目が当てはまるほど、より強固なラインとなりトレードで優先すべきです。

❶ 上位足で引けるライン
❷ 反転回数が多いライン
❸ 心理的節目と重なるライン

まず、ラインは5分足や15分足の下位足で引けるラインよりも、**4時間足や日足の上位足で引けるラインの方が、重要度が高い**ラインとなります。

例えば、4時間足で引けるラインと5分足で引けるラインが近くにある時、優先すべきは4時間足のラインとなります。なぜなら、上位足のラインであればあるほど、短期売買以外で中長期のトレードをする機関投資家クラスの注目が集まるためです。

また、ラインは**反転回数が多い**ほど、より多くの投資家の注目が集まるので重要度が増します。反転回数が2回と5回のラインを比較すると、明らかに5回のラインの方がより多くの大衆心理の絡まった重要なラインであり、そのラインに近づいたりブレイクしたりする時の反応は強くなります。

そして、**心理的節目**（100・000や1・2000など、ゼロが付く価格）もよく水平線が引ける水準です。

これらの節目には大口投資家の損切り注文も集まりやすいので、ブレイクすることで相場が大きく変動することがよく起こります。

ライン分析では
・長い時間軸ほど
・反転回数が多いほど
・切りのいい数字ほど
重要度の高いラインとなります

04 ボリンジャーバンドで相場を見極めよう

1 ボリンジャーバンドのしくみを覚えよう

ボリンジャーバンドは相場の**ボラティリティ（価格変動率）の変化**に着目し、**「いつ」売買すればいいのか**を教えてくれるテクニカル分析です。まずはボリンジャーバンドのしくみを理解しましょう。

ボリンジャーバンドは一般的に現在レートの**上に3つ、下に3つのバンド**と**期間20の指数平滑移動平均線**から構成されます。バンドは統計学上の標準偏差が使われており、**「±1σ《シグマ》」「±2σ」「±3σ」**から成ります。

ボリンジャーバンドを構成する各シグマのバンドの意味

● ボリンジャーバンドの７本の線

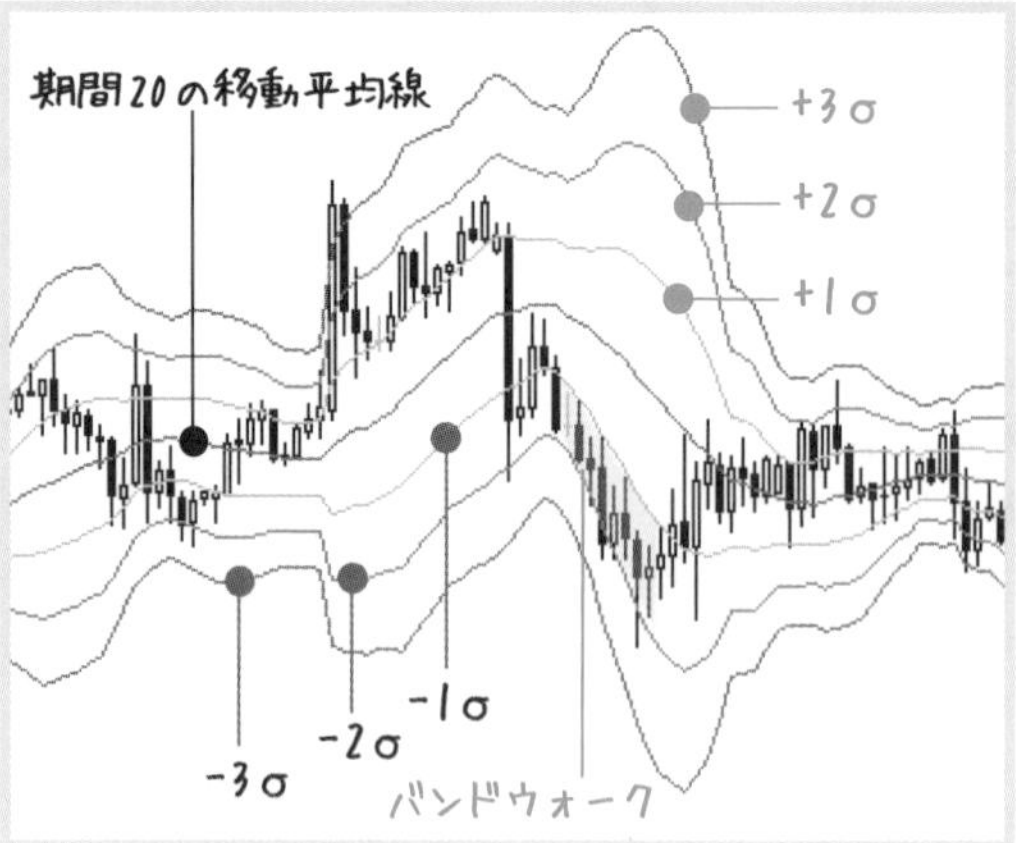

は、以下の確率でレートが各バンド内に収まることを意味します。

1σ＝68・26％
2σ＝95・44％
3σ＝99・74％

例えば、レートが±2σの中に収まる確率は95・44％で、逆に±2σの外に外れる確率は4・56％です。

この説明だけを聞くと、「じゃあ、もしレートが±2σや±3σの外にあれば、そのうち元に戻るから逆張りで仕掛ければいいのか！」と思うかもしれません。しかし、ボリンジャーバンドで**逆張りは危険**で誤った使い方です。

なぜなら、実際の相場では勢いよくレートが動いた時に、レートがバンドに沿って走る「**バンドウォーク**」という現象がよく起こります。すると、逆張りをした建玉は含み損が一気に増えてしまうリスクがあるのです。

では、ボリンジャーバンドが何の役にも立たないかというと、そうではありません。ボリンジャーバンドの**最大の特徴**は**ボラ**

ボリンジャーバンドでは
逆張りはやめましょう！
バンドウォークという
バンドに沿ったトレンド
となりやすいです。

ティリティの変化を一目で把握できることであり、相場のトレンドが発生する瞬間を狙うことができます。それが、「エクスパンション」と「スクイーズ」です。ボリンジャーバンドではこの2点に着目することで、勝率の高いトレードを実現することができます。

2 スクイーズを発見し、エクスパンションで飛び乗ろう！

ボリンジャーバンドを見ると、バンドが縮まったり、広がったりを繰り返しているのがわかると思います。

これは**相場のボラティリティ（価格変動率）**を示しています。

バンドが縮まっている　値動きが小さい状態（スクイーズ）
バンドが広がっている　値動きが大きい状態（エクスパンション）

を示します。相場というのは常に激しく動くことはあまりなく、波の動きのように静かにゆったりと動くときもあれば、水しぶきを上げた荒波のように激しく動くときもあります。

そして、嵐の前の静けさのように、相場が急変動する前の状態はボラティリティが低い状態が多いです。

この状態を視覚的に表したのが「**スクイーズ**」で、バンドが狭く縮まっている状態です。

そして、相場の**エネルギーが一気に開放**されてバンドが上下に大きく広がるのが「**エクスパンション**」です。

スクイーズの後にはエクスパンションが来る確率が高いので、相場が動き出した瞬間に飛び乗れば大きな利益を手にすることができます。

エントリーと決済はバンドの動きに注目しましょう！

ボリンジャーバンドを使ったトレード手法は、スクイーズを発見したら次に起こる**エクスパンションを待ち**、相場が急に動き出したら**2σまたは3σのバンドの外でローソク足が確定したのを確認して動いた方向にエントリー**します。

そして、**利益確定のタイミングは反対側のバンドが縮まり始めたら実施**します。これは、

● スクイーズの次のエクスパンションを狙う

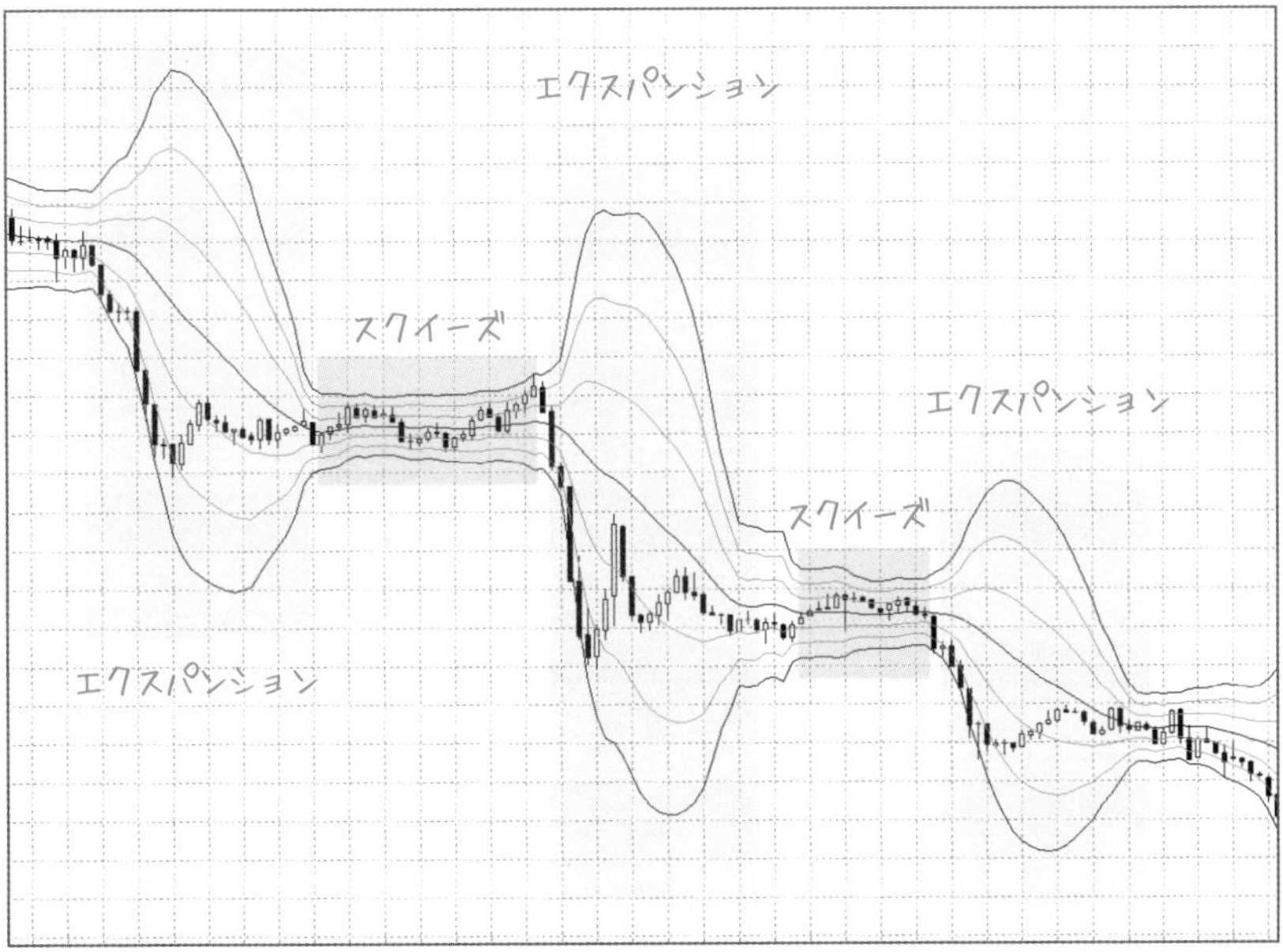

相場の勢いが弱まり始める最初のサインは、反対側のバンドが縮まることだからです。

今回は1～3σのバンドをすべて表示しましたが、2σだけでトレードすることもできます。

2σよりも3σの方がレートは達しにくいので、3σを使う人はより慎重なスタイルとなります。

一方、1σはダマしも多く扱いづらいので、**2σまたは3σをトレードで使用**した方がいいでしょう。

● **反対側のバンドが縮み始めたときに決済する**

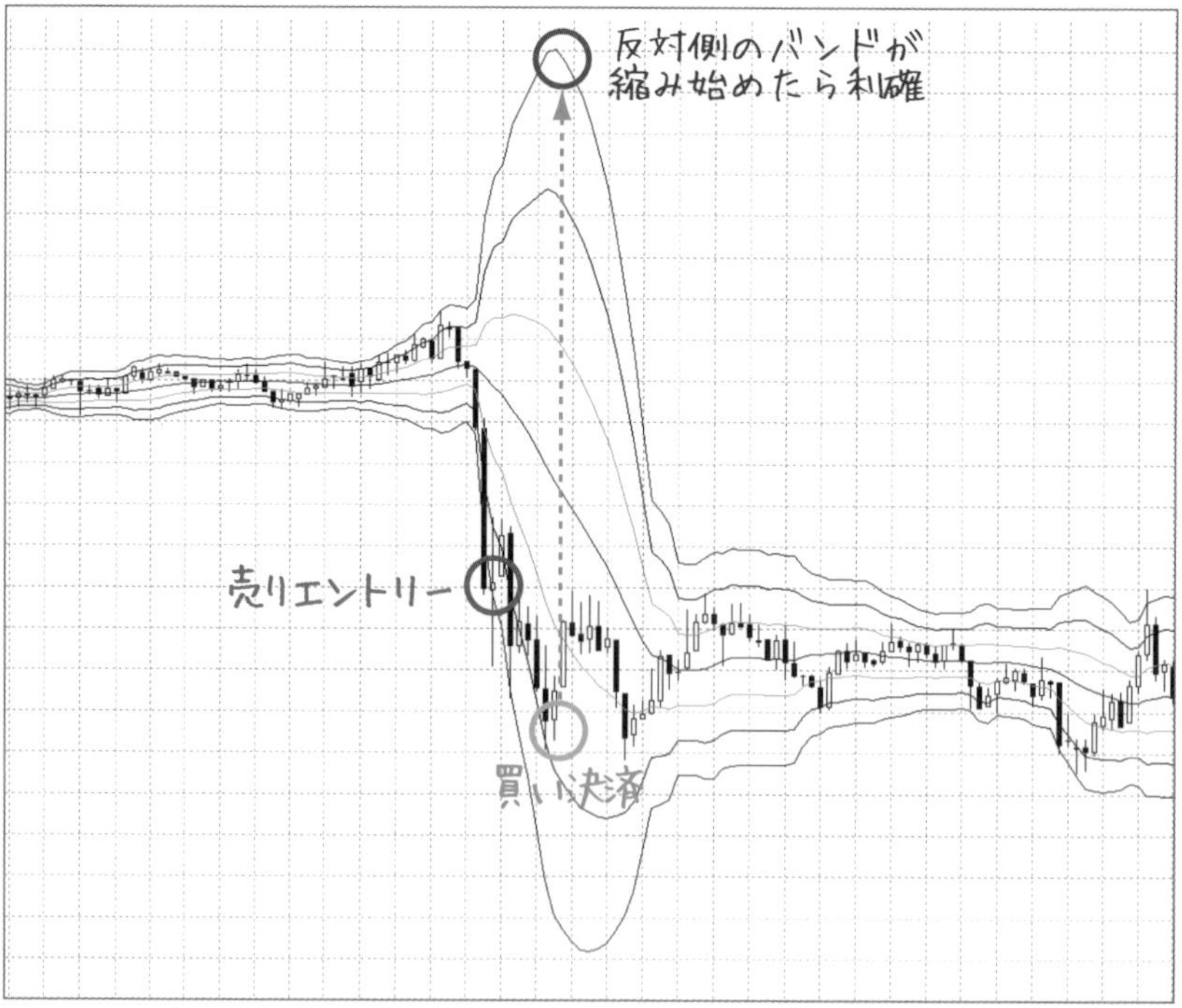

Episode 1

FXの両建ては意味があるの？

投資の世界には、買いと売りの建玉を同じ数量で同時に持つ「**両建て**」という手法があります。機関投資家やヘッジファンドも、両建て手法を使っている他、スワップポイントのサヤ取りや心理的な負担軽減というメリットも少なからずあるので、「FXの両建ては有効な手法」だと考えている投資家も少なからずいます。

ただし、本質的なところを申し上げると、FXの**両建てはほとんど意味がない**と言えます。

同じ数量の買いと売りの建玉を両建てした時、これは単純に建玉を持っていないのと同じ状態で、損益は発生しません。レートが上昇すれば買い建玉は含み益が出ますが、売りの建玉は同じ金額だけ含み損を抱えます。トータルではゼロです。では、含み益が発生している買い建玉を利益確定した時、これは口座残高が増えたと言えるのでしょうか？

答えは「No」です。残った片方の売り建玉が含み損を抱えており、その後、為替が下落すれば含み損が減って口座残高は増えますが、逆に為替が上昇すれば確定した利益以上に含み損が増えて口座残高は減ります。

つまり、両建てをした後に片方の建玉を外した瞬間というのは、**単に買いまたは売りの新規エントリーしたのと全く同じ**であり、必勝法でも特別な手法でも何でもないのです。両建てから片方を外した時、上手くいくかどうかはその後の為替相場の動向次第となり、両建てで利益を上げるには普通のトレードと同様に相場の値動きを予想する必要があります。

また、片方の建玉を持った後に、反対サイドの建玉を新規で入れて両建て状態にする行為も、利益確定または損切りしたのと全く同じとなります。

ちなみに、機関投資家などが両建てをするのは、株の資産で金額が大きすぎてマーケットですぐ売るに売れない場合や、長期保有ですぐ売るつもりはないけど価値が下がりそうなので損失ヘッジする場合です。流動性が豊富な為替で、両建てするのは聞いたことがありません。

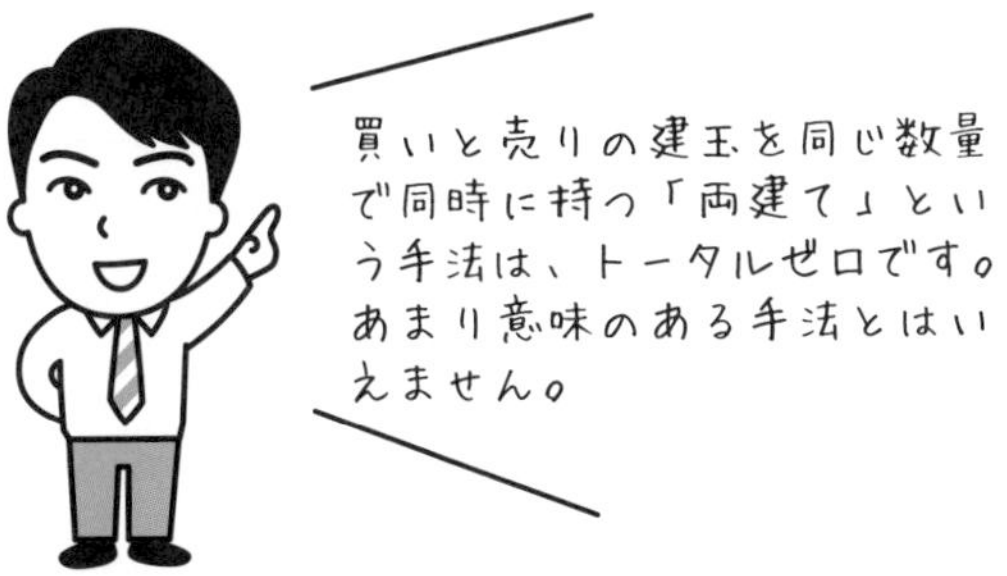

買いと売りの建玉を同じ数量で同時に持つ「両建て」という手法は、トータルゼロです。あまり意味のある手法とはいえません。

05 一目均衡表を使ったトレードポイント

1 一目均衡表について

一目均衡表《いちもくきんこうひょう》は新聞記者の細田悟一氏（ペンネーム「一目山人」）が開発したテクニカル指標で、外国人投資家からも親しまれています。

その名の通り、**一目見れば相場の今後の方向性を視覚的に予想**することができます。

一目均衡表は、**「転換線」「基準線」「遅行スパン」「先行スパン1」「先行スパン2」の5つの要素**から構成されています。

一目均衡表はローソク足とともに、相場の方向性を予想できる人気のあるチャートです。

一目均衡表の構成要素

転換線：（当日を含む過去9日間の高値 ＋ 当日を含む過去9日間の安値）÷ 2
基準線：（当日を含む過去26日間の高値 ＋ 当日を含む過去26日間の安値）÷ 2
遅行スパン：当日の終値を、当日を含む26日前（過去）の位置にずらして表示
先行スパン1（上昇雲）：（基準線 ＋ 転換線）÷ 2を26日間先行させたもの
先行スパン2（下降雲）：（当日を含む過去52日間の高値 ＋ 安値）÷ 2を26日間先行させたもの
※先行スパン1と2で囲まれた領域を雲と呼びます。

2 三役好転と三役逆転が売買シグナル

一目均衡表は市場価格の形成パターンである「**波動論**」、ボラティリティの現状を図る「**水準論**」、時間的な傾向を分析する「**時間論**」の3つから構成されています。

一見すると難しそうですが、使い方は非常にシンプルで、次の3つの条件が全て揃ったとき「**三役好転**」**と呼ばれる買いのシグナル**となります。

❶転換線が基準線を上抜け
❷遅行スパンがローソク足を上抜け
❸ローソク足が雲を上抜け

また、三役好転とは逆の方向に動く3つの条件がそろったとき、**「三役逆転」**といって売りのシグナルとなります。

❶転換線が基準線を下抜け
❷遅行スパンがローソク足を下抜け
❸ローソク足が雲を下抜け

一目均衡表のその他の使い方としては、**雲を抵抗帯や支持帯**としてみなし、雲での反発を狙ってトレードする手法もあります。また、雲が厚ければ厚いほど、より強力な抵抗帯や支持帯となるので、抜けるのに時間を要します。

● 一目均衡表の構成要素とシグナル

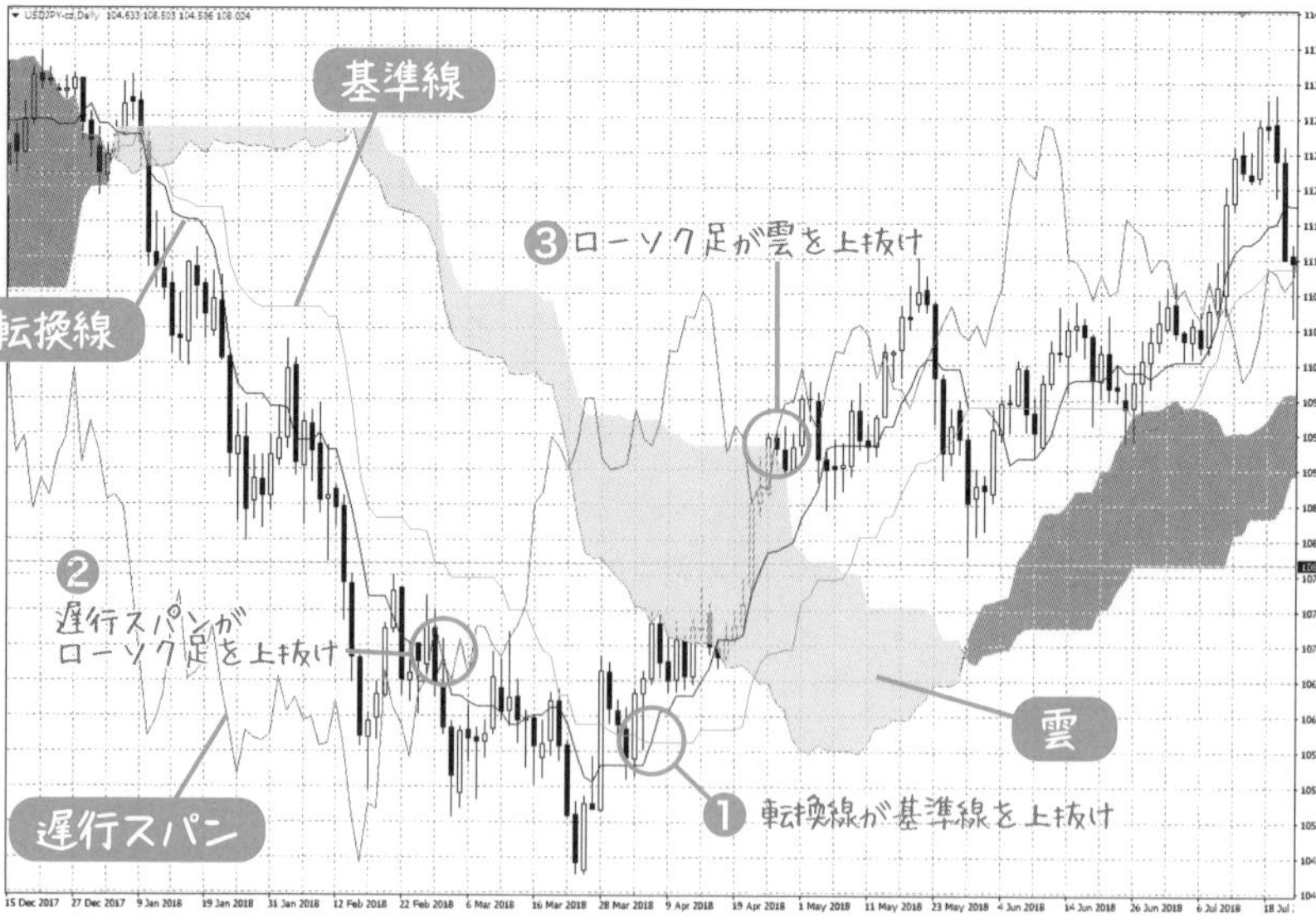

© 経済変動総研　http://www.ichimokukinkouhyou.jp/

3時限目

オシレーター系チャート分析で相場の勢いを把握しよう

買われ過ぎ、売られ過ぎ
を判断できるのが
オシレーター指標です。
RSI、MACDを覚えて
売り買いのポイントを
マスターしましょう。

01 RSIでトレンド転換を察知しよう

1 トレンド転換を察知する方法とは?

トレンド系のテクニカル分析は、買い・売り・様子見のうち「何を」「いつ」するかを明示してくれるものでした。ただ、一度発生したトレンドも、いつかは勢いがなくなり消失します。

もし上昇トレンドの方向にエントリーしたとしても、自分が買った時点が**上昇トレンドの終わり**付近であればすぐに**撤退する必要**があります。**含み益が出ている**のであれば**天井で利益確定の決済**をしたいものです。

では、**トレンドの勢いが弱まっている状態を具体的に知る**

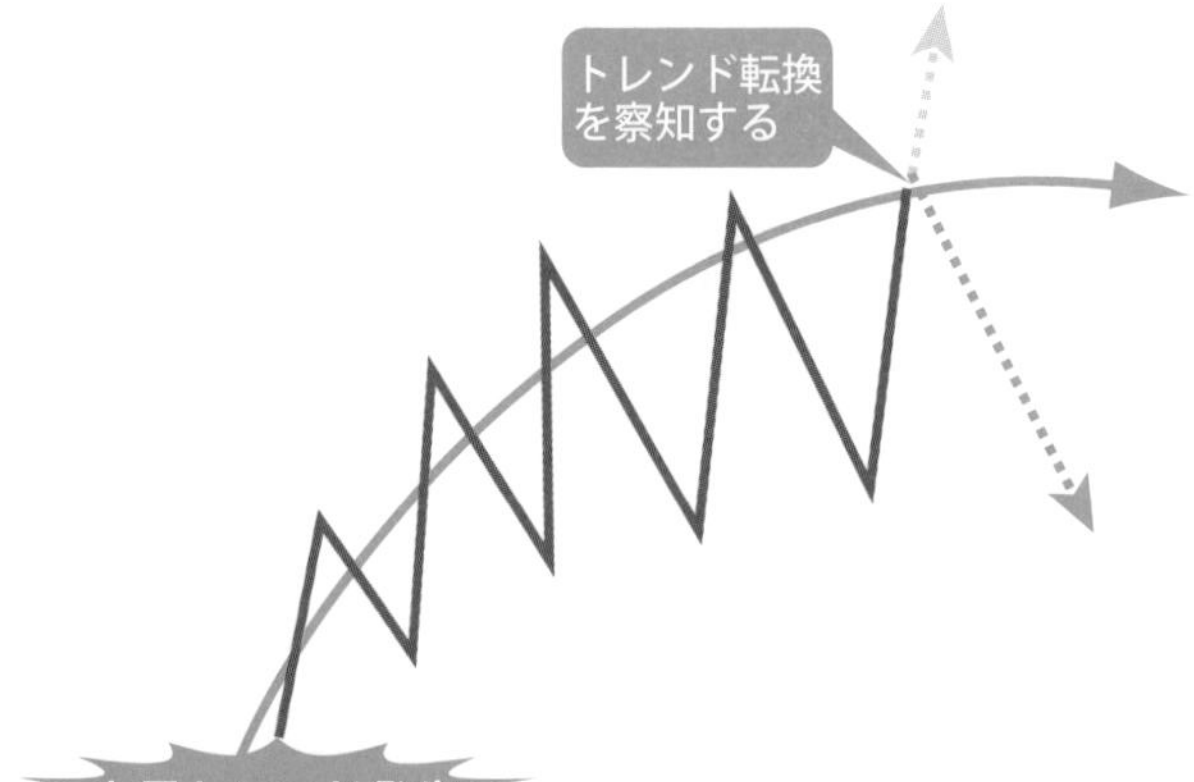

方法はあるのでしょうか？

その答えは、今回登場する**「オシレーター系」のテクニカル分析**です。

オシレーターとは、「振り子」「振り幅」を意味し、売買の過熱感を定量的に示すもので、**買われ過ぎ・売られ過ぎを判断する**のに使用されます。チャートでは下側で横長に表示されています。オシレーターはトレンドのない相場で有効に機能します。

ただし、買われ過ぎだから単純に売り、売られ過ぎだから単純に買いなどと、そんな表面的な情報だけでトレードするのはナンセンスです。

買われ過ぎの水準にて、**買われ過ぎの程度が弱まっているサイン**が確認されてはじめて、**トレンド転換**が近々起きる可能性があると判断できるのです。

そして、それこそがオシレーター系で最も有名な為替レートとオシレーターの方向が逆になる**ダイバージェンス（逆行現象）**と呼ばれるものです。

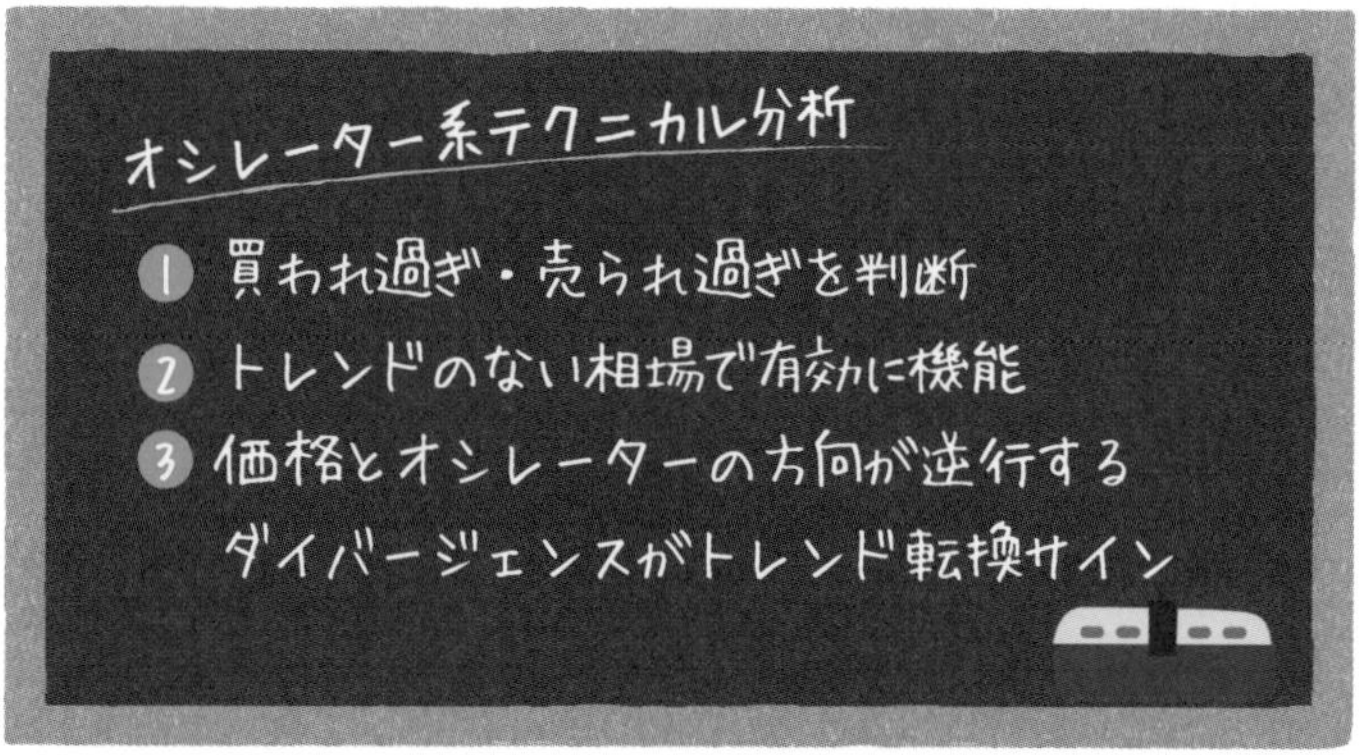
オシレーター系テクニカル分析
1 買われ過ぎ・売られ過ぎを判断
2 トレンドのない相場で有効に機能
3 価格とオシレーターの方向が逆行する
ダイバージェンスがトレンド転換サイン

2
RSIで買われ過ぎ・売られ過ぎが一目瞭然

オシレーター系のテクニカル分析は、RSI、MACD、ストキャスティクス、RCIと多々ありますが、最初に取り上げるのはオシレーターの代表「**RSI**」です。

RSIは**相対力指数と呼ばれるインジケーター**で、過去一定期間の上昇変動と下降変動のどちらが強いのかを示したものです。

RSIは0~100%の範囲で表示され、**70%以上で買われ過ぎ、30%以下で売られ過ぎ**を示します。

RSIの見方①
- **70%以上が買われ過ぎ**
- **30%以下が売られ過ぎ**

● RSIの70%と30%で買われ過ぎ、売られ過ぎを判断する

しかし、ＲＳＩが70％以上の買われ過ぎに達したからと言って、必ずしも**相場がすぐに転換するわけではありません**。

本当に強い上昇トレンドの場合、上昇の勢いが更に強まりＲＳＩが70％以上の水準に張り付き、その後も上昇トレンドが続くことはよくあるからです。30％以下の売られ過ぎの場合も同様です。

巷ではＲＳＩを使った逆張り手法の情報が出回っていますが、**ＲＳＩが70％（または30％）に達したから『すぐに』新規で売り（または買い）エントリーすることは厳禁**と覚えておきましょう。

RSIはダイバージェンスに注目！

ＲＳＩは買われ過ぎ・売られ過ぎを示すインジケーターと説明しましたが、もう一つ示すものがあります。それは**投資家の相場に対する心理**です。

例えば、為替レートが上昇トレンドであり、さらにＲＳＩも値が上がっていく場合、投資家の買

● **為替レートとRSIがともに上昇、ダイバージェンスは発生していない**

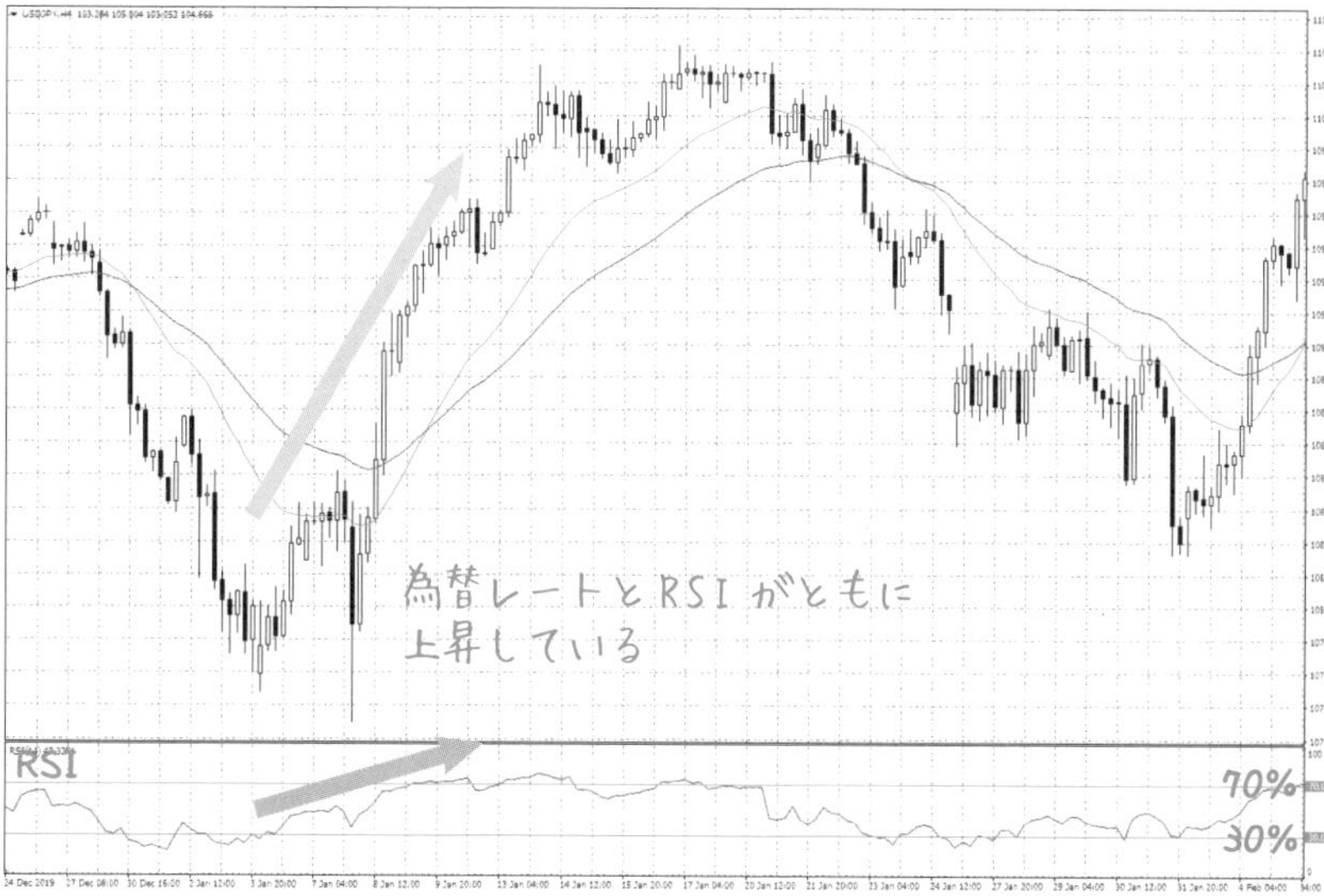
為替レートとRSIがともに
上昇している
RSI
70%
30%

い需要がかなり強いことを意味しトレンドがまだまだ続く可能性が高いです。

このような時は、**積極的にトレンド方向に仕掛ける**べき場面で、逆張りの売りはもっての他です。

一方、**為替レートは上昇トレンド**だけど、RSIが前回の高値を更新できなかったり、**RSI自体が下降トレンド**である場合があります。以前と比べて**買いたい人の勢いが減っている**証拠であり、近々買いたい人と売りたい人の勢力が逆転して**トレンド転換の可能性**が高まっていることを意味します。

このような**為替レートは上昇しているが、RSIは下降する逆行現象のことを「ダイバージェンス」と呼び、トレンド転換を示唆するサイン**となります。

● 為替レートとRSIがともに上昇
⇓ 上昇トレンドがまだまだ続く可能性
● 為替レートとRSIが逆行
⇓ 近々トレンド転換が起こる可能性

● 上昇する為替レートと下降するRSIでダイバージェンスが発生

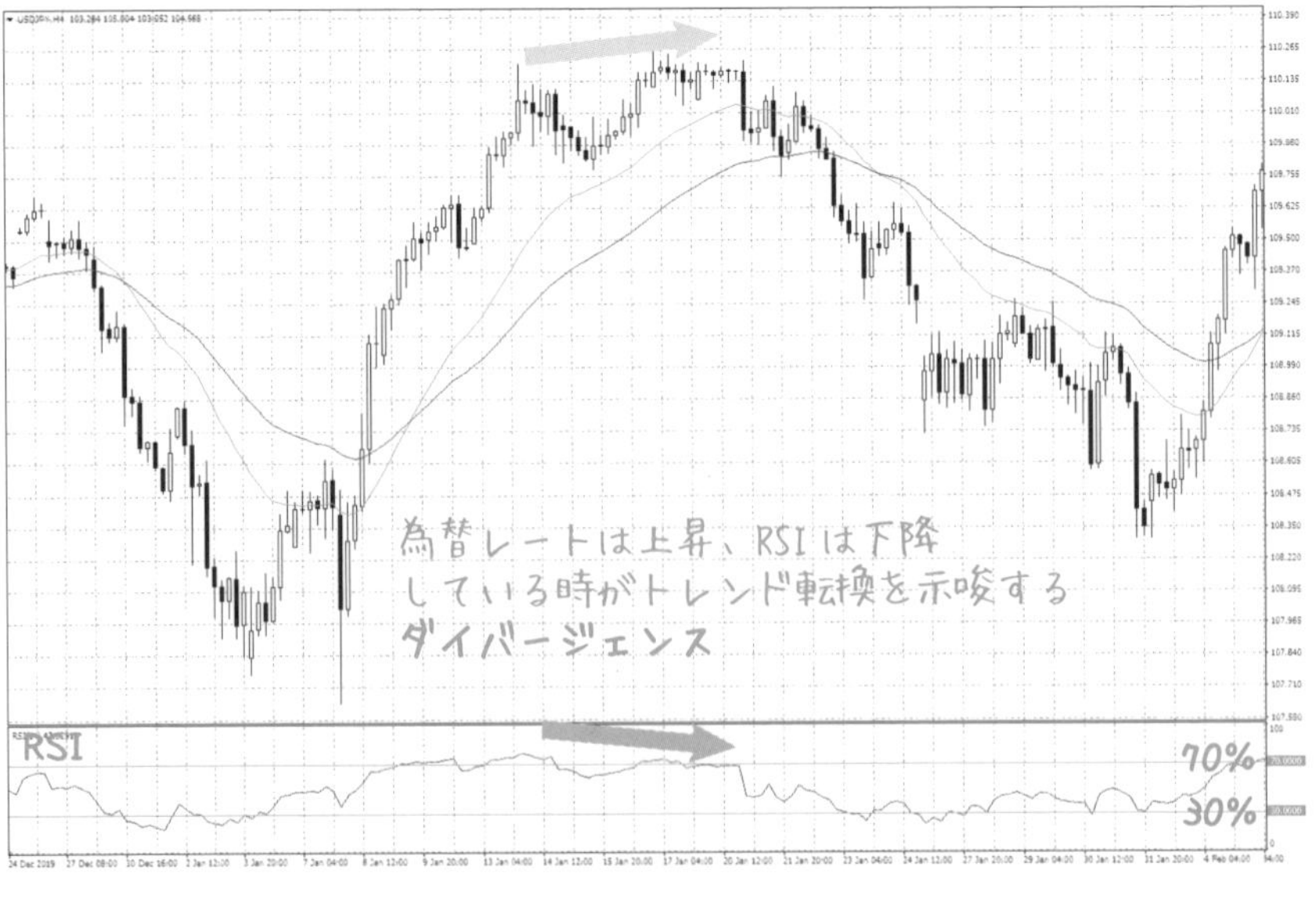
為替レートは上昇、RSIは下降
している時がトレンド転換を示唆する
ダイバージェンス
RSI
70%
30%

下降トレンドの場合も、為替レートは下落しているが、RSIは前回の安値を更新できず反対に上昇している時も、ダイバージェンスとなりトレンド転換を示唆するサインとなります。

3 RSIの設定値は14が一般的

ここでは、RSIがどんな**計算式**で作られているのかを簡単に見ておきましょう。

RSIの計算式は、直近n期間の終値ベースの上昇幅の累計が、直近n期間の上昇幅の累計と下落幅の累計を合計したものの何%を占めているかを示したものです。この計算式からも明らかな通り、**直近の上昇幅が大きいほど、RSIの数値は大きくなります**。

一方、上昇はしているが、その上昇幅が過去と比べて小さくなれば、RSIの数値は小さくなります。この変化を表したのがダイバージェンスになり、上昇の勢いが弱まっていることを示します。下落の場合も、同じような理屈です。

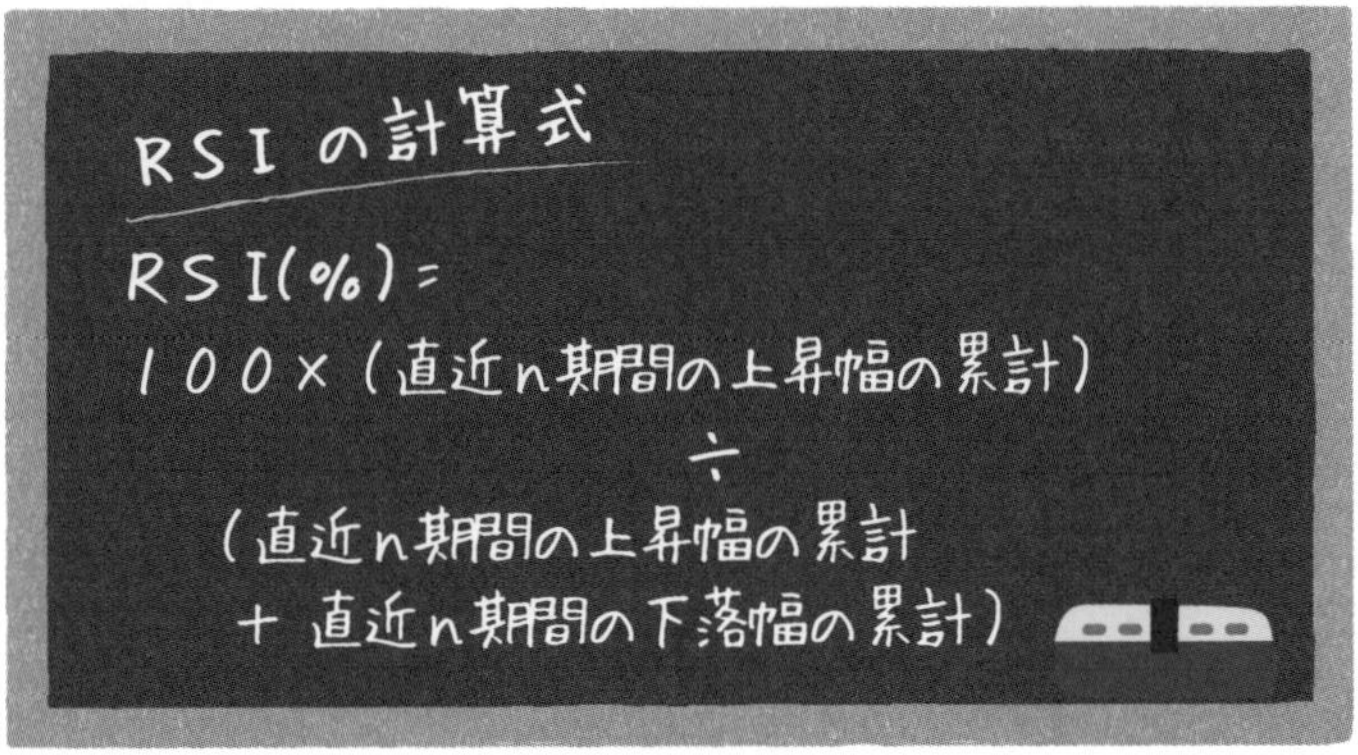
RSIの計算式
RSI(%)=
100×(直近n期間の上昇幅の累計)
÷
(直近n期間の上昇幅の累計
+直近n期間の下落幅の累計)

02 移動平均線の発展形 MACDを使いこなそう

1 MACDのしくみを理解しよう

RSIと並んで代表的なオシレーター系のインジケーターが「**MACD**《マックディー》」です。MACDは「**移動平均収束発散法**」と呼ばれ、移動平均線を発展させたものです。

まずは、MACDのしくみを理解しましょう。

MACDは**2つの移動平均線の差**（正確には、指数平滑移動平均線＝EMA）を「**MACDライン**」、その**MACDラインの移動平均をとった「シグナルライン」**の2つの要素から構成されています。

一般的に使用されるMACDの設定は次の通りです。

MACDは
2つの移動平均線（EMA）の差と
MACDの単純移動平均線
のシグナルライン
からできています。

MACDライン：期間12と期間26の移動平均線の差
シグナルライン：MACDラインの期間9の移動平均線

ちなみに、本書で使用するチャート図は、私が実際にメインで使用しているチャートソフト・**MT4**（4時限目で解説）です。

MT4でMACDを表示すると、デフォルトで**MACDラインが棒グラフ**になります。

チャートにより、MACDラインが棒グラフではなく線で表示されている場合がありますが、意味は同じです。

また、3つ目の要素としてMACDラインとシグナルラインの差である「ヒストグラム」が表示されているケースもあります。

今回は世界基準のチャートであるMT4のデフォルトに沿って解説をしていきたいと思います。

MACDの理解度を深めるためにも、最も基本的な手法を見ていきましょう。

● MACDは移動平均性の差のMACDラインとシグナルラインで構成される

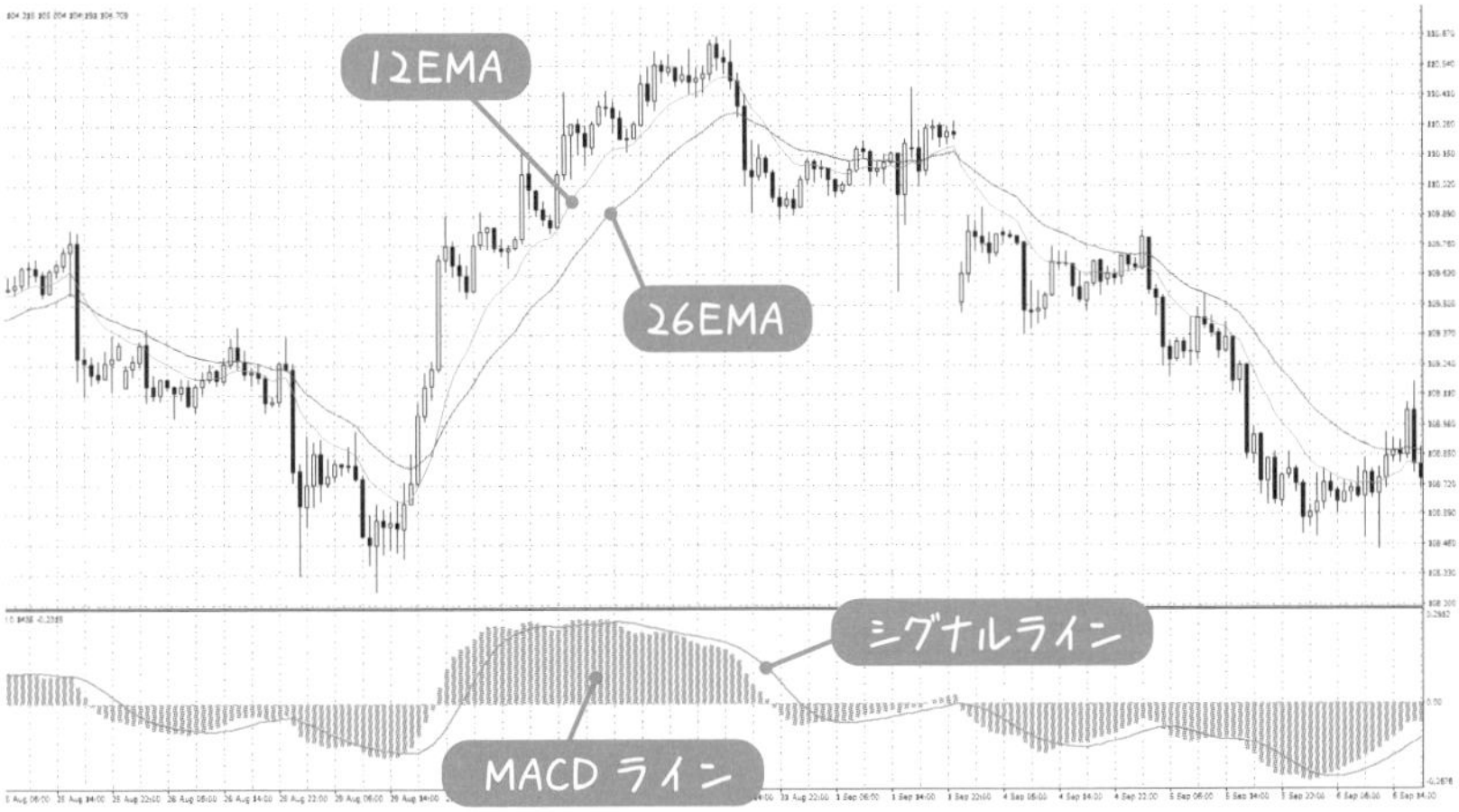

2 MACDの買いサインはここだ

MACDラインがゼロ（棒グラフがゼロ）の時は、移動平均線の手法である「**ゴールデンクロス**」と「**デッドクロス**」を示します。

これはMACDラインが2つの期間の移動平均線の差を表示させていることからも明らかでしょう。差がないということはクロスしている時になります。

ちなみに、MACDの縦軸は%ではなく「（pips《ピップス》：レートの基本単位）を示します。

MACDラインが**マイナスの値からゼロ**になった時は、短期移動平均線が長期移動平均線を上に抜ける時なので**ゴールデンクロスの買いサイン**です。

プラスの値からゼロになった時は短期移動平均線が長期移動平均線を上から下に抜ける時なので**デッドクロスの売りサイン**となります。

● MACDラインがゼロの時、ゴールデンクロス、デッドクロスを示す

MACDラインの反転がトレンド転換

MACDを使った2つ目の手法は、「**MACDラインの向きの反転**」に着目することです。

例えば、**MACDラインの傾きが上向き**であれば、短期移動平均線と長期移動平均線の乖離がどんどん増加していることを意味し、**上昇トレンドの勢いが強まっている**ことを示します。

この時は、まだまだ上昇トレンドが続く可能性が高いので、売りは避けて買いを狙いたい場面です。

一方、**MACDラインが上向きから下向きへと反転**した時、短期移動平均線が横向きまたは下向きとなり、長期移動平均線との差が縮まっていることを意味するので、その時点が**売りのサイン**となります。

同じように、**MACDラインが下向きから上向きへと反転**した時点は**買いのサイン**となります。

単純にMACDラインが「上から下へ反転した

● MACDラインのピークから上へ買い、下へ売りサイン

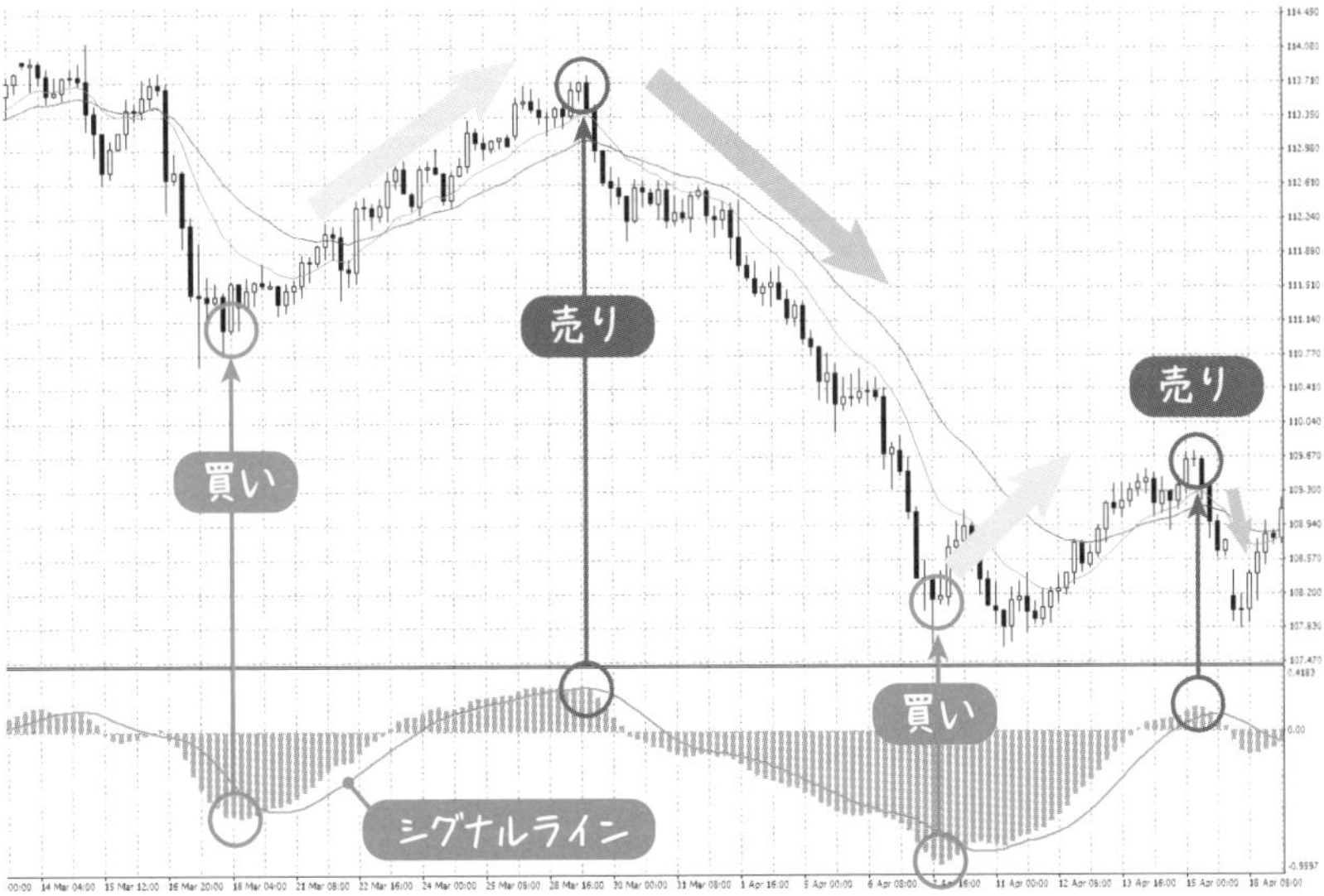

ら売り」「下から上へ反転したら買い」という覚え方でも大丈夫ですが、なぜそれが有効なのか、MACDの構造に絡めて理解すると自信をもって使えます。

MACDラインとシグナルラインのクロスに注目

MACDラインの向きの反転は、機敏に相場の強弱の変化をとらえるのでシグナルとしては強力ですが、その分**ダマしも多い**というデメリットがあります。

そのデメリットを軽減したのが、3つ目の手法「**シグナルラインとMACDラインのクロス**」です。

MACDラインが、シグナルラインを**下から上へ抜けた時が買いのサイン**、シグナルラインを**上から下へ抜けた時が売りのサイン**となります。

MACDラインは2つの移動平均線の差で、**機敏に相場の変化を表します**が、シグナルラインは

● シグナルラインとMACDラインのクロスも売買サイン

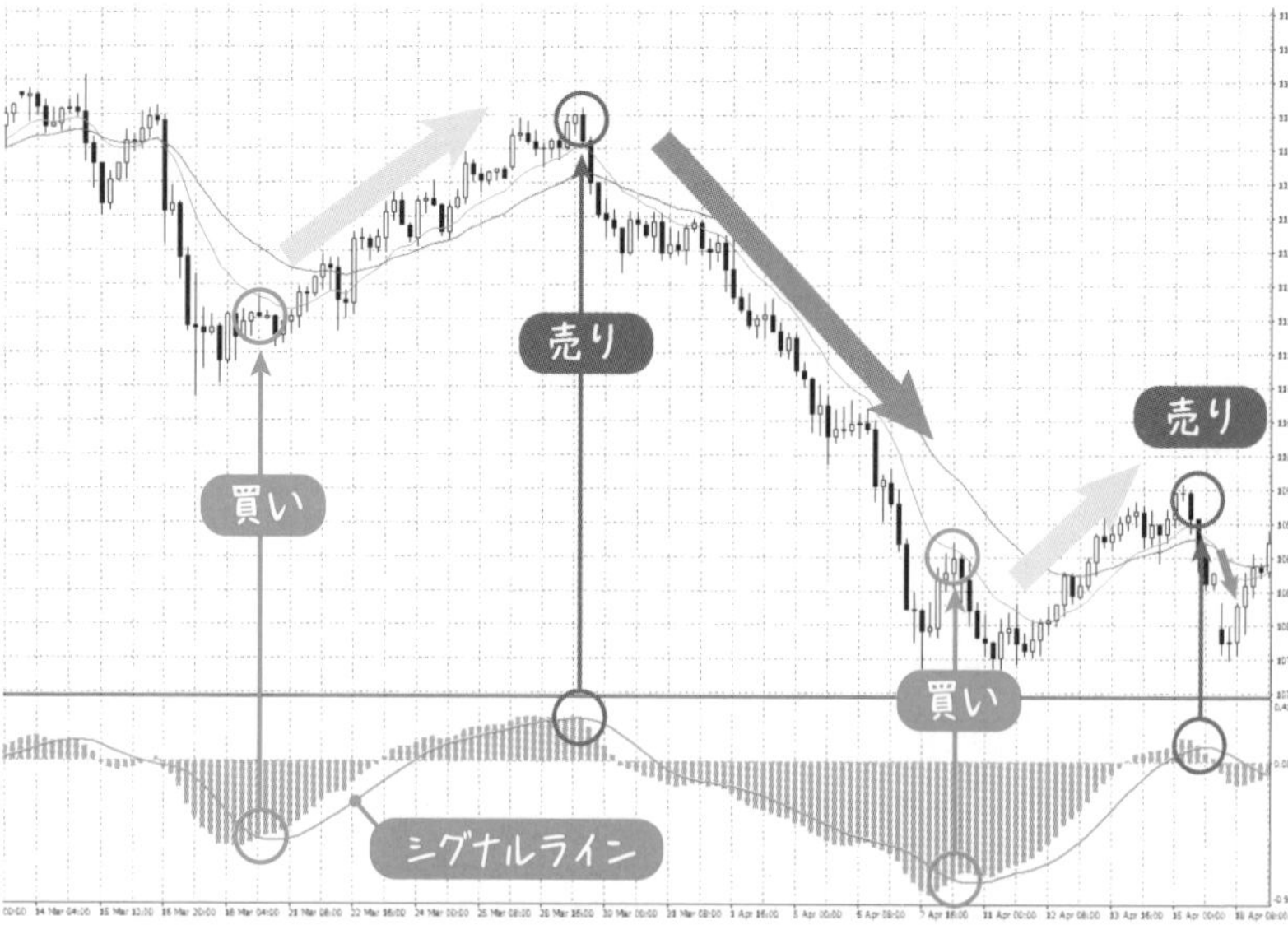

そのMACDラインの移動平均線であり、より緩やかに相場の変化を表します。

なので、機敏に動く短期移動平均線と緩やかに動く長期移動平均線を使うゴールデンクロスとデッドクロスに近いですね。

MACDもダイバージェンスが有効

MACDでも「ダイバージェンス」が機能します。例えば、次の図のように**為替レートは上昇**しているが、**MACDラインが下降**トレンドの時、上昇の勢いが弱まっていることを示唆しているので**トレンド転換のサイン**となります。

● 為替レートとMACDラインの逆方向のダイバージェンスが発生

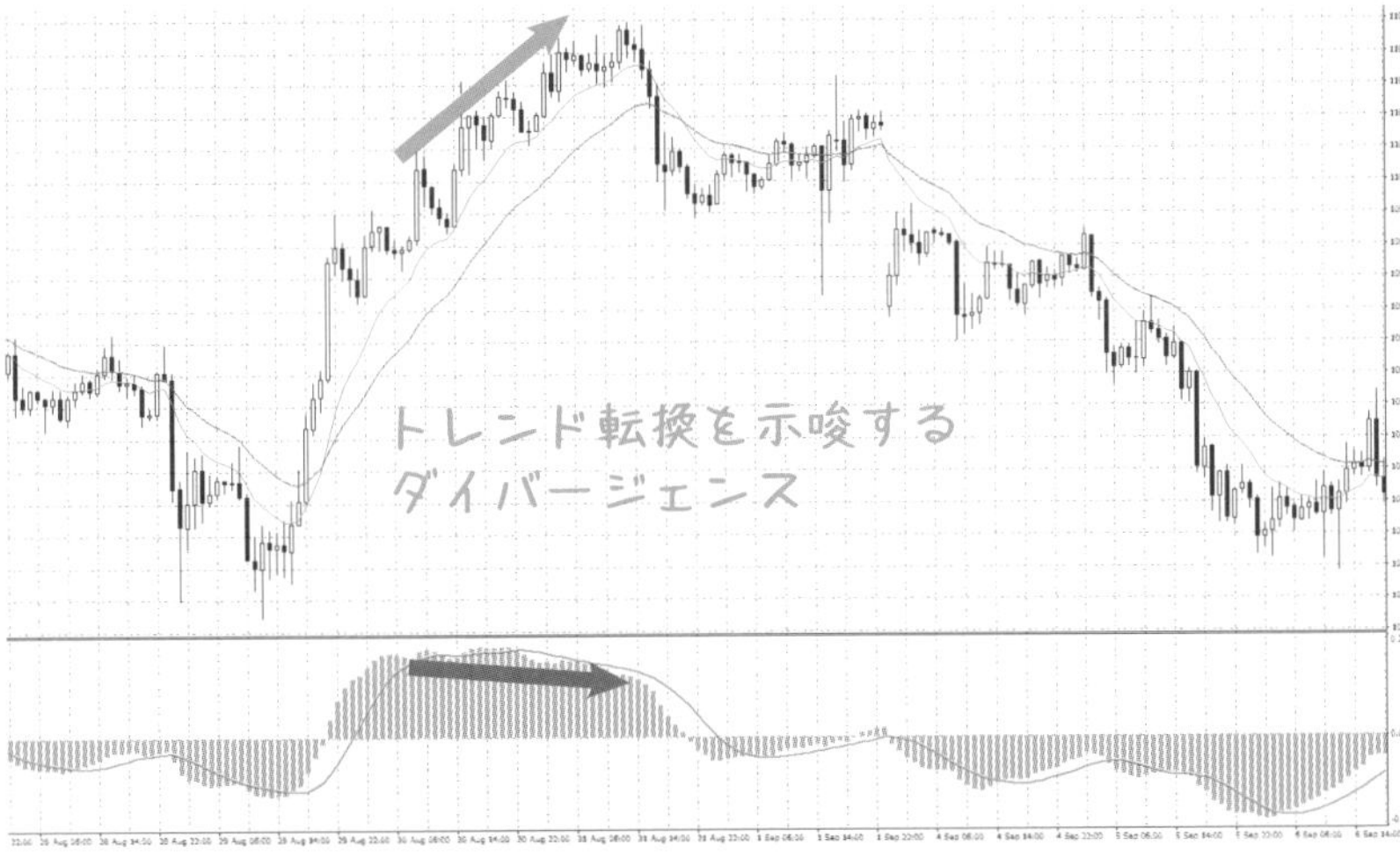
トレンド転換を示唆する
ダイバージェンス

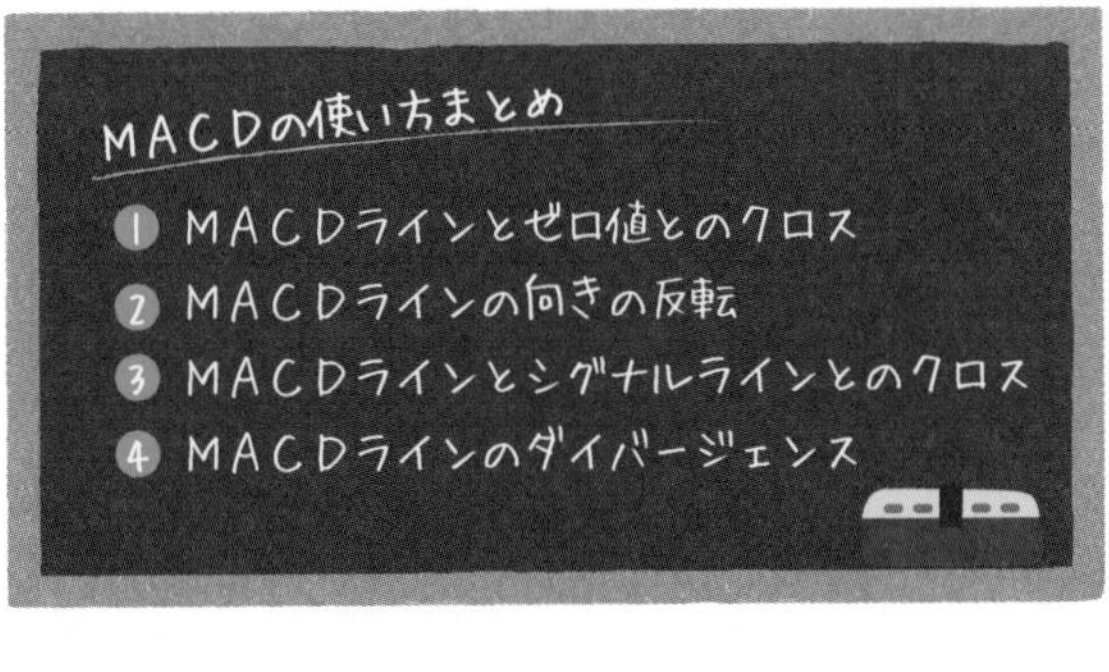
MACDの使い方まとめ
1 MACDラインとゼロ値とのクロス
2 MACDラインの向きの反転
3 MACDラインとシグナルラインとのクロス
4 MACDラインのダイバージェンス

03 ストキャスティクスの売りと買いサイン

1 ストキャスティクスとは

ストキャスティクスは、ＲＳＩと同様に**買われ過ぎ・売られ過ぎの相場の過熱感を示すオシレーター系のインジケーター**です。0〜100の範囲で表示され、一般的に80以上が買われ過ぎ、20以下が売られ過ぎの状態を示します。ストキャスティクスは、

「%K」と「%D」を使うファストストキャスティクス
「%D」と「%SD」を使うスローストキャスティクス

の2種類があります。

【%Kの計算式】
%K＝100×（C－L5）÷（H5－L5）
C；直近の終値
L；期間5の最安値
H；期間5の最高値

【%Dの計算式】
%D＝100×（H3÷L3）
H3；（C－L5）の期間3の合計
L3；（H5－L5）の期間3の合計
H；期間5の最高値

【%Dの計算式】
%SD＝期間3の%D÷3

2 %Kと%Dのクロスで売買しよう!

ここではファストストキャスティクスを使ったトレードポイントを解説します。**%Kと%Dが交差した時が売買シグナル**となります。

ちなみに、スローストキャスティクスの場合は、%DがSDを上へ抜ければ買い、下へ抜ければ売りのサインとなります。

・%Kが%Dを下から上へ抜けた時が買いシグナル
・%Kが%Dを上から下へ抜けた時が売りシグナル

※MT4（4時限目で解説）ではデフォルトの状態がスローストキャスティクスとなっています。ファストストキャスティクスにするには、パラメータの設定画面でスローイングを「1」に設定してください。

● ストキャスティクスの売りと買いサイン

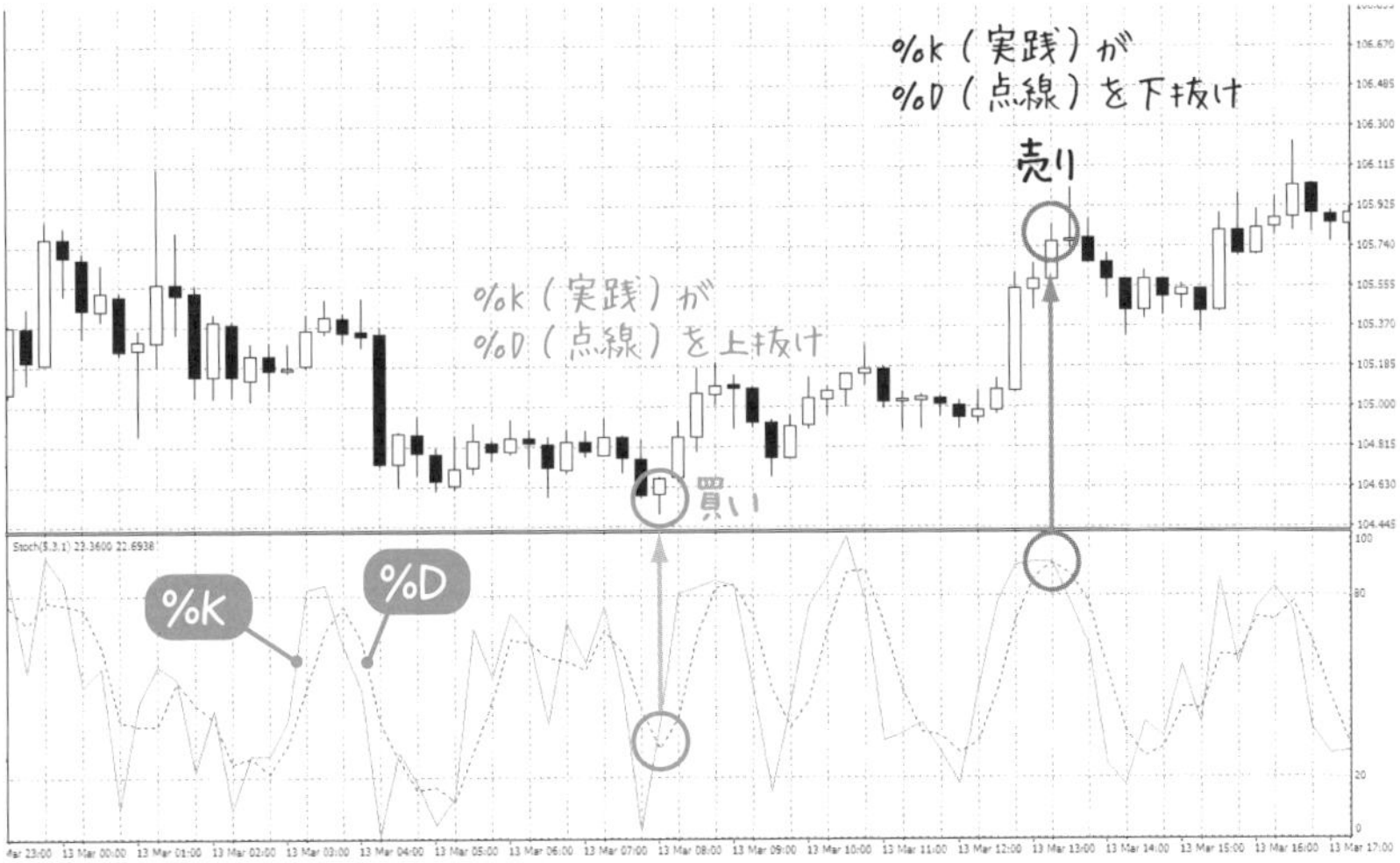

04 RCIの売りと買いサイン

1 RCIとは

RCIは「Rank Correlation Index」の略称で日本語で「**順位相関指数**」のことです。RCIは買われ過ぎと売られ過ぎを見極める指標で、－100％から＋100％の範囲で表示されます。一般的に**＋80％以上で買われ過ぎ**、**－80％以上で売られ過ぎ**と判断されます。

RCIのしくみを簡単に説明すると、時間と価格に順位をつけ、両者にどれくらい相関関係があるのかをみていきます。例えば、期間が9日間のRCIとすると、9日間に為替のレートが上昇し続ければ＋100％に近づき、逆に下落し続ければ－100％に近づいていきます。

2 RCIを使ったトレード手法

RCIの売買シグナルは次の通りです。

買いシグナル

①－80％を下から上へ抜けた時
②マイナスからプラスへ転じた時

売りシグナル

①＋80％を上から下へ抜けた時
②プラスからマイナスへ転じた時

「－80％を下から上へ抜けた時」と「＋80％を上から下へ抜けた時」は、より早く売買シグナルが発生するので**成功すれば大きな利益**を期待できます。シグナルが早い分、ダマしが多いデメリットもあります。

一方、「マイナスからプラスへ」「プラスからマイナスへ」のシグナルは、ダマしに合うリスクは少ないですが、シグナル発生が遅い分、取れる利益幅も少なくなります。

どんな売買シグナルも一長一短があります。自分に合ったシグナルを選んでいきましょう。

● RCIの売りと買いサイン

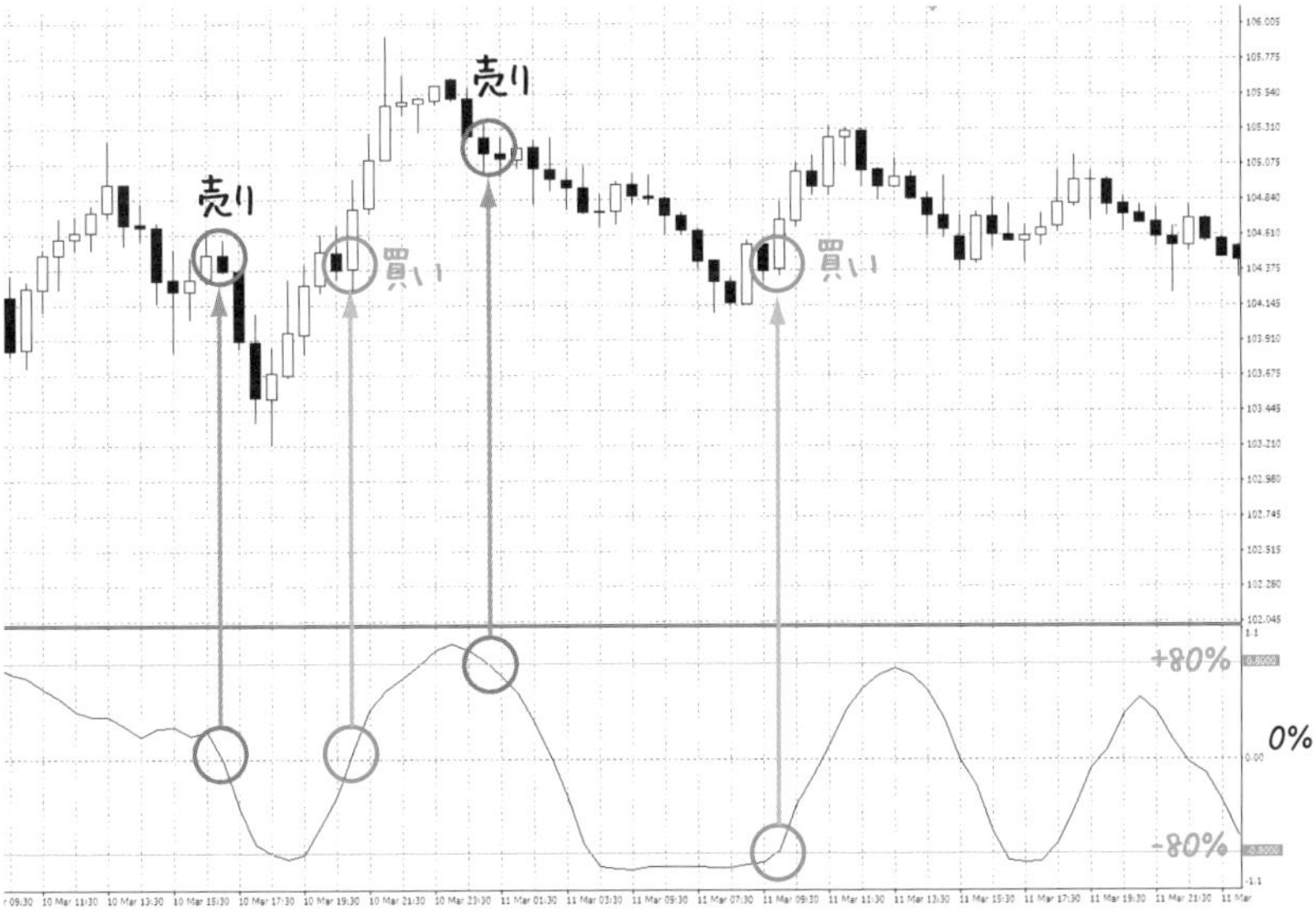

05 トレンド系チャート分析との組み合わせについて

1 オシレーター系はあくまで補助ツールとして使おう

これまで解説した通り、トレンドの勢いの変化を察知するツールがオシレーター系のインジケーターであり、ＭＡＣＤなどは「いつ」売買すればいいのかのサインも発生します。

ただ、トレードは基本的に**トレンド系のテクニカル分析を中心**に使い、**オシレーター系はあくまで補助的**なものとして使用するのが基本です。

また、トレード手法の本質として、売買シグナルが多ければ多いほど有利というわけではありません。

逆に情報が多ければ多いほど複雑になり、分析も難しくなりま

オシレーター系は
補助的なものとして使用するの
が基本です！
自分に合ったトレンド系ツール
を選択して使いましょう。

す。

例えば、インジケーターAでは買いのシグナルだけど、Bでは売りシグナル、でもCを見ると何もない、というケースでは、結局何を信じて良いのかわからず身動きが取れなくなります。

また、Bが売りにも関わらずAの買いだけで売買すれば、トレード機会は増える一方で不要な負けも増えるでしょう。

まずは、本書で取り上げたテクニカル分析の基本的な使い方を一通り理解し、**自分に合ったツールを2～3個「選択」**して、使いこなせるようになっていきましょう。

2 相性の良いインジケーターの組み合わせ

「でも、結局どのインジケーターを組み合わせて使えばいいのか分からない！」という方もいるでしょう。トレンド系とオシレーター系のインジケーターでも、良い組み合わせと悪い組み合わせがあります。

例えば、移動平均線の発展形である**MACDは、それ自体が移動平均線としての性質**も併せ持つので、トレンド系の移動平均線

● おすすめの組み合わせパターン

	トレンド系	オシレーター系
パターン1	移動平均線	RSI
パターン2	ライン分析、移動平均線	RSI
パターン3	ボリンジャーバンド	MACD

をわざわざ選択する必要はないと言えます。

オシレーター系でMACDを使うのであれば、**トレンド系はライン分析かボリンジャーバンド**が良いでしょう。MACDとボリンジャーバンドのセットは、愛用している方も多いです。

一方、**トレンド系で移動平均線を使用**するならば、**オシレーター系**はMACDを避けて**RSIを選択**するのが良いでしょう。

もちろん、絶対にこれでなくては勝てないわけではありませんが、トレンド系とオシレーター系のおすすめの組み合わせ例は前ページの図の通りです。

4時限目

MT4を使いこなして いろんな注文方法を覚えよう

FXの定番ツールのMT4で実際に注文してみましょう。
成行、指値、逆指値、OCOなどさまざまな注文方法を覚えましょう！

01 チャートソフトのおすすめはＭＴ４

1 チャートソフトを選ぶ際の3つのポイント

私は今まで20種類以上のチャートソフトを試してきましたが、**最も重視するのは分析がしやすいチャートソフト**です。

チャートはＦＸで稼ぐ上で極めて重要なツールです。相場という戦場で戦う大事な武器の性能が悪ければ、それだけで他の投資家と比べて不利になってしまうでしょう。

チャートを使っていく中で、最終的に行き着いたのがロシア企業が開発した「**ＭＴ４（メタトレーダー４）**」です。ＭＴ４は**高水準の分析機能**が備わっているだけでなく、自分の使いやすいように**カスタマイズ**でき、しかも**無料**で使用できます。

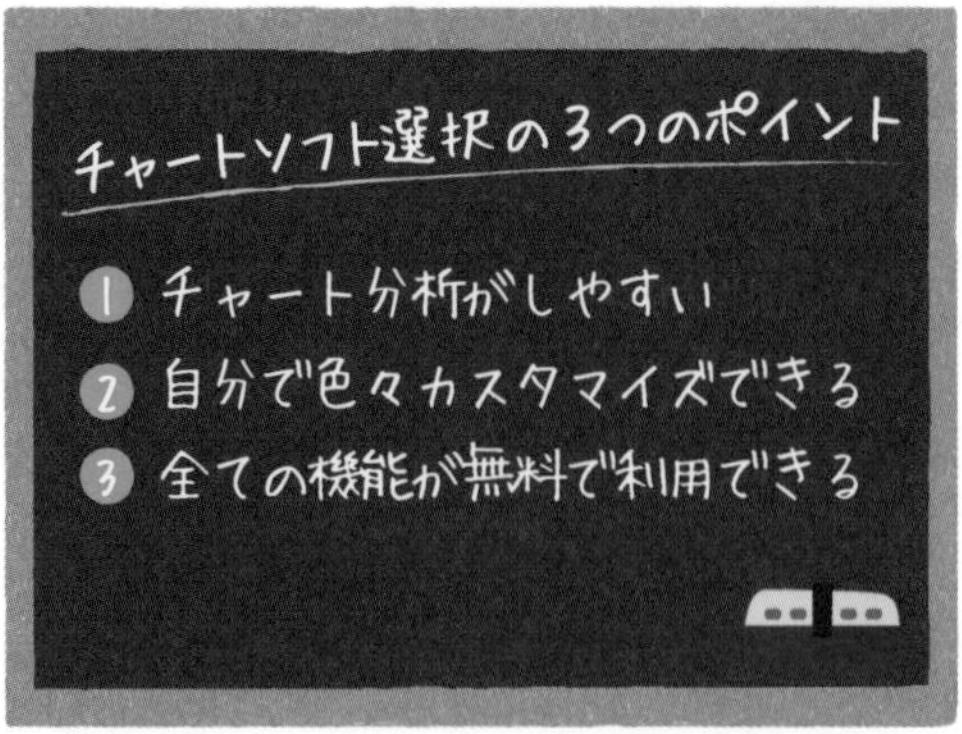
チャートソフト選択の3つのポイント
1 チャート分析がしやすい
2 自分で色々カスタマイズできる
3 全ての機能が無料で利用できる

2 ＦＸ会社は国内ＦＸ会社を選びましょう！

ＭＴ４はＦＸ会社の口座開設をすることで利用でき、ＦＸ会社は銀行口座のように開設手数料・維持費・年間費は一切かかりません。注意したいのは**ＭＴ４に対応しているＦＸ会社の口座を開設する必要がある**ことです。

ＭＴ４対応のＦＸ会社は、国内ＦＸ会社と海外ＦＸ会社がありますが、海外ＦＸ会社はスプレッドが広く、正確なチャート分析に向きません。また、出金トラブルもあるようです。なので**国内ＦＸ会社を選ぶ**ようにしましょう。

ＭＴ４に対応した各ＦＸ会社の特徴やメリット・デメリットは筆者のブログ記事（https://fx-megabank.com/mt4/chart/）をご覧ください。最新の各ＦＸ会社の特徴を比べていますので、あなたにピッタリのＦＸ会社がきっと見つかりますよ！

ＭＴ４対応のＦＸ会社には、楽天ＦＸ、ＹＪＦＸ！、ＳＡＸＯ ＢＡＮＫ、ＯＡＮＤＡ、ゴールデンウェイジャパンがあります。

MT4はこうしてスタート

Step1 ＭＴ４対応のＦＸ会社で口座開設の申し込み

▼

Step2 ＦＸ会社の公式ＨＰからＭＴ４をダウンロード

▼

Step3 口座開設完了するとＩＤとパスワードが発行

▼

Step4 ＭＴ４にログインしてチャート分析スタート

02 MT4で各種テクニカル分析を表示してみよう

1 MT4の画面の見方

ここからはMT4の操作方法について解説をします。まずは、MT4画面の見方を覚えましょう。

MT4は下図のように❶～❺の5つのブロックで構成されています。

ツールバー（❶）では、MT4のすべての操作をここ

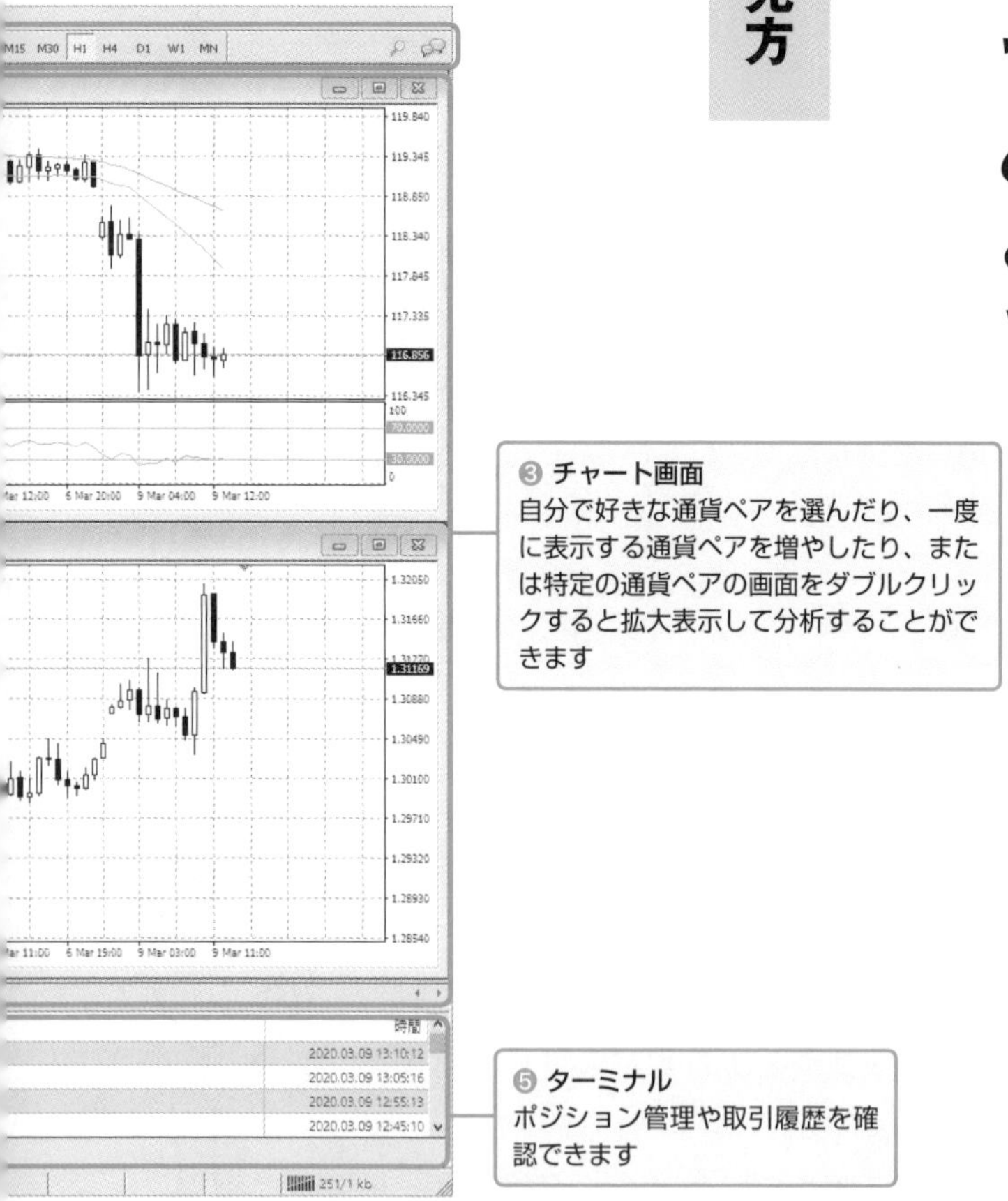

❸ チャート画面
自分で好きな通貨ペアを選んだり、一度に表示する通貨ペアを増やしたり、または特定の通貨ペアの画面をダブルクリックすると拡大表示して分析することができます
❺ ターミナル
ポジション管理や取引履歴を確認できます

から行うことができます。ローソク足の時間足を変更したり、インディケータを追加して表示したりすることができます。

チャート分析の際には❷、❹、❺の画面は不要なので、「×」印をクリックして消しておくと見やすくなりますよ。

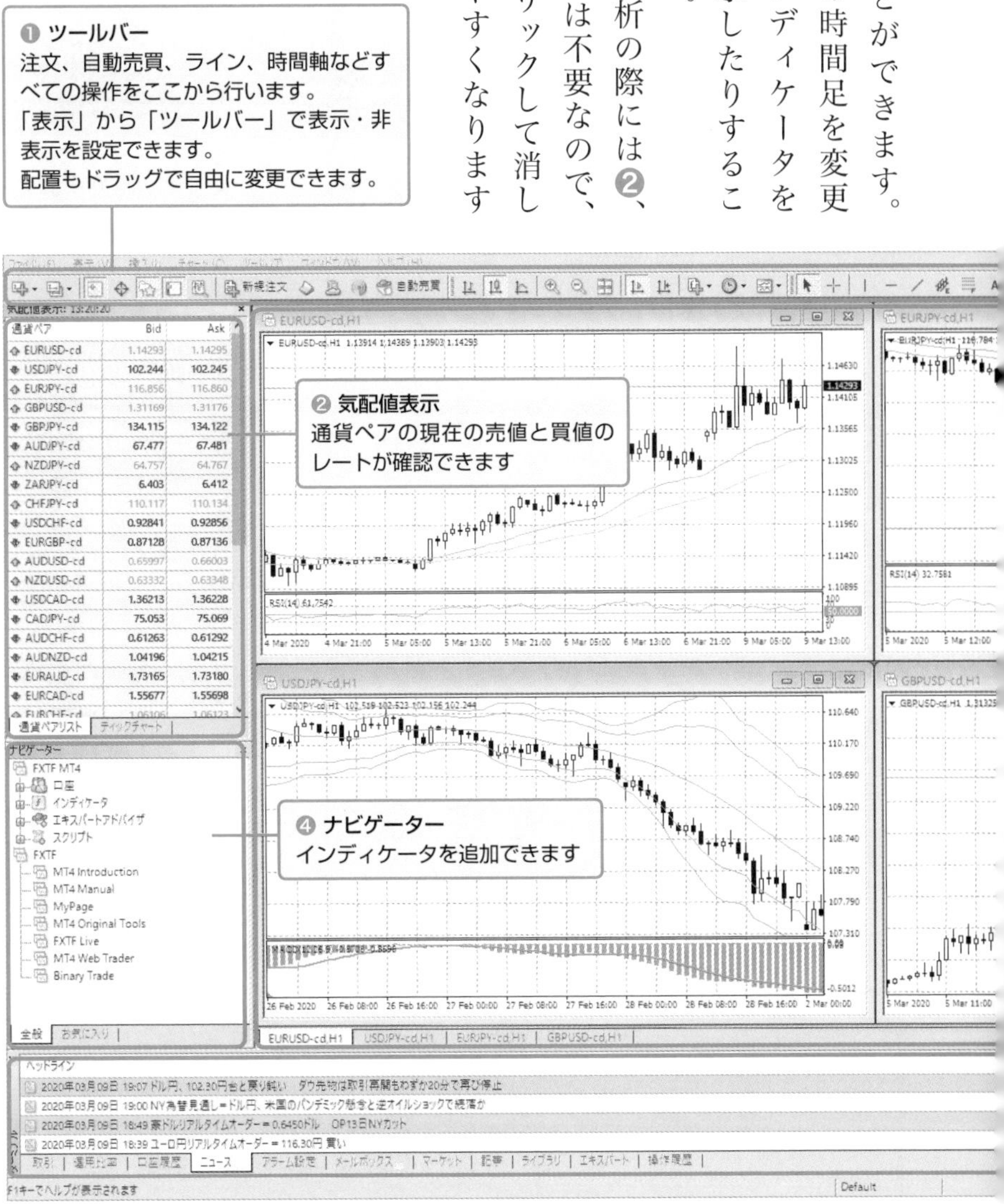
❶ ツールバー
注文、自動売買、ライン、時間軸などすべての操作をここから行います。
「表示」から「ツールバー」で表示・非表示を設定できます。
配置もドラッグで自由に変更できます。
❷ 気配値表示
通貨ペアの現在の売値と買値のレートが確認できます
❹ ナビゲーター
インディケータを追加できます

2 トレンド系インディケータを表示してみよう

それでは、2時限目で学習した「**移動平均線**」「**ライン分析**」「**ボリンジャーバンド**」をMT4で表示する方法を学びましょう。

移動平均線の表示方法

ツールバーの「挿入」をクリックし、「インディケータ」→「トレンド」→「**Moving Average**」と選択していきます。

設定画面が出るので、移動平均線の「**期間**」と「**移動平均の種別**」を設定し、最後に「OK」を押せば表示されます。図例では、**期間＝20**、**種別＝Simple**（単純移動平均線）となっています（次ページ下図）。

別の期間や種類の移動平均線を追加する場合には、また「挿入」から同様の操作で新たな移動平均線を追加します。

● 移動平均線を表示する

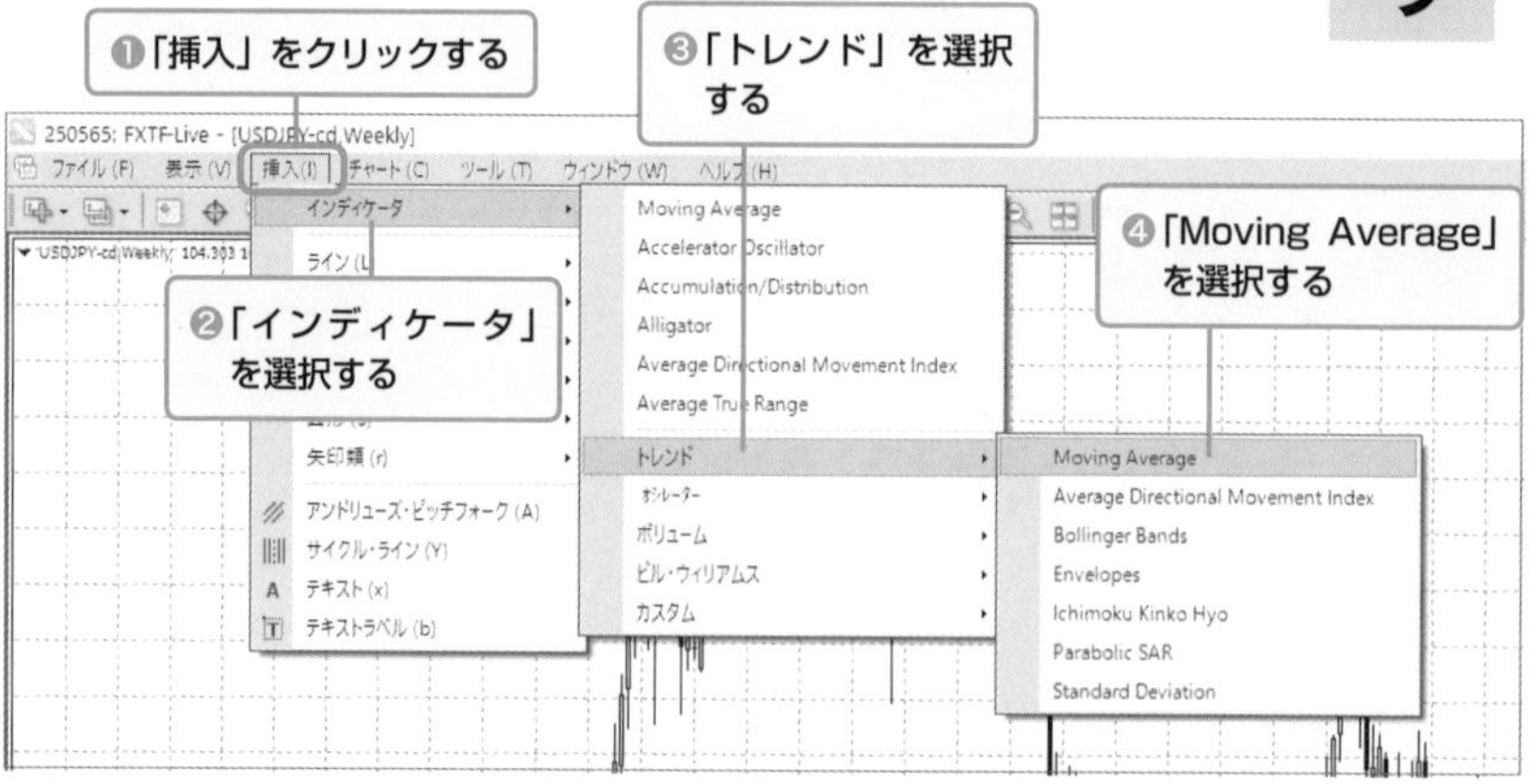

移動平均線の設定項目

期間：短期（15、21、25）、中期（50、75、100）、長期（200）など

種別：Simple（単純移動平均）、Exponential（指数平滑移動平均）、Linear Weighted（加重移動平均）

適用価格：Close（終値）

ライン分析の表示方法

チャートにラインを引く際には、ツールバーの（水平線）、（トレンドライン）、（平行チャネル）を選択し、チャート上でクリックしましょう。

一度引いた線を移動したい場合には、そのライン上でダブル

● ダイアログボックスで移動平均線の設定を行う

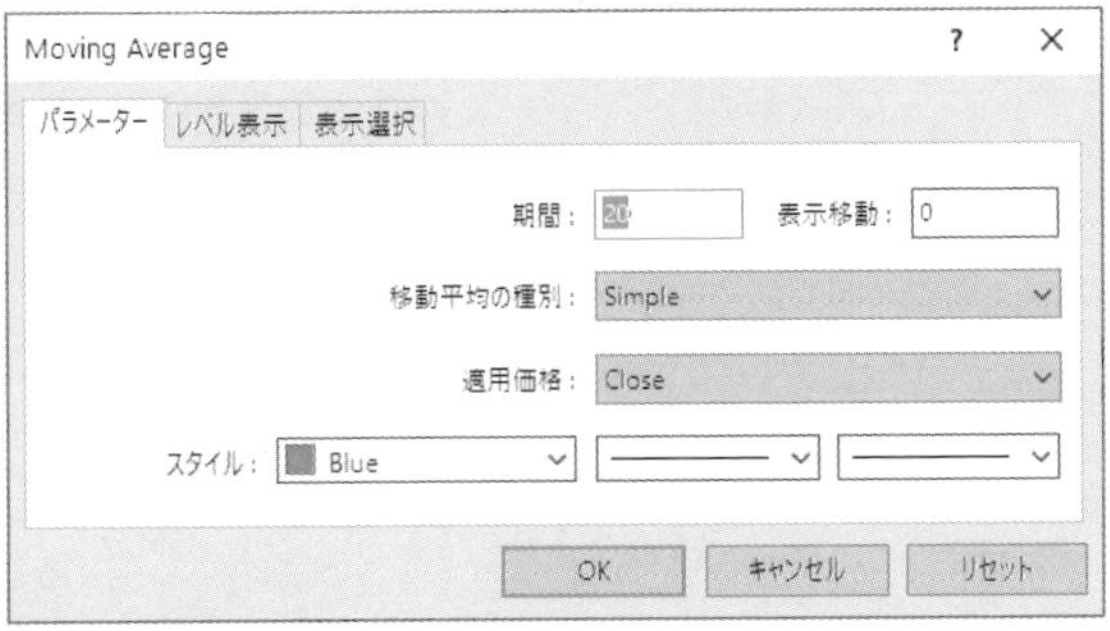

クリックしハンドルが表示され選択されたら、ドラッグします。また、トレンドラインは自由に移動したり長さ・角度を変更させることができます。選択されたラインは右クリックしてメニューから「削除」で消去できます。

ボリンジャーバンドの表示方法

ツールバーの「挿入」をクリックし、「**インディケータ**」→「**トレンド**」→「**Bollinger Bands**」と選択していきます。すると、パラメータなどの設定画面が出るので、「**期間**」と「**偏差**（σのこと）」を決めましょう。

期間は一般的に「20」が使われるので初期値のままで大丈夫です。σは「2」か「3」を入力しましょう。

もし、異なる値のσを一緒に表示させたい場合は、再度、「挿入」ボタンから新たなボリンジャーバンドを追加しましょう。

ボリンジャーバンドの設定項目

期間：デフォルトの20が一般的な値

偏差（σ）：2または3。一緒に表示することも可能

● ボリンジャーバンドの設定画面

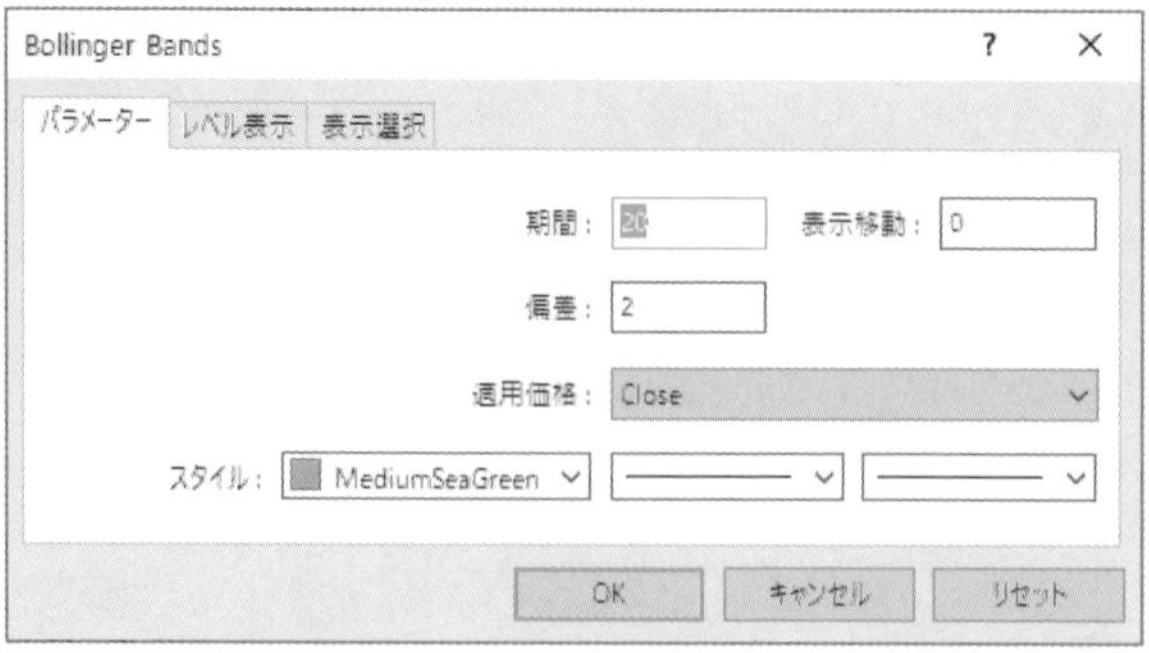

3 オシレーター系インディケータを表示する

3時限目で学習した**オシレーター系の「RSI」「MACD」**をMT4に表示する方法を学びましょう。

RSIを表示する方法

RSIを表示するには、ツールバーの「挿入」をクリックし、「インディケータ」→「オシレーター」→**「Relative Strength Index」**と選択します。

そして、パラメータの表示画面は、基本的に初期設定の状態が一般的なのでそのまま「OK」をクリックすれば大丈夫です。

各インディケータは「ナビゲーター」パネルからもそれぞれのインディケータ名をダブルクリックしてダイアログボックスで設定後に表示することができます。

● RSIを表示する

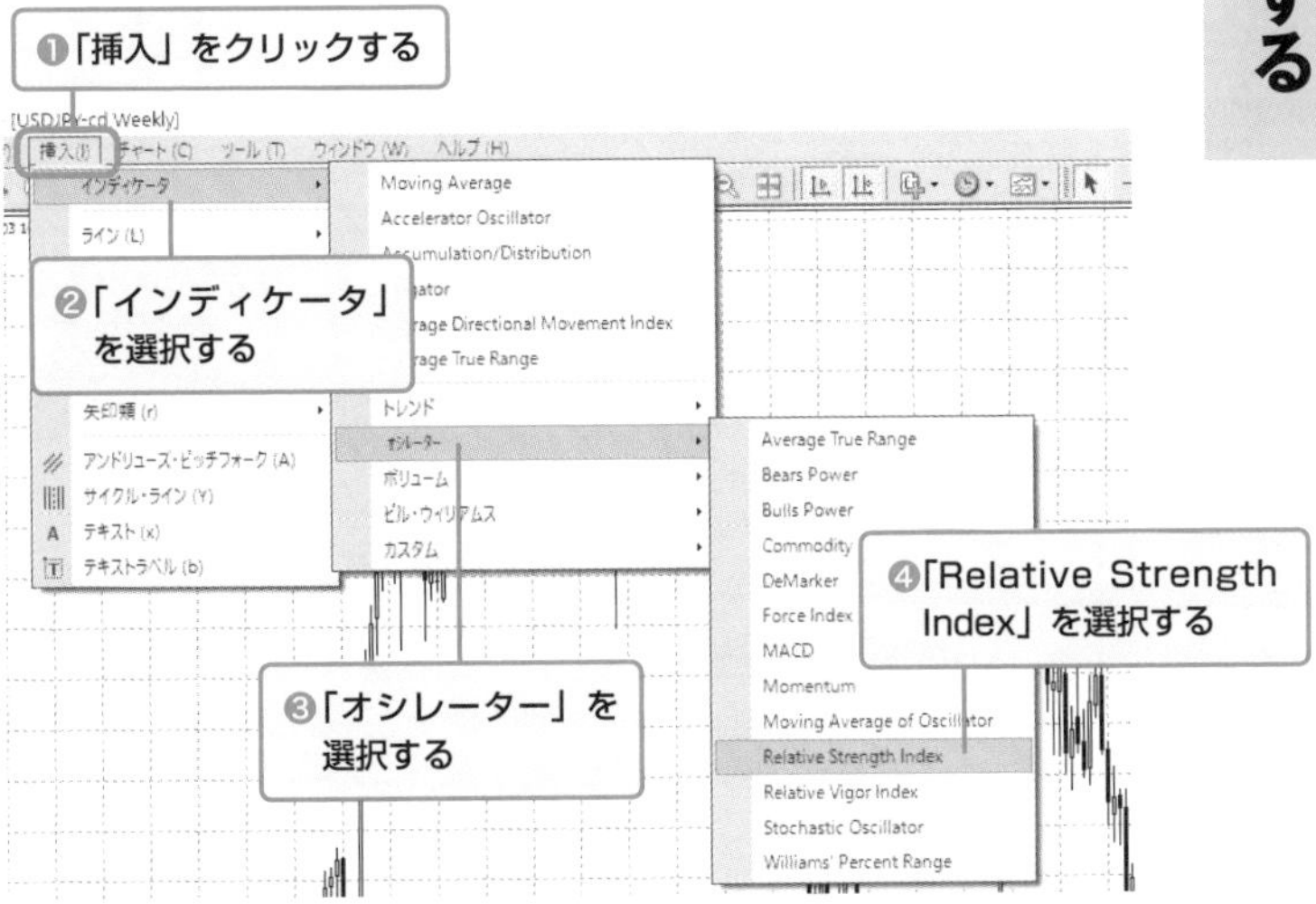

RSIの設定項目（デフォルト値）

期間：14

適用価格：Close（終値）

表示しているインディケータを削除する

表示しているインディケータを削除するには、「チャート」メニューから「**表示中のインディケータ**」を選択します。

表示されたダイアログボックスでインディケータを選択し、「削除」ボタンをクリックします。

● インディケータを削除する

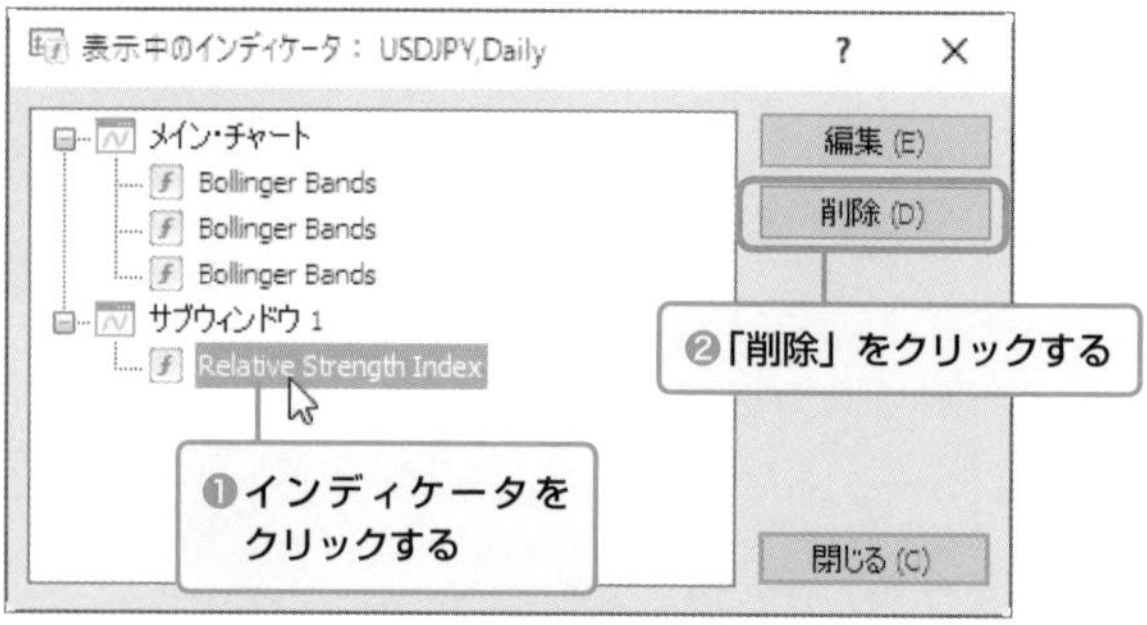

● RSIの設定画面

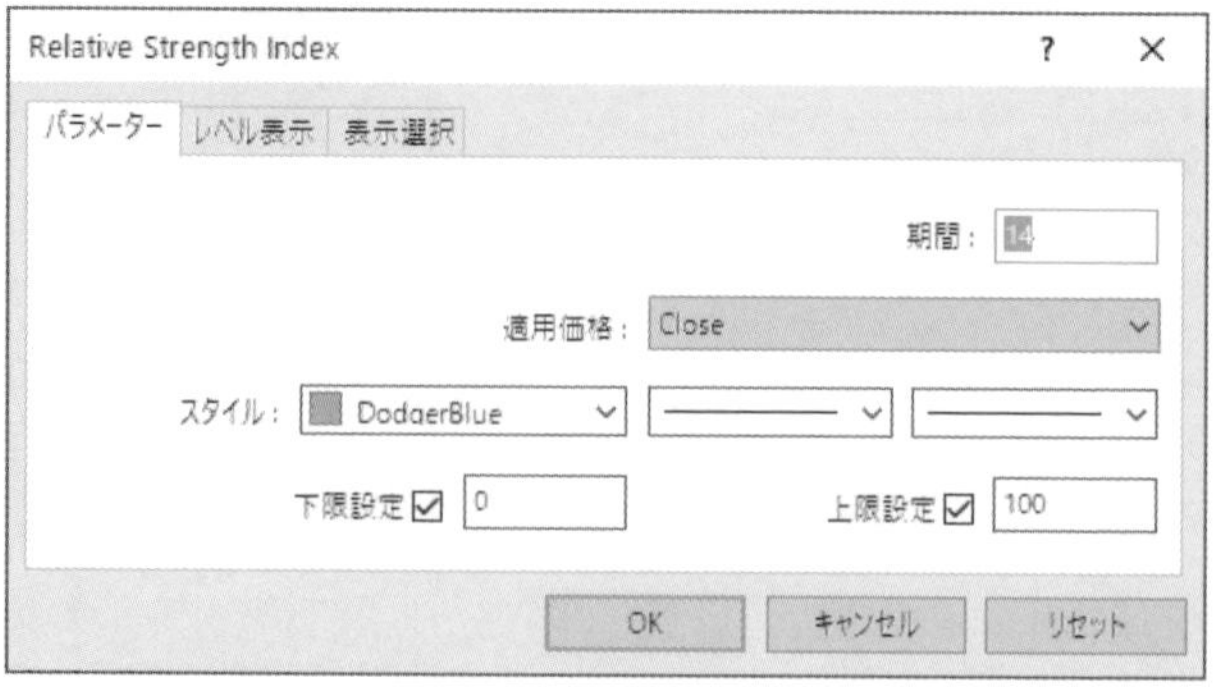

MACDの表示方法

MACDを表示するには、ツールバーの「挿入」をクリックし、「インディケータ」→「オシレーター」→「MACD」と選択していきます。

そして、こちらも条件はデフォルト値が一般的なものなのでそのまま「OK」をクリックすれば大丈夫です。

MACDの設定項目（デフォルト値）

短期EMAの設定期間：12
長期EMAの設定期間：26
シグナルラインの設定期間：9
適用価格：Close（終値）

● MACDの設定画面

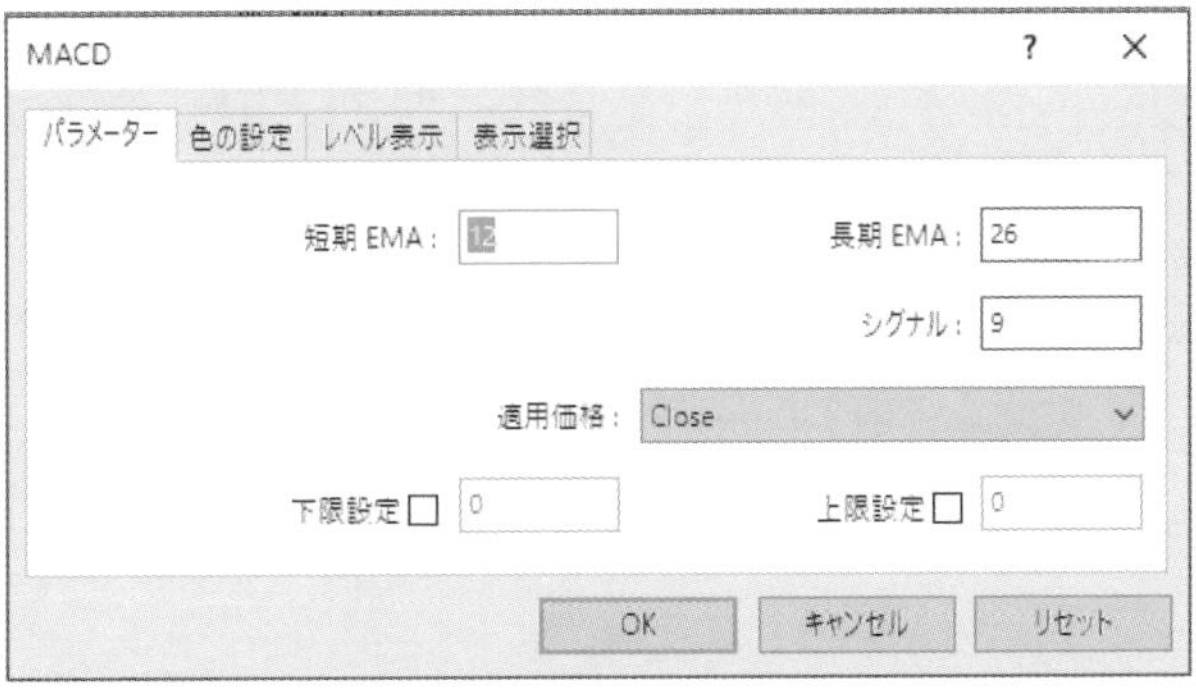

03 MT4で注文方法を覚えよう

1 MT4でトレードをしてみましょう

ＭＴ４はチャート分析に加えて、ＭＴ４上で実際にトレードを行うことができます。

ここからは基本的な**成行《なりゆき》注文**、**指値《さしね》注文**、**逆指値《ぎゃくさしね》注文**、**ＯＣＯ注文**、**ＩＦＤ注文**、**ＩＦＯ注文**の注文方法を解説します。

まずは、注文画面を表示させる方法を覚えましょう。

２つのやり方があり、１つ目はツールバーの「**新規注文**」をクリックする方法です。

２つ目は、チャート画面上を右クリックし、「注文発注」↓「**新規注文**」をクリックする方法です。

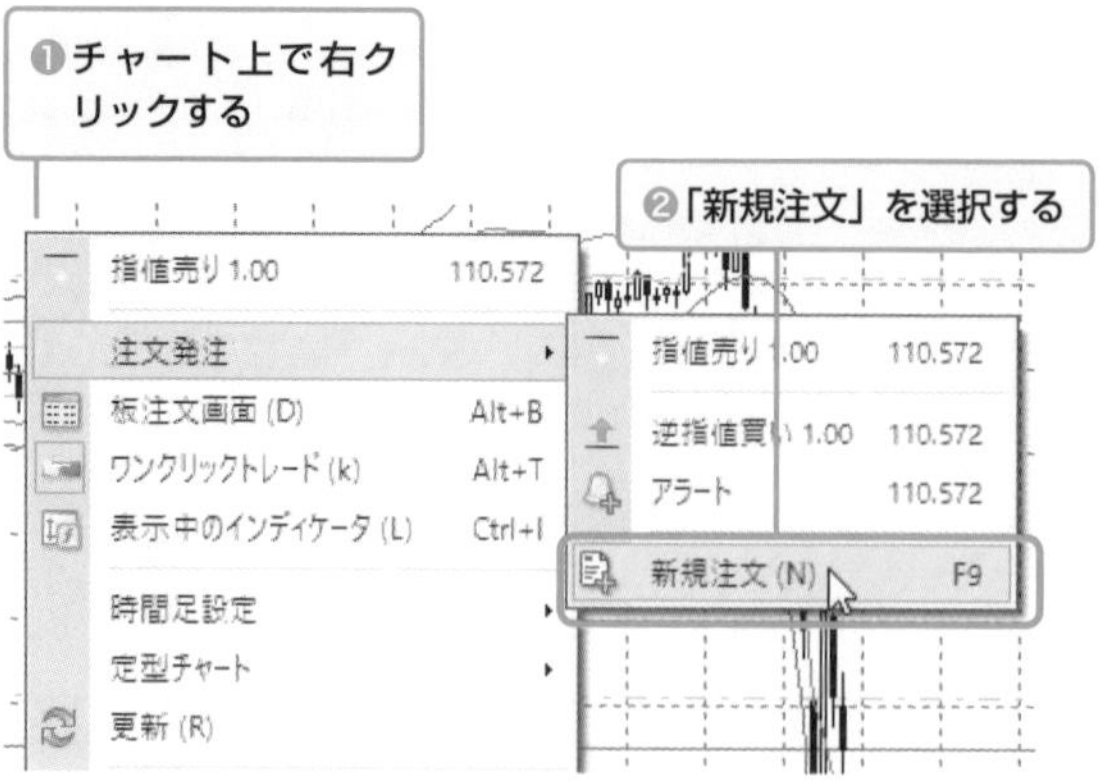

2 「成行注文」で発注してみよう

成行注文とは

成行《なりゆき》注文とは最も簡単な注文方法で、**「現在の価格で即座に発注すること」**です。

すぐにエントリーできるのでチャンスをとらえやすいですが、実際にいくらで注文が成立するか分からない点がデメリットです。

買いの成行注文を出すと、**売りに出ている最も低い価格で即座に成立**します。

成行注文の発注方法

発注方法は、「新規注文」をクリックすると表示される**「オーダーの発注」**画面で「通貨ペア」「数量」を決め、注文種別で**「成行注文」（ストリーミング注文）を選択**します。

● 成行注文をダイアログボックスで設定する

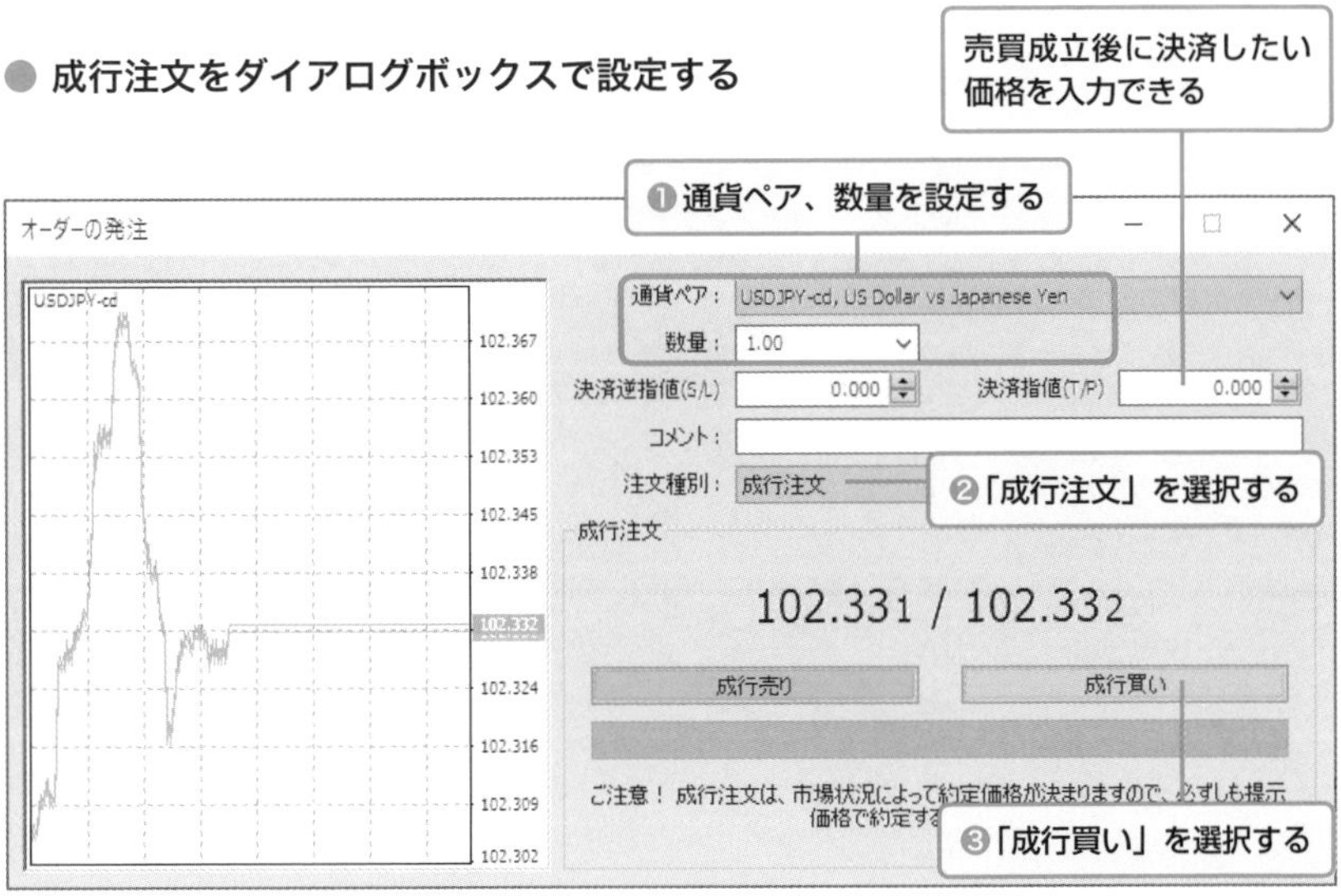

ちなみに、MT４では**1ロット＝10万通貨**が一般的なので、少額で取引したい場合には「0.01（1千通貨）」と入力しましょう。

そして最後に、買いなら「**成行買い**」、売りなら「**成行売り**」をクリックすれば注文が発注されます。

※ **決済逆指値（S／L）**と**決済指値（T／P）**の箇所に「0.000」と入力されていれば、損切りや利益確定注文を設定していない状態になります。後からでも指値や逆指値は入れられますが、一緒に入れたい場合は「**成行OCO注文**（後述）」を使いましょう。

3 「指値注文」「逆指値注文」で発注してみよう

指値注文で指定した値段と数量で売買する

指値《さしね》注文は「**現在レートよりも有利なレートで買いたい（売りたい）**」時にレートを指定する注文で、利益確定や新規注文で使用されます。

成行注文は刻々と変化するレートを見ながら発注しますが、指値注文は買いたい、または売りたい価格と数量を指定しておけば、**自動で売買を成立させる**ので、常にレートを見ている必要はありません。

また、有効期限も指定できるので、今日中、今週中などを指定し、それまでに買いたい、売りたい価格に達しない場合には、**売買が成立しないこともあります。**

指値で買う場合は、現在値より安い価格を、売る場合は現在値より高い価格を指定します。

逆指値注文で損失を一定額に抑える

一方、**逆指値注文**は「**現在レートよりも悪いレートになったら買いたい（売りたい）**」時にレートを指定する注文で、**損切りなどで使用**されます。

下図は１００円の指値買い注文を入れ、さらに95円の逆指値の売り注文を入れた場合です。

１００円で買い指値注文が成立し、その後レートが95円に下がってしまったときに、逆指値を入れた95円で売ることができ、損失を5円で抑えられ、**それ以上の損失を防ぐ**ことができます。

指値注文の操作方法

指値注文を置く時は、「オーダーの発注」画面で注文種別の中から「**指値注文**（**Pending Order**）」を選択します（次ページ図）。

そして、その下にある注文種別の中から「**Buy Limit**」（指値買

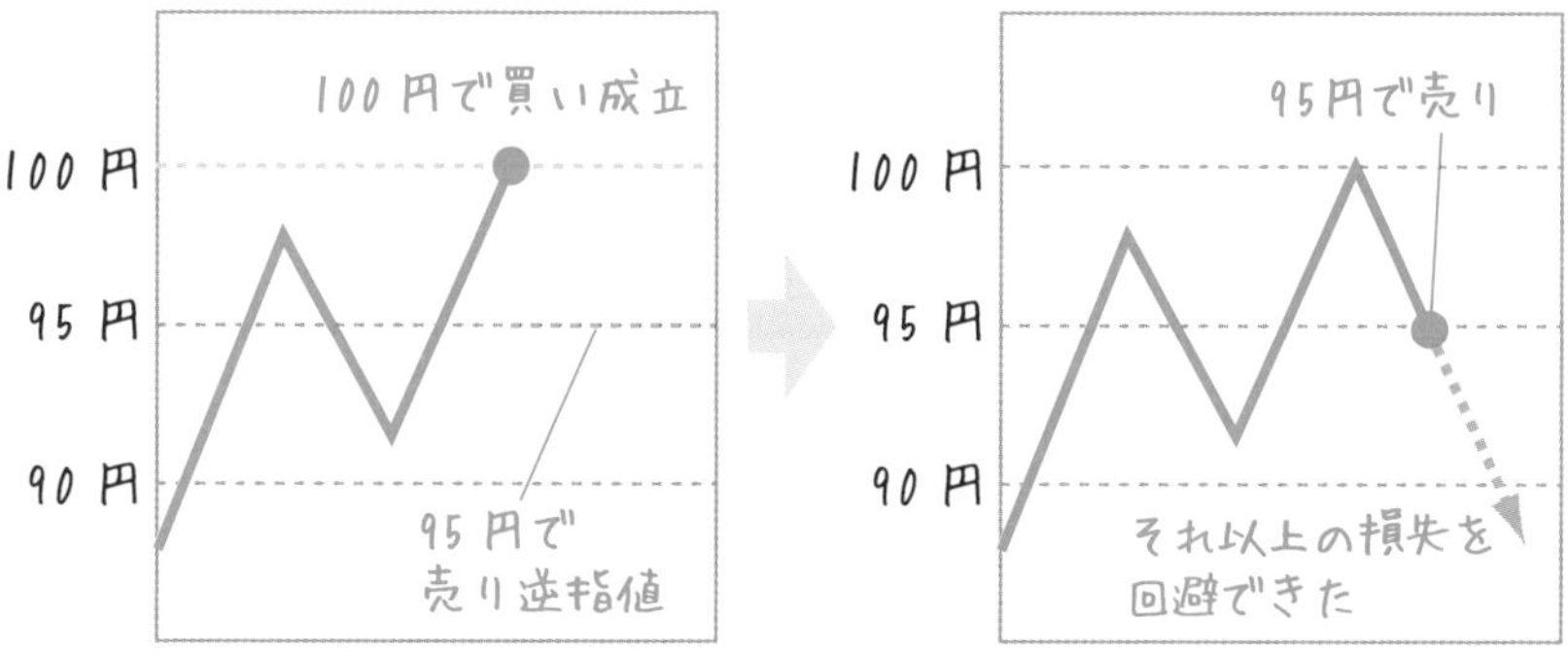

い）または「**Sell Limit**」（指値売り）を選びます。

さらに注文を置きたい「価格」を入力し、注文の有効期限を設定し、最後に「発注」をクリックします。

- **買い指値注文（Buy Limit）**
- **売り指値注文（Sell Limit）**
- **買い逆指値注文（Buy Stop）**
- **売り逆指値注文（Sell Stop）**

※新規の逆指値注文で発注する際は、「Buy Stop」または「Sell Stop」を選びます。

4 「OCO注文」で発注する

OCO注文は、**同時に2つの注文**を出し、**一方が成立すると、もう一方はキャンセルされる**注文です。**買いや売りの発注と同時に、利益確定の指値**と**損切りの逆指値**を同時に指定することができます。

● **指値注文を発注する**

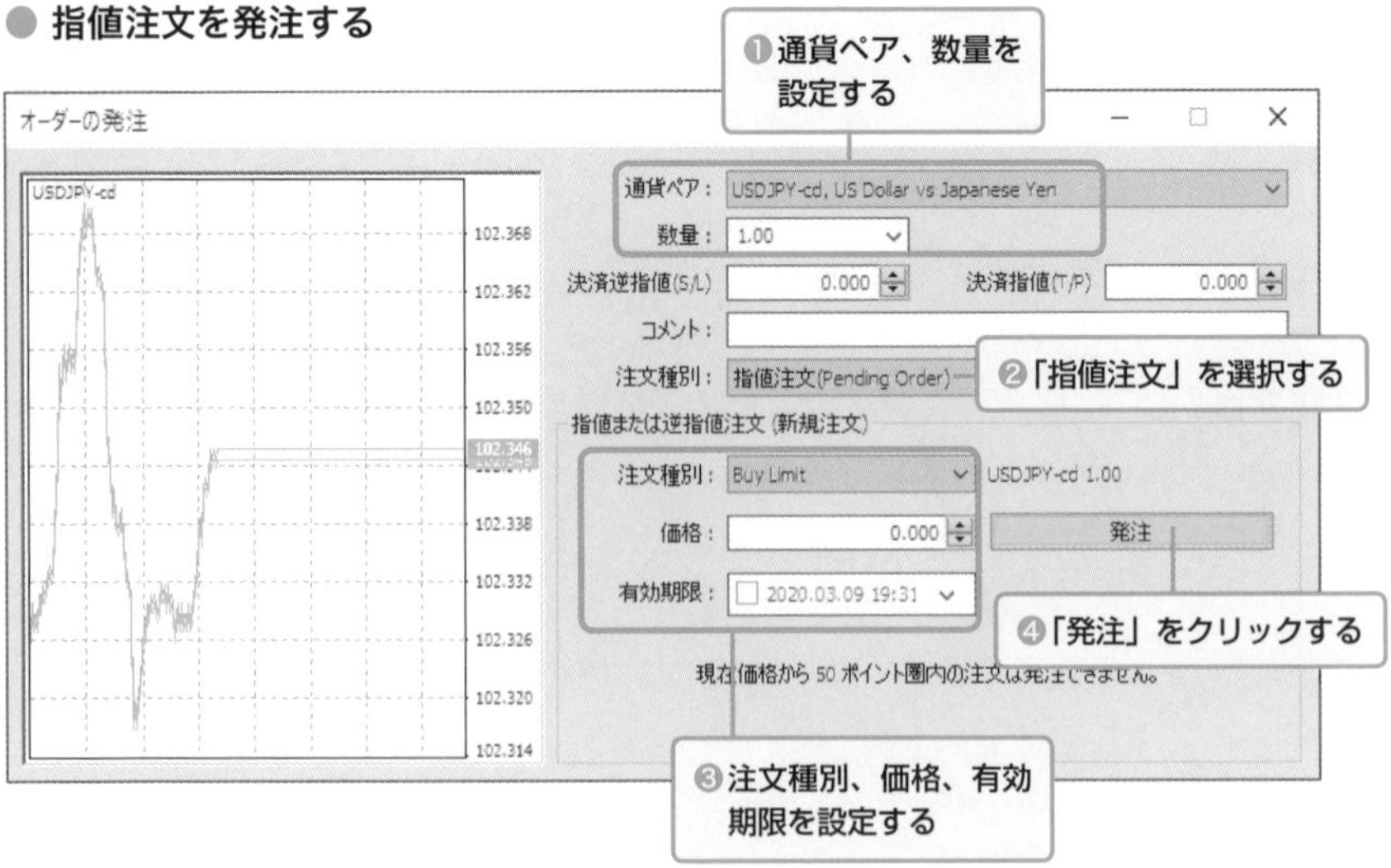

成行注文と一緒に「OCO注文（＝利益確定の指値注文と損切りの逆指値注文をセットにした注文）」を出したい場合には、**決済逆指値**（S／L）と**決済指値**（T／P）に数値を入力したうえで、「成行売り」または「成行買い」をします。

例えば、利益確定の指値注文を「105円」、損切りの逆指値注文を「100円」に設定し、成行OCO注文で買いを入れたい場合は、下の画面のようになります。

● 2つの注文を同時に出せるOCO注文

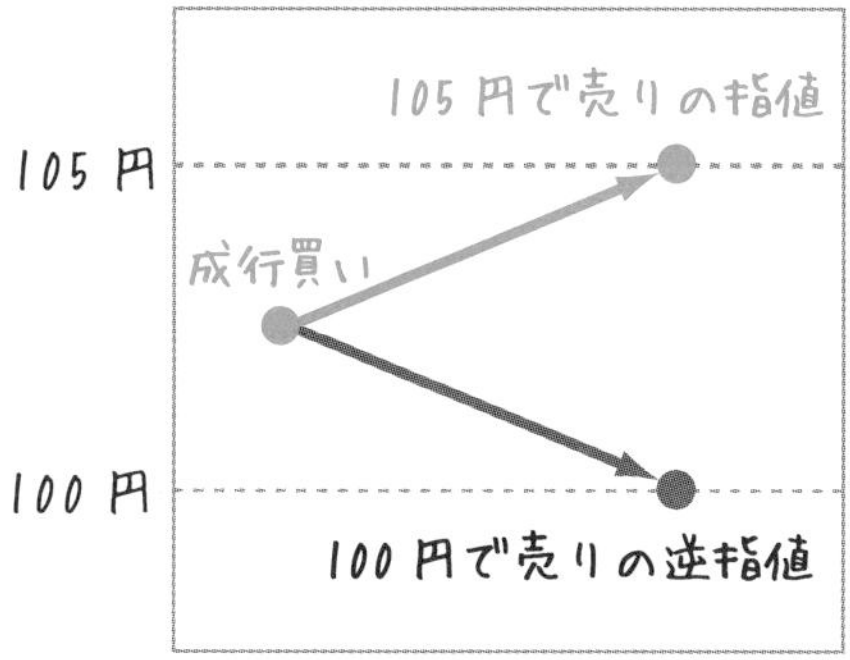

● OCO注文を発注する

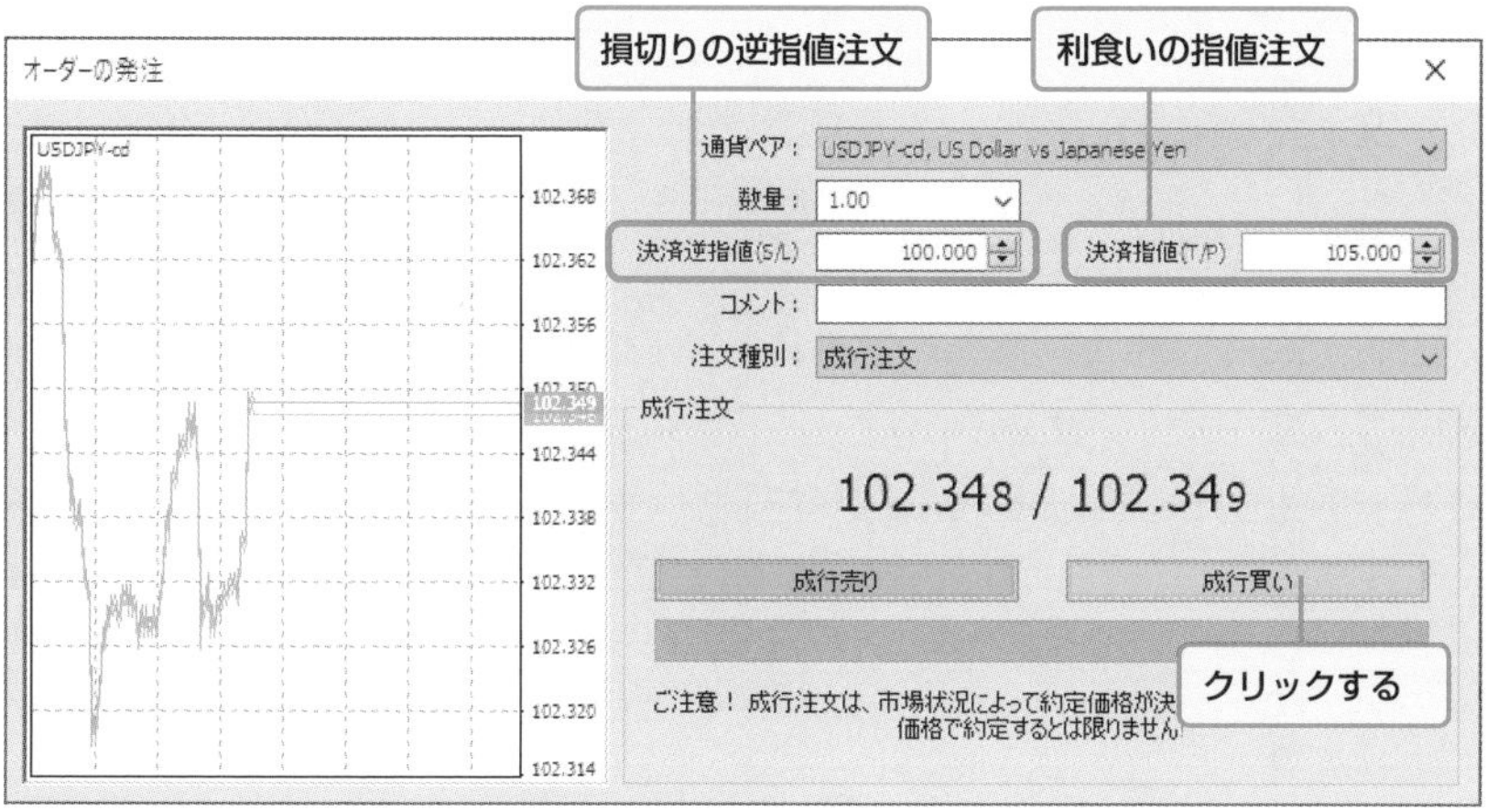

５　ＩＦＤ注文で発注する

ＩＦＤ《イフダン》注文は、**「新規注文が成立したら、それと同時に決済注文が有効になる」**ものです。

例えば、１００円で買いの指値注文を置き、その注文が成立したら自動的に１１０円で利益確定をする決済注文が有効になるという注文方法です。

決済注文は損切りの逆指値注文にすることもでき、１００円で買いの指値注文が成立したら、自動的に90円で損切りする逆指値注文が有効になる、というパターンも可能です。

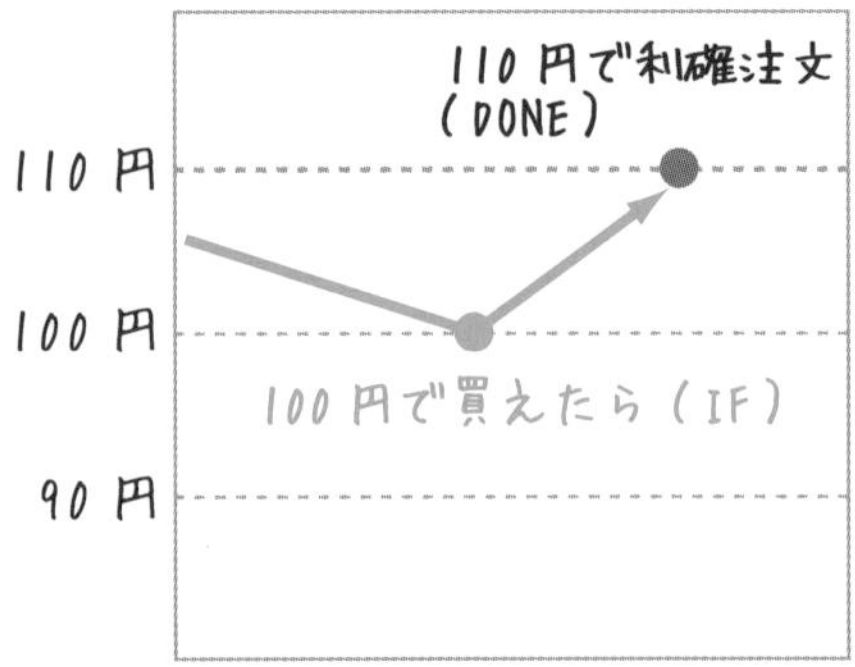

６　ＩＦＯ注文で発注する

また、ＩＦＤ注文と一緒に覚えたいのが、**ＩＦＯ《アイエフオー》（ＩＦＤＯＣＯ）**注文です。

ＩＦＯ注文は、ＩＦＤ注文とＯＣＯ注文を組み合わせた注文方法で、**「新規注文が成立したら、それと同時に利益確定の指値注文と損切りの逆指値注文のＯＣＯ注文が有効になる」**というものです。

ＩＦＤ注文を発注するには、注文種別を「指値注文」に選択し、逆指値注文（Ｓ／Ｌ）または指値注文（Ｔ／Ｐ）のどちらか１つに値を入力します。

また、ＩＦＯ注文にする場合は、逆指値注文（Ｓ／Ｌ）と指値注文（Ｔ／Ｐ）の両方に値を入力すればＯＫです。

例えば、次の図の場合は、「１００円」で**買いの指値注文が成立**すると、自動的に「１１０円」で**利益確定**、「90円」で**損切りのOCO注文が発動**するＩＦＯ注文となります。

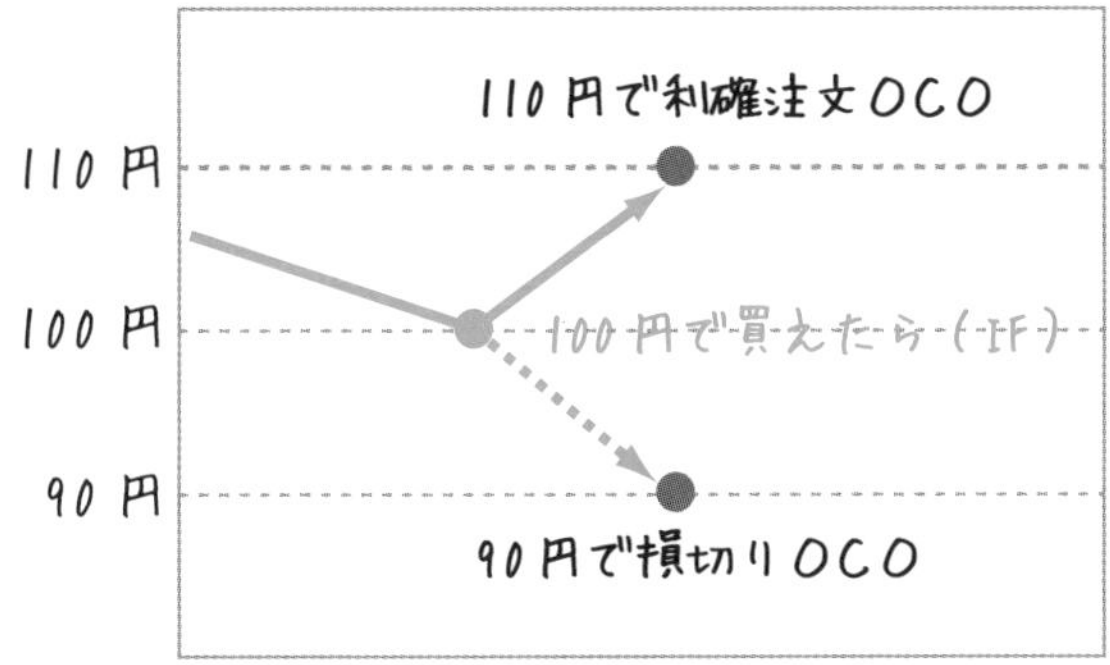

● IFO注文を発注する

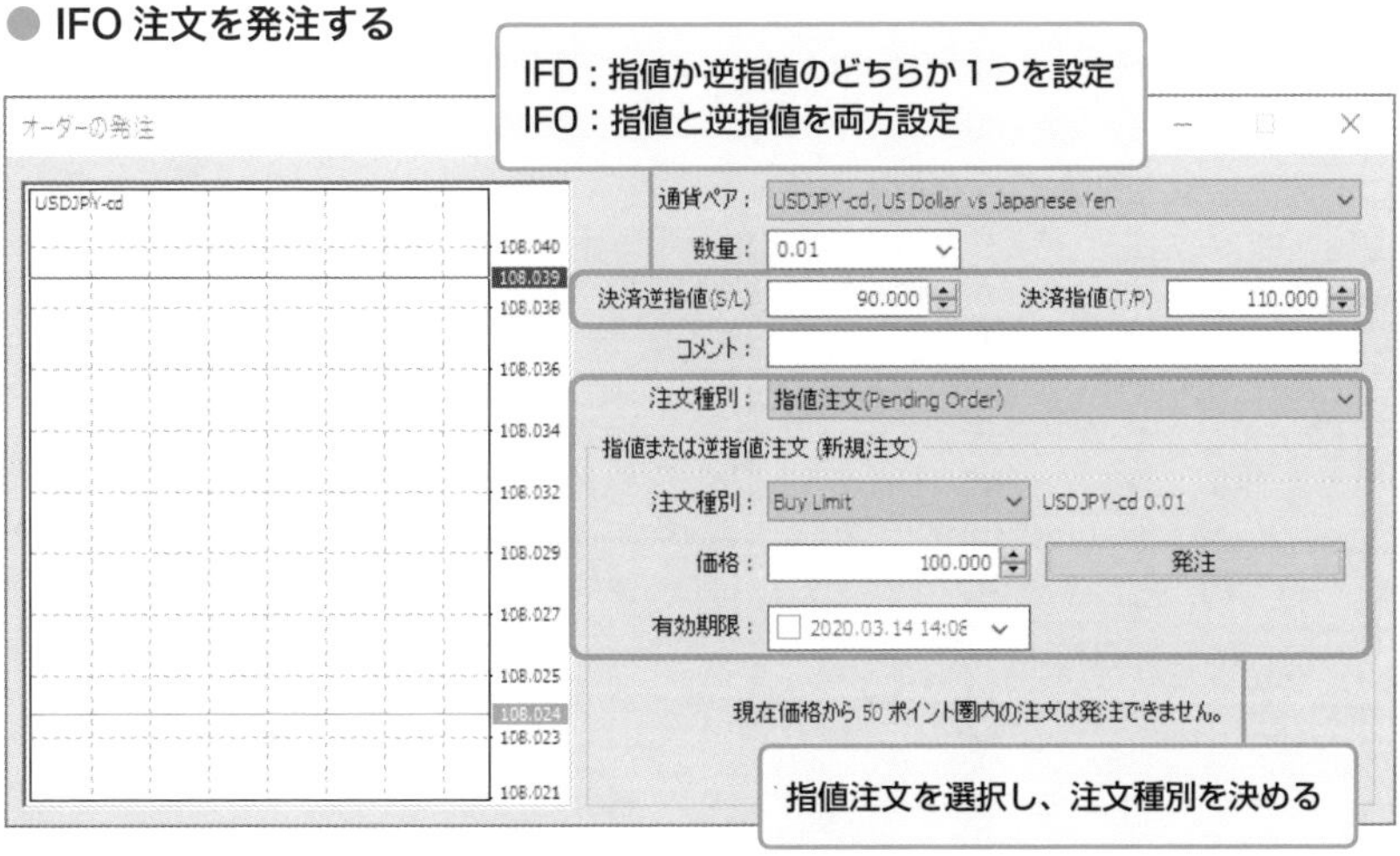

04 スマホでＭＴ４を使ってみよう！

1 パソコンとスマホ、どっちがいいの？

よく「**スマートフォン（スマホ）だけでＦＸはできますか？**」との質問を受けます。

巷では、「スマホをポチポチするだけで稼げる！」「スキ間時間にサクッとスマホ取引！」といった情報が溢れており、まるでＦＸはスマホだけで稼げるような錯覚を受けます。

結論から申し上げると、**残念ながらスマホの端末『のみ』を使ってＦＸで稼ぎ続けることは極めて難しい**と言えます。

これは、パソコンとスマホとでは画面の大きさから一度に表示される範囲も情報量も差があり、何枚もの大きな画面を使っている投資家と比べてスマホだけで戦うのはあまりにも不利になるからです。

しかし、**スマホは外出先などで緊急時にチャート分析やトレードをする際に必須のツール**です。

私も外出先などでよくスマホでトレードをする時がありますが、常にパソコンの大画面で徹底的にチャート分析しているため、スマホの小さな画面を少し見れば頭にチャートが浮かんでくるのです。

なので、スマホとパソコン両方を用意し、家ではパソコンでじっくりチャート分析し、外出先ではスマホを持ち歩いてチャンスを逃さないようにしましょう。

ＭＴ４にもスマホアプリがあり、**App Store**（ｉＯＳ）や**Google Play**（Android）からダウンロードすることができます。

MT4のダウンロード方法

- **iOSの場合、App Storeから入手**
- **Androidの場合、Google Playから入手**

次ページに主な画面構成を掲載しています。より詳細な情報は、ＭＴ４に対応した各ＦＸ会社のホームページをご確認いただくか、筆者のブログのページ（**https://fx-megabank.com/mt4/iphone/**）をご覧ください。

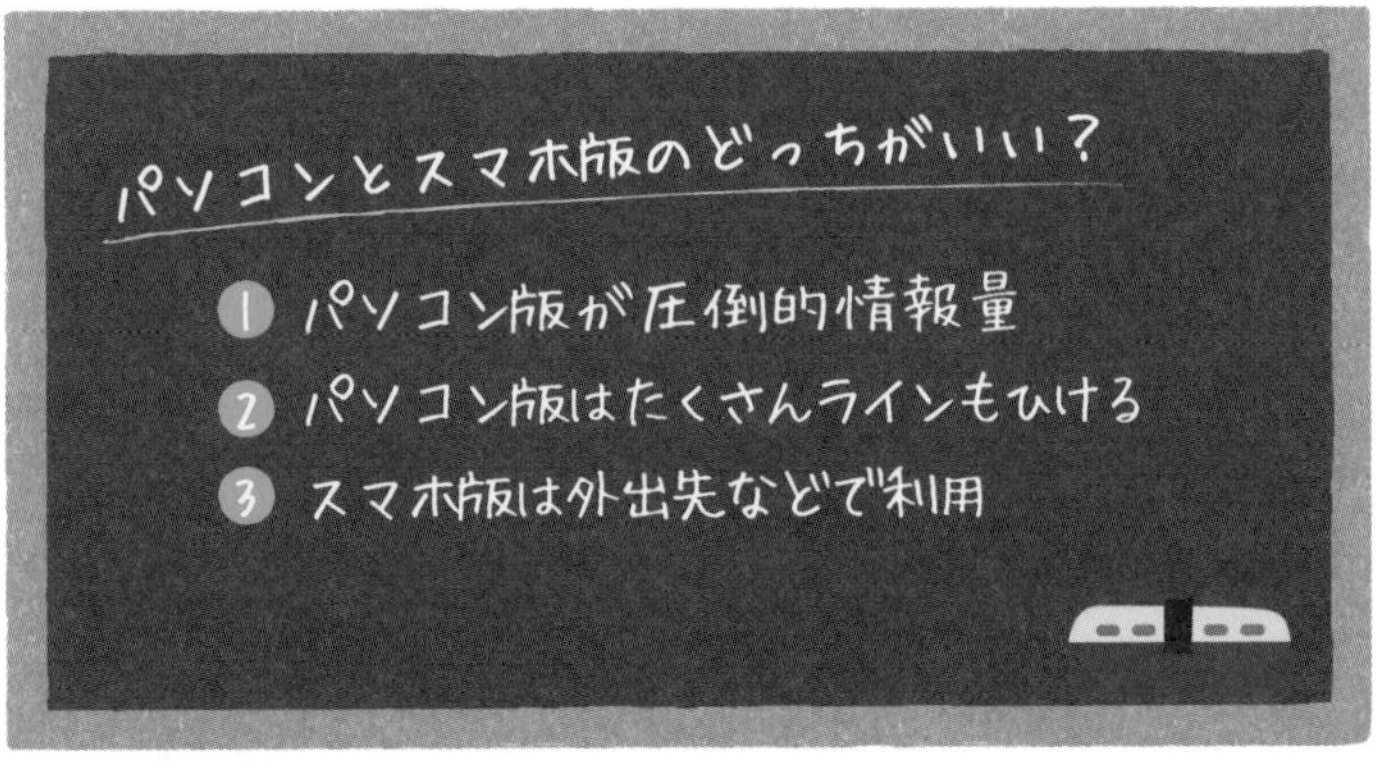
パソコンとスマホ版のどっちがいい？
1 パソコン版が圧倒的情報量
2 パソコン版はたくさんラインもひける
3 スマホ版は外出先などで利用

● トレード画面

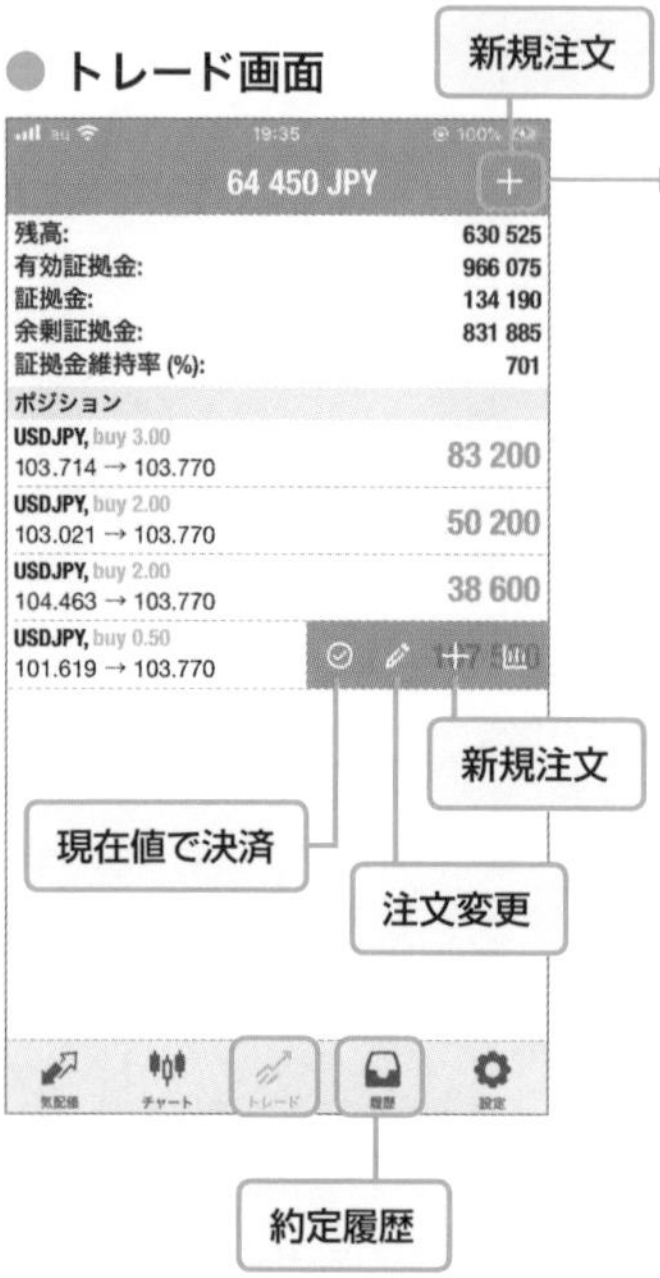

● 新規注文画面

● 気配値画面

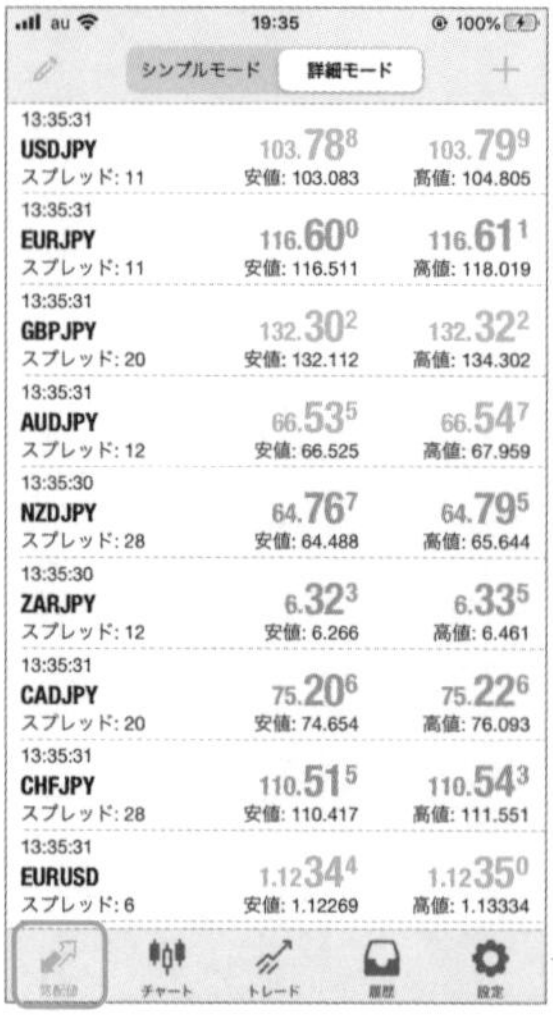

● チャート画面

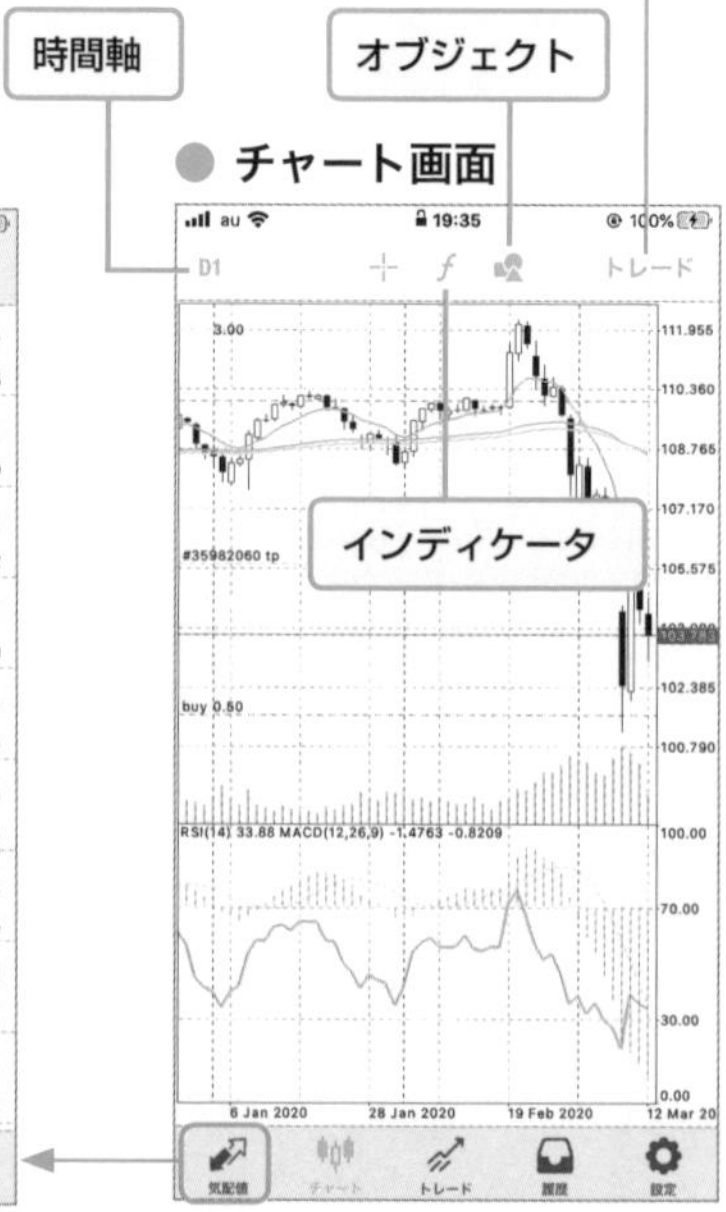

5時限目
実践的なトレードルールを覚えよう

ここでは今まで学んだ知識を整理して、実践的なトレードルールを学んでいきます。
稼げる基本フォームを覚えましょう。

01

ＦＸ実践トレードの具体的な流れ

1 ルールを守らないとＦＸでは稼げません

５時限目からはいよいよ、今まで学んだチャート分析の知識を総動員して実際の**トレードの組み立て方**を解説していきます。

ＦＸは「上がるか」「下がるか」を予想するゲームであり、**勝つか負けるかの確率は誰がやっても２分の１**です。普通に考えれば、稼いでいる人と、損をしている人の割合は半々程度になるはずです。

しかし、残念ならがＦＸの世界では稼ぎ続けられるのは全体の１〜２割で、残りの**８〜９割は損をしている**と言われています。

なぜでしょうか？

これは、勝ち負けに大切なお金が絡むことで、人間のもっと稼ぎた

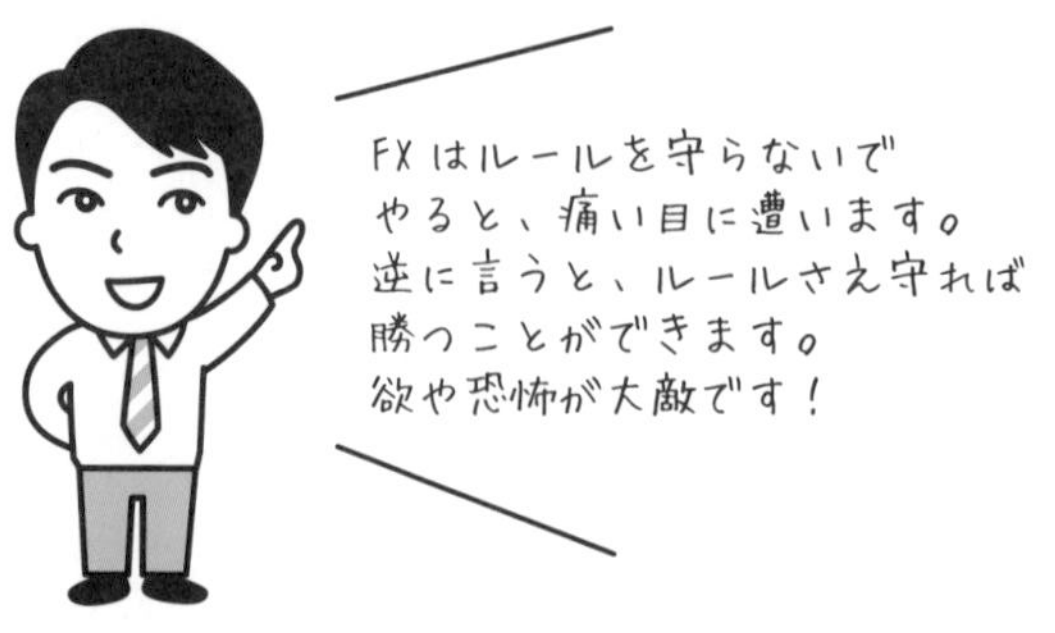
FXはルールを守らないで
やると、痛い目に遭います。
逆に言うと、ルールさえ守れば
勝つことができます。
欲や恐怖が大敵です！

いという強欲や損をしたくないという恐怖が発生し、**大半の人がルールを守ることができない**ためです。

ＦＸで安定して利益を上げるためには、これから説明するトレードルールを守ることが必須条件となります。

2 売買ルールの型を覚えましょう

これから説明する売買ルールの型は、野球でいうバッターの「フォーム」に該当する部分です。

野球でヒットやホームランを量産するためには、美しいフォームが体にしみついている必要があるのと同様に、ＦＸで利益を稼ぎ続けるためには、基本となるフォームが自然とできる状態になる必要があります。

売買ルールは下図のStep 1～3があります。

Step 1：相場環境認識で何をするかを決める

トレードをする時に、まずは今の相場環境が上昇トレンド、下降トレンド、横ばいのどれに該当するのかを認識して「何を

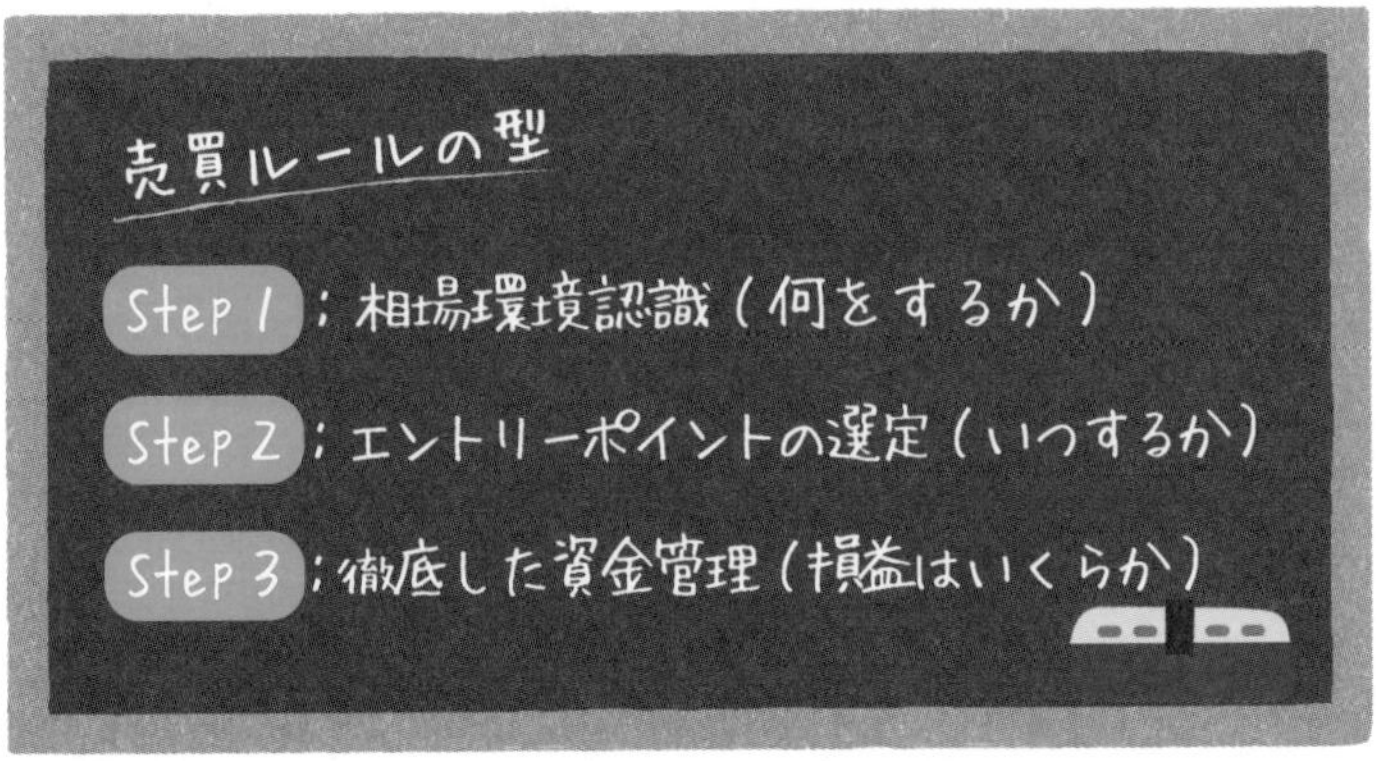
売買ルールの型
Step 1 ；相場環境認識（何をするか）
Step 2 ；エントリーポイントの選定（いつするか）
Step 3 ；徹底した資金管理（損益はいくらか）

するのか」を決めましょう。

相場環境認識の方法は、2時限目で学習した「**移動平均線**」が初心者におすすめです。**上昇トレンドであれば買い、下降トレンドであれば売り**の選択肢となります。

横ばい（レンジ）の時は難しい相場のケースが多いので、様子見に徹して手を出さないようにしましょう。

Step 2：エントリーポイントの選定 ー いつするかを決める

ここでは、2時限目と3時限目で学習したテクニカル手法を使います。何の根拠もなしにトレードをするのは厳禁です。

チャートを見て何となく上がりそうだから買い、下がりそうだから売りと売買するのは、投資ではなくギャンブルと同じで、勝つか負けるかは運次第になります。非常に重要なルールとなる「**根拠がない時にトレードは厳禁**」は必ず意識するようにしましょう。

Step 3：徹底した資金管理

資金管理とは、自分の資金量に見合うだけのロットで取引を行い、さらに**リスクリワード**（1時限目で解説）に基づき**損切りと利益確定**を行うことを言います。

3 資金管理の要、レバレッジとリスクリワード

資金管理で意識するべきことは、「**レバレッジ**」と「**リスクリワード**」です。

レバレッジは27ページでも詳しく解説した通り、**ロット（取引数量）を調節する**ことでレバレッジをコントロールできます。

レバレッジは劇薬であり、ハイレバレッジほど手にする利益も増えますが、逆に損をした場合のリスクも大きくなります。

よって、レバレッジの目安は**初心者で5倍**、経験が豊富で安定して稼げる**中上級者でも10倍以内**が望ましいと言えます。

リスクリワードは、1時限目（98ページ参照）で解説した通り、1回のトレードにおける「**利益：損失」の比率**です。

そして、このリスクリワードの比率は、「**利益：損失＝2以上：1**」になるようにしましょう。

もし、利益確定は早めにするけれど**損切りはなかなかできない**、というような状態になると、**たった1回の負けで今まで貯めた利益が一気に吹き飛ぶ**ので注意しましょう。

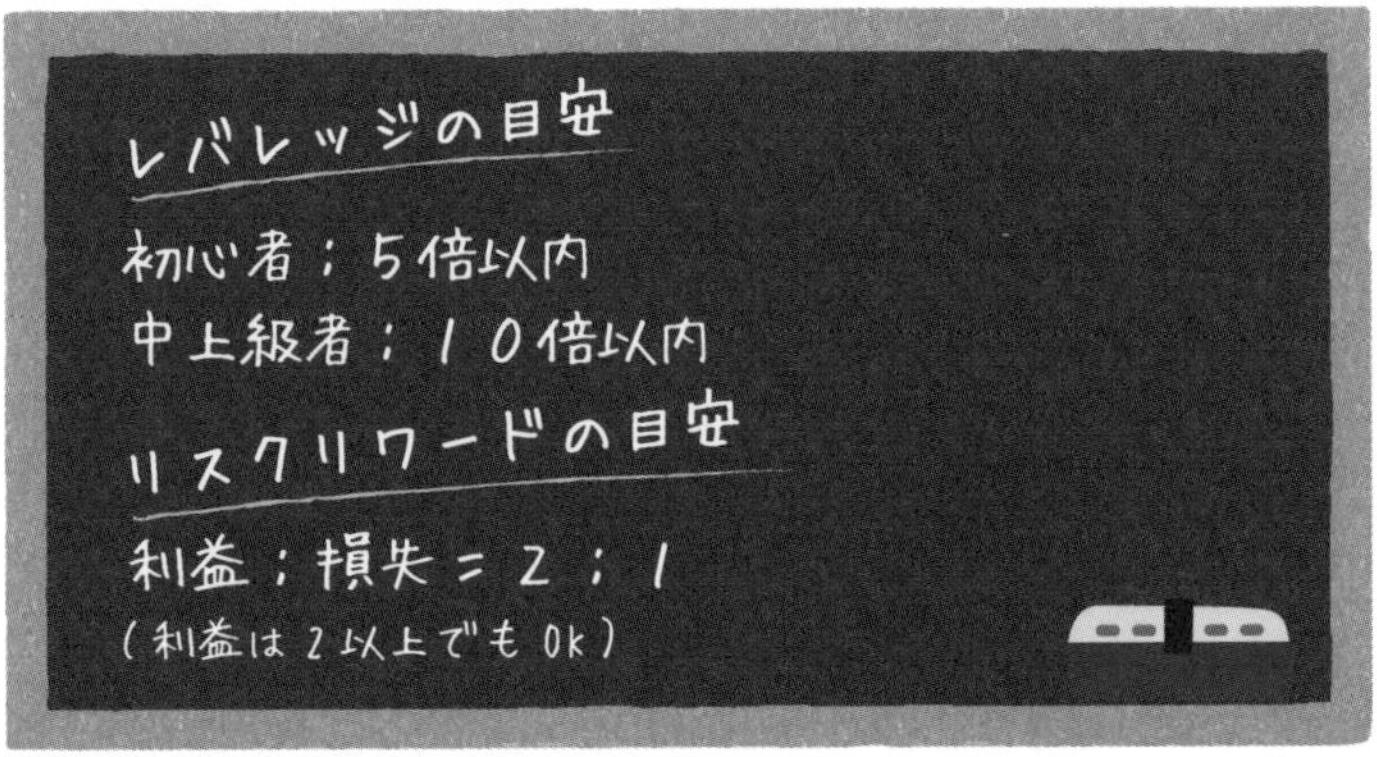
レバレッジの目安
初心者；5倍以内
中上級者；10倍以内
リスクリワードの目安
利益；損失＝2；1
（利益は2以上でもOk）

02 利益確定と損切りのタイミングとは

1 利益確定は損切りの水準から逆算するべし

「リスクリワードはわかったけど、いつ損切りと利食いをすればいいの？」と疑問に思う方もいるでしょう。

正しいリスクリワードの比率を徹底する上で有効な戦略があります。それは、「**利益確定の水準は損切りから逆算する**」ことです。

そもそもエントリーする前に、**どんな時に損切りをするのか**を**事前に決めておくことは必須**と言えます。

逆に、エントリー後に相場が反対の方向に動いて含み損が膨らみ、慌てて「どこで損切りをしよう……」と考えているようでは

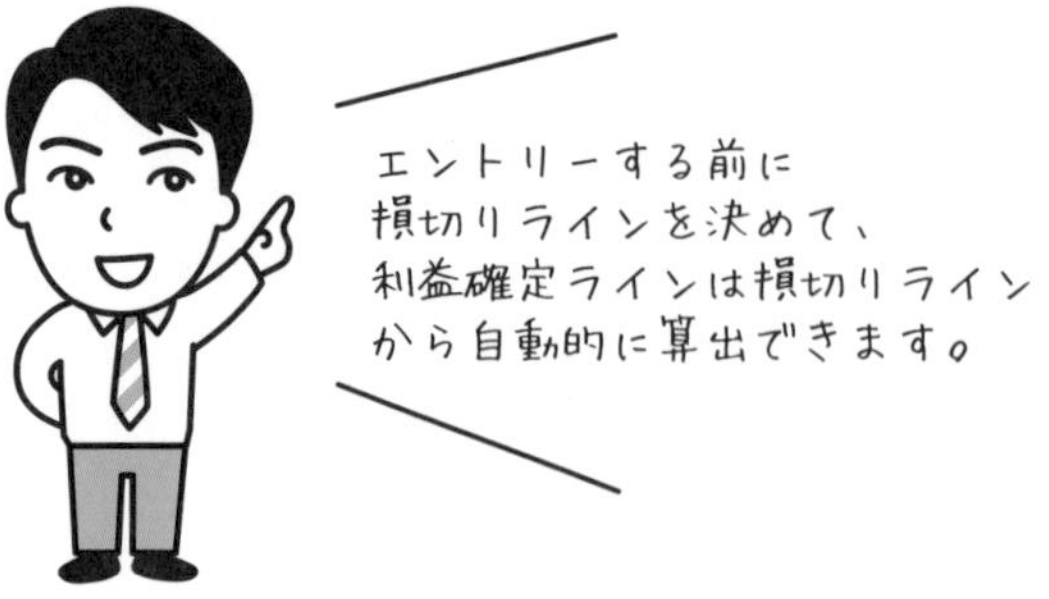

エントリーする前に
損切りラインを決めて、
利益確定ラインは損切りライン
から自動的に算出できます。

遅すぎるのです。そのような状態ではFXで勝つのは難しいと言えます。損切りは「**チャート分析でエントリーの根拠となった状態が崩れた時**」にするのです。

ファンダメンタルズでトレードする人は、なかなか損切りをどこですればいいのか迷うと思いますが、チャート分析であればエントリーと損切りの根拠は表裏一体の関係にあるので、トレード根拠が明確であればあるほど、損切りを置く位置も明確になります。

2 リスクリワードから利益幅が決まる

具体的にどのような場面で損切りをすればいいのか説明しましょう。ここでは最も分かりやすい「**ライン分析**」を例に取り上げて見ていきます。

ライン分析で引いたライン（水平線やトレンドライン）を根拠にエントリーをした時、「損切り注文はそのラインの反対側で、**最低5pips以上離れたところ**」に置きます。

ラインピッタリに損切り注文を置くのは論外として、数

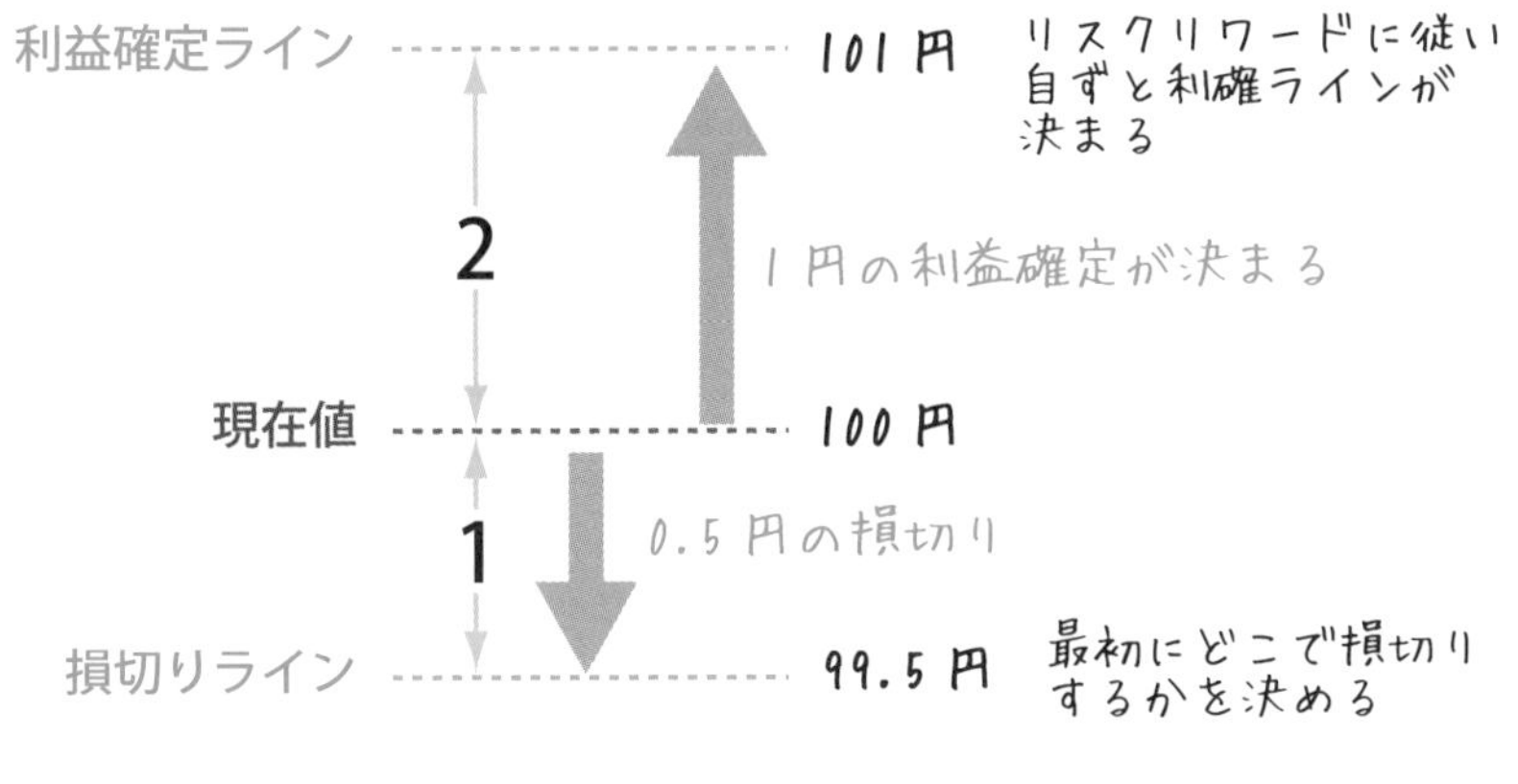

pips程度と損切り注文とラインとの距離が近すぎると、ラインを見ない実需筋の取引によるちょっとした値動きで損切り注文が約定する可能性が高くなります。

そうなると、**誤差の範囲内にも関わらず損切り**になってしまい、その後、実はラインはまだ機能しており思っていた方向に相場が動く、なんてことにもなりかねません。

損切りを置く位置が決まれば、**リスクリワードから自動的に最低限確保しなければならない利益幅が決まります**。

例えば、リスクリワードを「利益：損失＝2：1」に固定した時、**損切り幅をラインの5pips下**に置けば、そのトレードで**確保するべき利益幅は10pips**と決まります。

また、損切り幅を10pipsにすれば、利益幅は20pipsと決まります。このように、**損切り幅から逆算して利益幅を求める**ことができるのです。

● 損切りを置く位置が決まれば、最低限確保すべき利益が決まる！

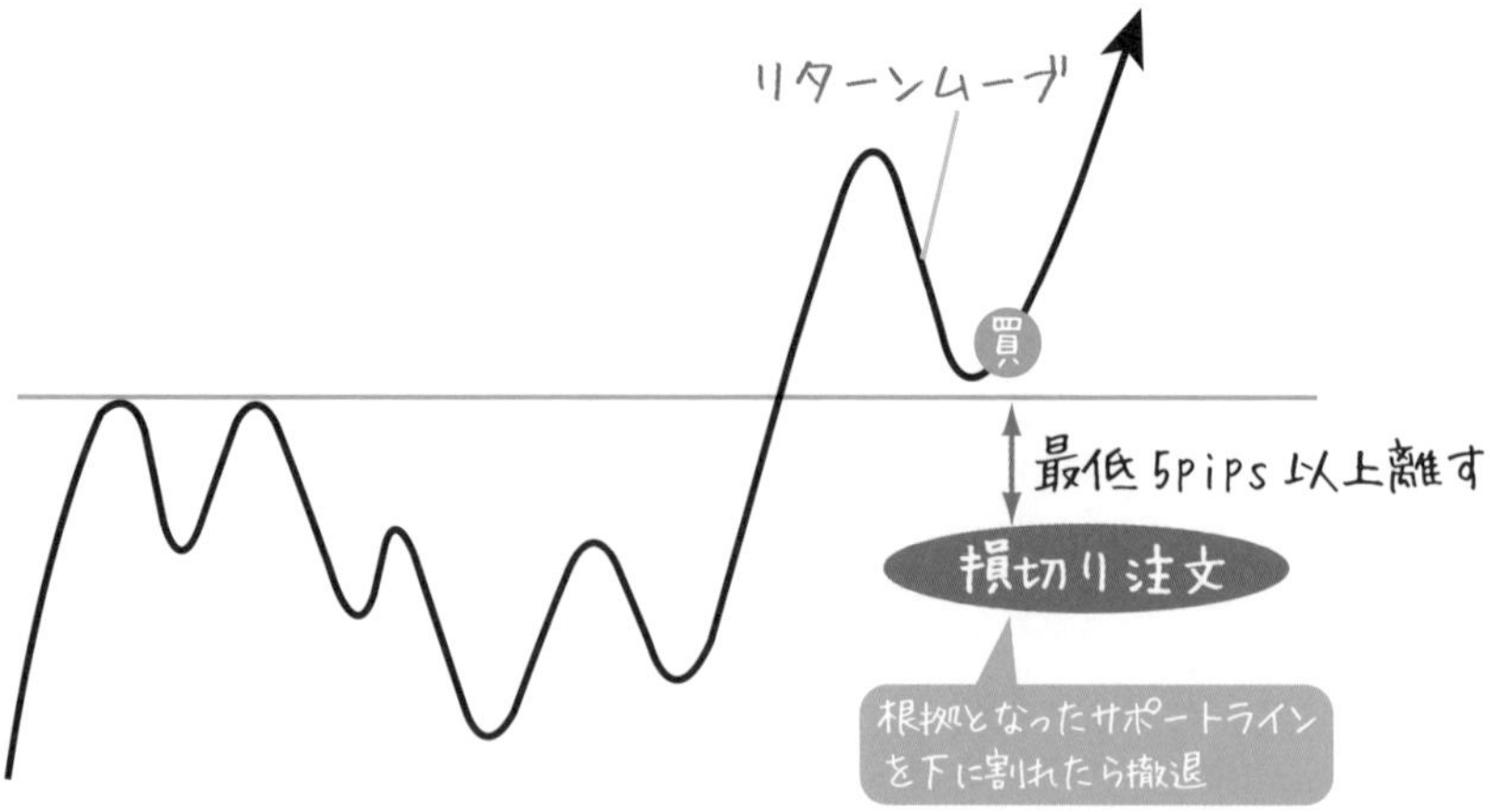

重要なところなので何度も繰り返しますが、ここで、損切り幅を5pipsにした時、利食いを5pips未満でするのは厳禁です。

それをすると、損大利小の状態となり、勝てない人の典型パターンになります。また、一度決めた損切り幅を遠くに動かす行為も厳禁です。

これらの行為はルールを守っていない状態であり、たまたまその時は運よくしのげても、トレード回数を重ねていく中で大事故を起こす原因となります。

その他のエントリー手法について、損切りをすべきタイミングをまとめています。

移動平均線やボリンジャーバンドのみで**ライン分析を使わない場合**は、事前に損切りを置く位置の決定が難しい場合もありますが、その際も損切り幅を先に決めて、逆算して利益幅を求め常にリスクリワードを意識するようにしましょう。

● **損切り幅が決まれば、リスクリワードに従い目標利益も決まる**

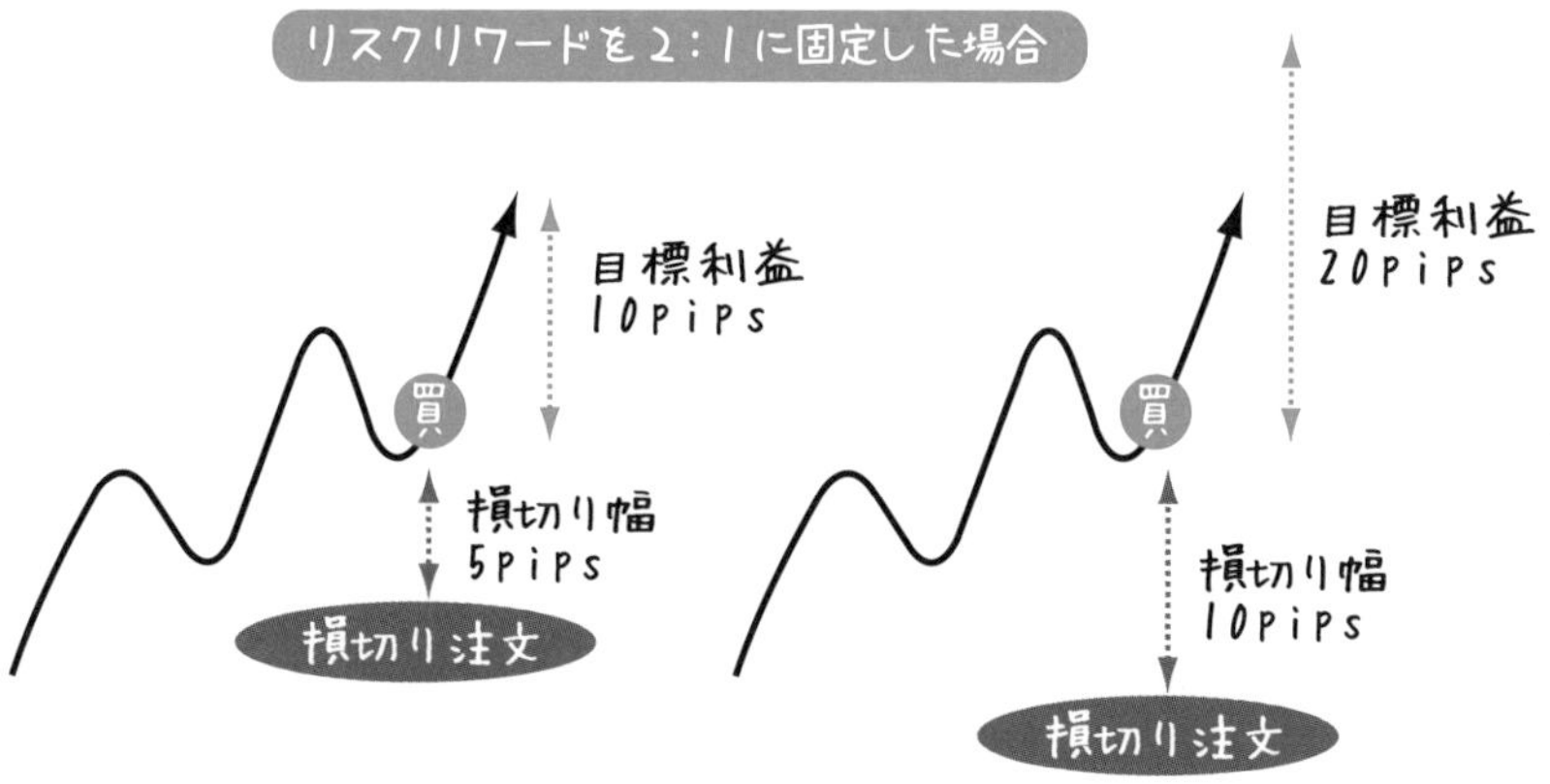

・ライン分析：**根拠となるラインを反対に割れたら損切り**
・移動平均線：**移動平均線の向きが反対になる、または短期と長期が反対にクロスする**
・ボリンジャーバンド：**バンドが広がらず縮まりかける**

3 損切り幅の数値はトレードスタイルや資金量から

損切り幅の数値については、**通貨ペア**やその時の**ボラティリティ（相場変動率）**、**トレードスタイル**、**ロット**にもよるので、一概に「○○ｐｉｐｓが一番よい」なんてことは言えません。

また、例えばロット数をいつもの２分の１にして、損切り幅をいつもの２倍にすると、結局のところ損失額は同じになるので、リスク量は変わりません。

逆も同じで、ロット数を２倍にし、損切り幅を２分の１にすれば損失額は同じです。

上級者は、それぞれの相場状況に応じて、このテクニックを使って臨機応変に稼いでいるのです。

とは言ったものの、ある程度トレードスタイルに対する**損切り**

損切り幅に決まりは
ありません！
ボラティリティ、ロット、
トレードスタイルによっても
異なります。

幅の指標はあった方がいいと思いますので、まずは下記の損切り幅の表を参考にしてみましょう（ｐｉｐｓについては77ページを参照）。

● **トレードスタイルと損切り幅の目安**

トレードスタイル	損切り幅の目安
スキャルピング	5〜10pips
デイトレード	10〜20pips
スイングトレード	50〜100pips
長期トレード	100pips以上

03 恐怖に打ち勝つメンタル術を身に付けよう

1 メンタルを安定的に保つ秘訣とは

　トレードルールを守る上で、**最大の障壁は自身の「メンタル」**と言えます。メンタルとは、精神的・心理的という意味で、要は自分の感情のことを指します。

　エントリーが正しいかどうか?、ロスカットの不安などボラティリティが大きいときは、トレード時の不安は極端に大きくなります。トレードをして負けが続くと、**精神的に不安定な状態**に誰でもなります。「本当にこれで合っているのか?」「何が正しいのか?」自分でも訳がわからなくなるでしょう。

　そんな時にまず意識したいのが、そもそも自分は**確固たる売買**

健全なメンタルを
保つことがルールを守り
FXで稼ぐ事につながります!

ルールを身に付けているか、です。

健全なメンタルは強固な売買ルールの上に成り立つ

明確な売買ルールがない状態でトレードしている人は、メンタルが不安定になって当たり前と言えます。

売買ルールはトレードの型であり、天才でもない限り、型なしで勝つことはできません。その場のノリだけで稼げるほどFXは甘くないのです。

また、初心者の方なら仕方ありませんが、FXのしくみやマーケットの動向がよく分からない場合も、わからない情報が多すぎるのでメンタルが不安定になりやすいと言えます。

まずはメンタルを安定させる方法として、

- **確固たる売買ルールを身に付ける**
- **FX全般の知識を一通り身に付ける**

この2つを優先的に行っていきましょう。

特に、自分の中で売買ルールが一度身に付けば、仮に負けが続いても、「なぜ負けたのか」「次はどうすればいいのか」の検証を行い、必要に応じて売買ルールを淡々と微調整すれば、次につなげることもでき精神的な負荷はだいぶ和らぐでしょう。

2 プロスペクト理論からみる負けに対する恐怖

人間は心理学的に利益で得られる喜びよりも、**損失で味わう苦痛の方がはるかに大きいとプロスペクト理論**で解説されています。

人間なら誰しもが持っているこうした心理により、**目の前にある利益はすぐに確定**してしまうが、**損切りはできるだけ回避する**よう考えてしまいます。その結果、リスクリワードが崩れ結果的に8～9割の人が勝てないのです。

損失に対する恐怖に打ち勝つには、このプロスペクト理論を理解し、あえて**損切りは素早く**行い、**利食いは損切り幅以上に得る**という、他の大勢の投資家とは逆のことをする必要があります。

「余剰資金」からＦＸを始めましょう

これからＦＸを始める方は、まずは余剰資金からスタートしてみましょう。

私が考える余剰資金とは、「**全て失ったとしても自己投資と割り切れるお金**」のことです。

もちろん、失っていいお金なんてあるはずありませんが、最初から一獲千金を狙って全財産（またはそれに近い）を投入すると、心理面での負荷は何倍にもなり、プロスペクト理論の罠に陥る確率はグッと上がるでしょう。

ＦＸや投資はプロスペクト理論との闘いであり、その闘いは投資を続けていく限り一生続きます。

損失の苦痛を完全に克服することは、人間である以上、残念ながら難しいと私は考えます。

私が大企業のエリート会社員の年収を1カ月で稼げるようになった時、最初の1回目はもちろん喜びがありましたが、2回目以降はほとんど何も感じなくなりました。

一方で、大きな損を出した時は、とてつもない苦痛を味わったのを覚えています。

これはまさに、プロスペクト理論でいう「利益の喜びは小さいが、損失の苦痛は大きい」そのものであり、この恐怖にメンタルが支配されてしまうと、「利食いは早く、損切りは遅く」になってしまうわけです。

3 徹底的な練習こそがFXで稼ぐ近道

FXで稼ぐためには、地道にコツコツと練習を行っていく必要があります。

短期間でプロスポーツ選手になれないのと同様、勝てるFXト

勝ったときの喜びより
負けたときの苦痛が
はるかに大きい、という
プロスペクト理論が
損切りできなくしてしまう
のです。

レーダーに1日でなれるはずがありません。

毎日毎日、来る日も来る日もチャート分析をし、練習を積み重ねることではじめて安定して稼げるようになるのです。

多くの人は早く利益を得たいと考えます。

目先の利益しか見ずに、表面的な手法を覚えて短期間で結果を出すことにこだわるのです。しかし、相場の世界で生き残っている勝者は、**「目先の利益よりもスキル」を優先**します。トレードで負けてしまっても、そのトレードで得られる「経験」や「スキル」の方がよほど価値のあるものと知っているからです。

一度、安定して稼ぐスキルさえ身に付けてしまえば、その後も継続的にFXで利益を獲得することができます。

一方、目先の利益を優先するあまり、スキルを身に付けることを怠れば、長期にわたって稼いでいくことは難しいでしょう。

6時限目 実力を高めるチャート分析演習9選

ここでは学習したチャート分析の手法を使って、実際のチャートを分析してみます。
徹底的にチャート分析の練習を繰り返して
実力を高めましょう！

00 演習問題を解く際のポイント

1 徹底的にチャート分析の練習を繰り返そう！

6時限目では、今まで学習したチャート分析の手法を総動員して、実際のチャートを分析してみましょう。トレードの実力を高めるためには、**徹底的にチャート分析の練習を繰り返す**ことが必要です。

基本的に、過去と全く同じ相場が来ることはほとんどありませんが、**似たような値動きのパターンはよく発生**します。

チャート分析をたくさんこなし経験値が上がれば上がるほど、「あ、これは前に経験したな！」「次はこうなるだろうな！」と予想が立てられ、勝率を上げることができるのです。

実際のトレードに入る前に
ここでチャート分析の演習を
繰り返して、スキルを高めましょう！
頻繁に出てくる良問を
厳選しました！

2 複数のシナリオで変化に対応し戦略を立てよう

また、相場の世界に「絶対」「100%」という言葉が存在しないように、チャート分析にも試験問題のような唯一無二の「正解」は存在しません。人によってチャートの見方が分かれるケースは当然にしてあり、蓋を開けてみるまで結果が分からないことは往々にしてあります。

自分の答えに固執するのではなく、**複数のシナリオを描いて柔軟に変化に対応**し、トレード戦略を考えていくことが重要になってきます。

とは言え、大勢の投資家が意識する**トレードの「定石」は存在します**。今回は、実際の相場でも**頻繁に発生する良問だけを厳選**しました。

これらのパターンをまずは完璧にマスターするだけでも、実際の相場で同じようなパターンに遭遇した時に冷静に対処でき、**驚くほど相場が見えるようになりますよ**。

経験値を高めてメキメキとスキルを上げていきましょう。

（注）実際のトレードでは上位足で相場環境認識をして、買い・売り・様子見の判断をし、その後に下位足でエントリーポイントを探っていくことになります。
今回の演習問題は、相場環境認識をすでに終えたと仮定し、エントリーポイントを探すケースを中心に問題を構成しております。
時間足は様々ですが、「この時間足でしか通用しない」のような手法はなく、どの時間足でも同じように機能します。

01 演習問題1 トレンドラインと水平線を引いて戦略を考えましょう

Q

トレンドラインからわかるトレードポイントは?

チャートにラインを引くだけでもFXでは利益を上げることができます。

次のチャートはまさにそんな典型的なチャートパターンとなっています。トレンドラインと水平線(レジスタンスライン)を引いて、**根拠のあるトレードポイント**を探してみましょう。

使用するチャート分析

- トレンドライン
- 水平線

どんなトレード戦略が思いつくでしょうか？
ラインを引いてエントリーの根拠を考えてみましょう

豪ドル/米ドル　30分足　2020年２月

ラインを引く時は、無理に引こうとせず、簡単に引けるラインを探しましょう！
そのようなラインほど、他の投資家も意識する重要なラインとなります！

ヒント

- 上昇トレンドラインは、高値の切り上げを確認して引くことができます。
- 高値と高値を結んだレジスタンスラインは、上抜けすると役割がサポートに転換します。

A トレンドラインとレジスタンスラインから買いと利確が読める！

安値aと安値bを結んで上昇トレンドラインが引けます。

上昇トレンドラインは、**安値a**と**安値b**の間の**高値a'**を更新してはじめて引けることを思い出しましょう。

1つ目のトレード戦略は、**上昇トレンドライン上での反発**を根拠に**買いエントリー（買1）**を仕掛けることです。

その後、レートは上昇し、**高値cと高値dを結んで引けるレジスタンスライン**を上抜けしました。

ここで、レジスタンスラインを上抜けした後は、水平線の役割転換から**レジスタンスはサポートに機能が変わる**ので、**リターンムーブ後の第二波（買2）**を狙うことができます。

● トレンドラインとレジスタンスラインを引いて買いと利確を行う

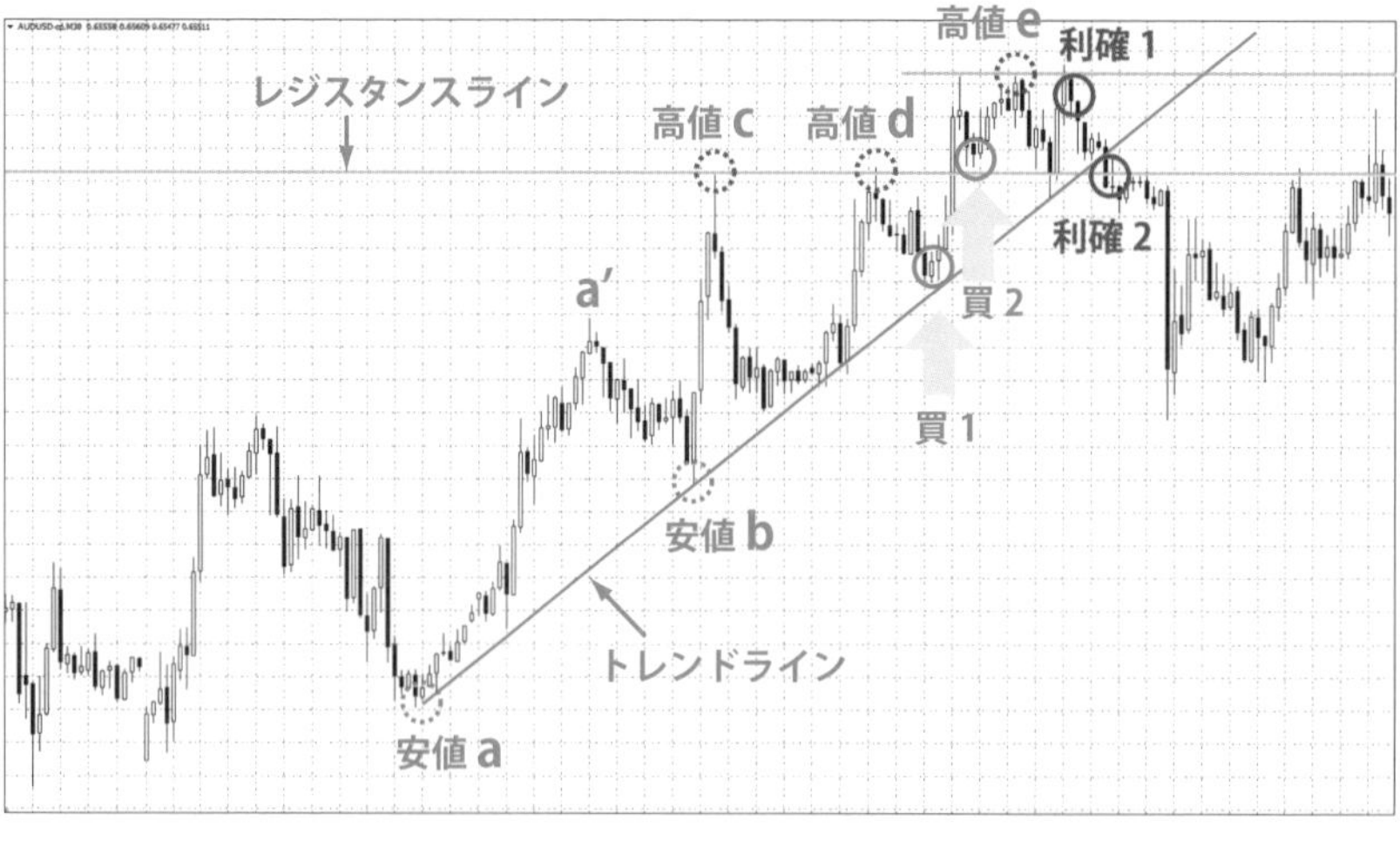

ただ、その後のレートは高値eの水準で2回上値を抑えられて反転し、3回目も反転しているためその時点で利確1の決済を行います。

また、その時点で利益確定ができなかったとしても、その後に上昇トレンドラインを割れているのでそこが**最終防衛ラインの利益確定水準（利確2）**になります。

復習ポイント❶

▶上昇トレンドラインのエントリーポイントを確認しましょう！

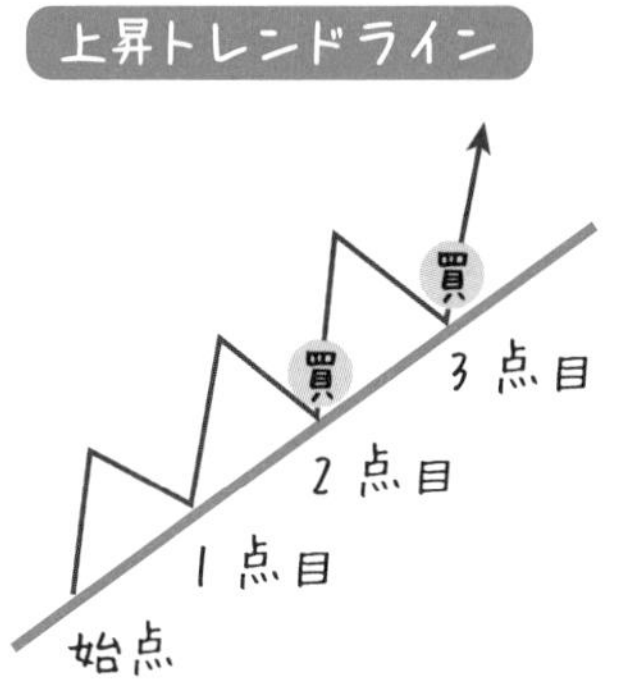

復習ポイント❷

▶水平線はブレイクすると役割が転換します。

▶今回のチャートでも、レジスタンスラインを上抜けした後、同じ水平ラインがサポートとして機能していますね。

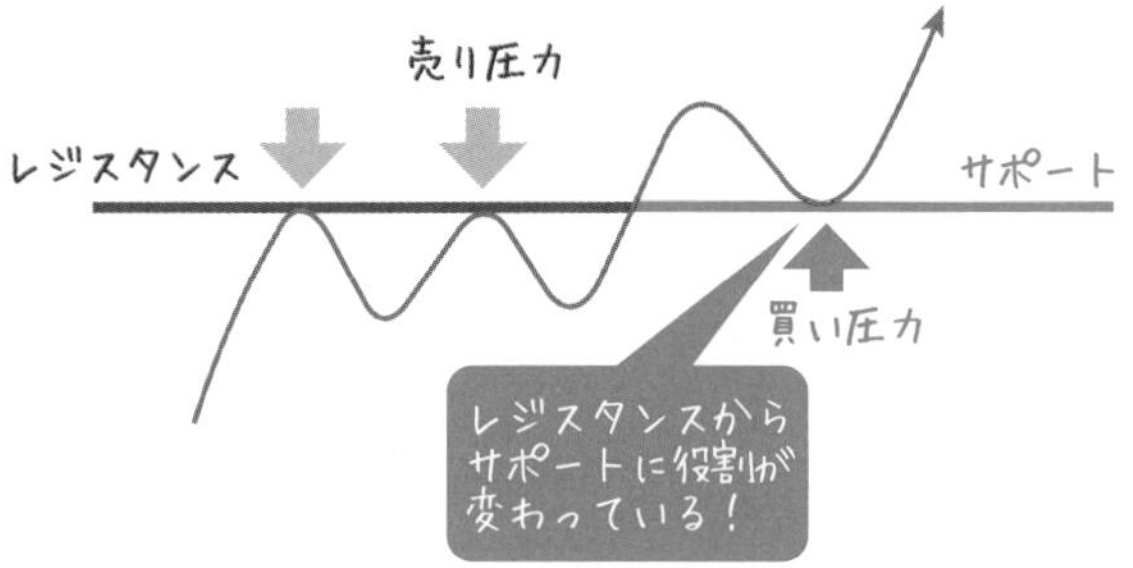

02

演習問題2

移動平均線とRSIでトレンド転換を狙いましょう

Q

トレンド転換のサインからの戦略とは？

どんなに強い上昇トレンドも、いずれは買いたい人の勢力よりも売りたい人の勢力が大きくなり、上昇幅が次第に小さくなってトレンド転換に至ります。

今回のチャートでは、そんな**トレンド転換の可能性を示すサイン**がいくつか発生しています。しっかりとそれらを認識して、どんなトレード戦略が思いつくか考えてみましょう。

使用するチャート分析

- 単純移動平均線（SMA）の期間21、50
- RSI
- 水平線

● どんなトレード戦略が思いつくでしょうか？
「２つの移動平均線」と「RSI」の形に注目して根拠を考えてみましょう

ユーロ/米ドル　1時間　2019年11月4日

ヒント

- 期間21・50の移動平均線同士のクロスとグランビルの法則に注目しましょう。
- 為替レートとＲＳＩの逆行現象である「ダイバージェンス」を見つけましょう。
- 水平線を引いて高値の更新が失敗していることに気づきましょう。

全部一度に全てのインジケーターを分析すると大変なので、１つずつインジケーターの状態を確認していきましょう！

A ダイバージェンスからトレンド転換を予測し、デッドクロスから売り

移動平均線の向きの変化に注目すると、SMA21とSMA50が上向きから横ばいに変わり、トレンドの勢いが弱まっていることが確認できます。

また、高値aと高値bを結んで**レジスタンスライン**が引けて上値が抑えられています。

さらに、為替レートは上昇しているけど、**RSI**は下落している**逆行現象のダイバージェンス**が発生しており、近々**トレンド転換**が起こることが予想されます。

よって、根拠を持ってトレンド転換の売りを狙うことができ、SMA21がSMA50を上から下へクロスする「**デッドクロス**」の発生を確認して売1で**売りエントリー**します。

● **ダイバージェンスでトレンド転換を予測**

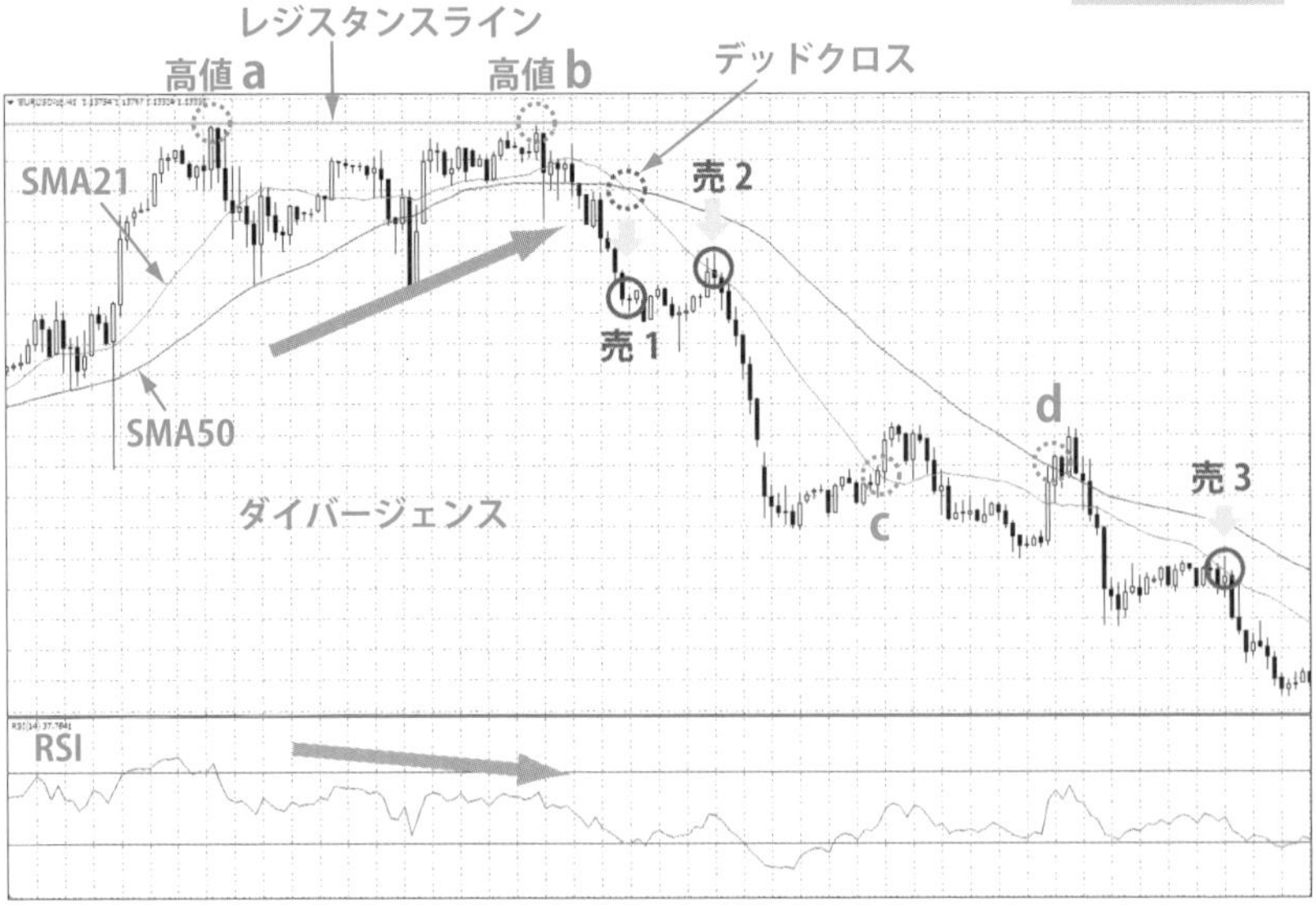

その後、為替レートは予想通り下落に転じており、**グランビルの法則**（112ページ）の「移動平均線が下向きの場面でレートが下から上へ近づき反落」のポイントである売2と売3も**絶好の売りポイント**になります。

ちなみに、**ローソク足と移動平均線がクロス**しているcとdはグランビルの法則の買いのポイントに該当しません。なぜなら、移動平均線の向きが「下向き」の場面でレートが下から上へ抜けているからです。

移動平均線が下向きから「横向きまたは上向き」へ変化した場面でレートが上抜けしてはじめて買いポイントとなることに注意しましょう。

復習ポイント❸

▶グランビルの法則の売買シグナルを正確に理解しましょう。

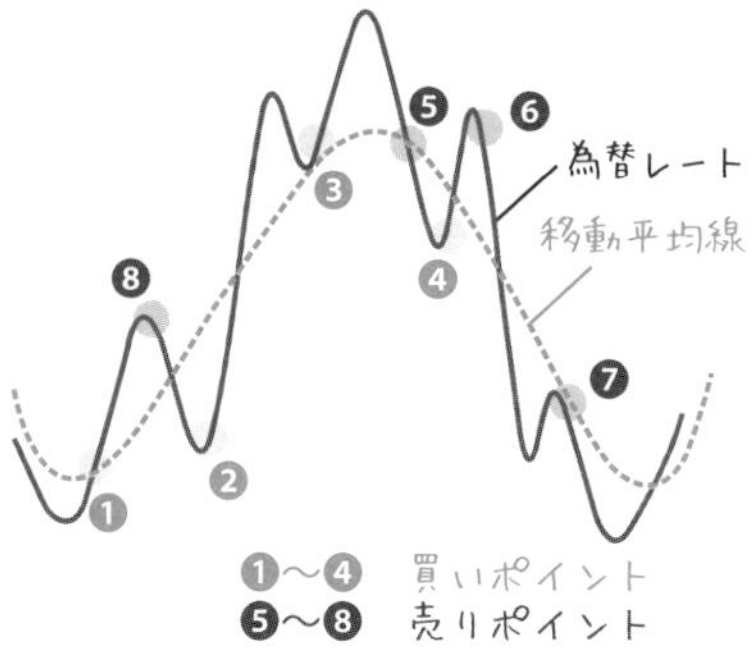

▶特に間違いやすいのが❶と❺です。

▶ｃとｄは移動平均線の向きが下向きなので「横向きまたは上向き」でないと買いのポイントになりません。

※問題のチャートを一部拡大

03

演習問題3

移動平均線で相場の変化を機敏にとらえましょう

Q

ゴールデン・デッドクロスを見つけ、さらにダイバージェンスで勝率を上げてください

今回は移動平均線の基本中の基本である「**ゴールデンクロス**」と「**デッドクロス**」を見つけて、トレードポイントを考えてみましょう。

また、チャート分析は複数の根拠があった方が勝率も高まるので、**RSIのダイバージェンス**も見つけて考えてみましょう。

使用するチャート分析

- **単純移動平均線（SMA）の期間21、50**
- **RSI**

● どんなトレード戦略が有効だったでしょうか？
2つの移動平均線のクロスに注目しましょう

SMA21
SMA50
RSI

ユーロ/米ドル　4時間　2019年4月

ヒント

- ● 2つの移動平均線のクロスに注目しましょう。
- ● RSIのダイバージェンスを見つけましょう。

1つのエントリー根拠より、
複数の根拠があった方が
勝率の高いトレードが
実現できますよ！

A ゴールデンクロスで狙い デッドクロスから売りエントリー

ＳＭＡ21がＳＭＡ50を上から下へ抜けて「**デッドクロス**」が発生しており、売りのポイント（売1）となります。

その後、aでローソク足がＳＭＡ21を上抜けしていますが、その時の**ＳＭＡ21の向きは「下向き」**なので、グランビルの法則で買いエントリーは不可です。

買いを狙うならＳＭＡ21が下向きから横向きに変化し、ローソク足が上抜けしたbの位置の方が良いですが、こちらもＳＭＡ50が下向きなので、できれば見送りたい箇所です。

より強固なエントリーポイントは、ＳＭＡ21がＳＭＡ50を下から上へ抜ける「**ゴールデンクロス**」が発生している買1の方です。

● ゴールデンクロス、デッドクロス、ダイバージェンスを見つけよう

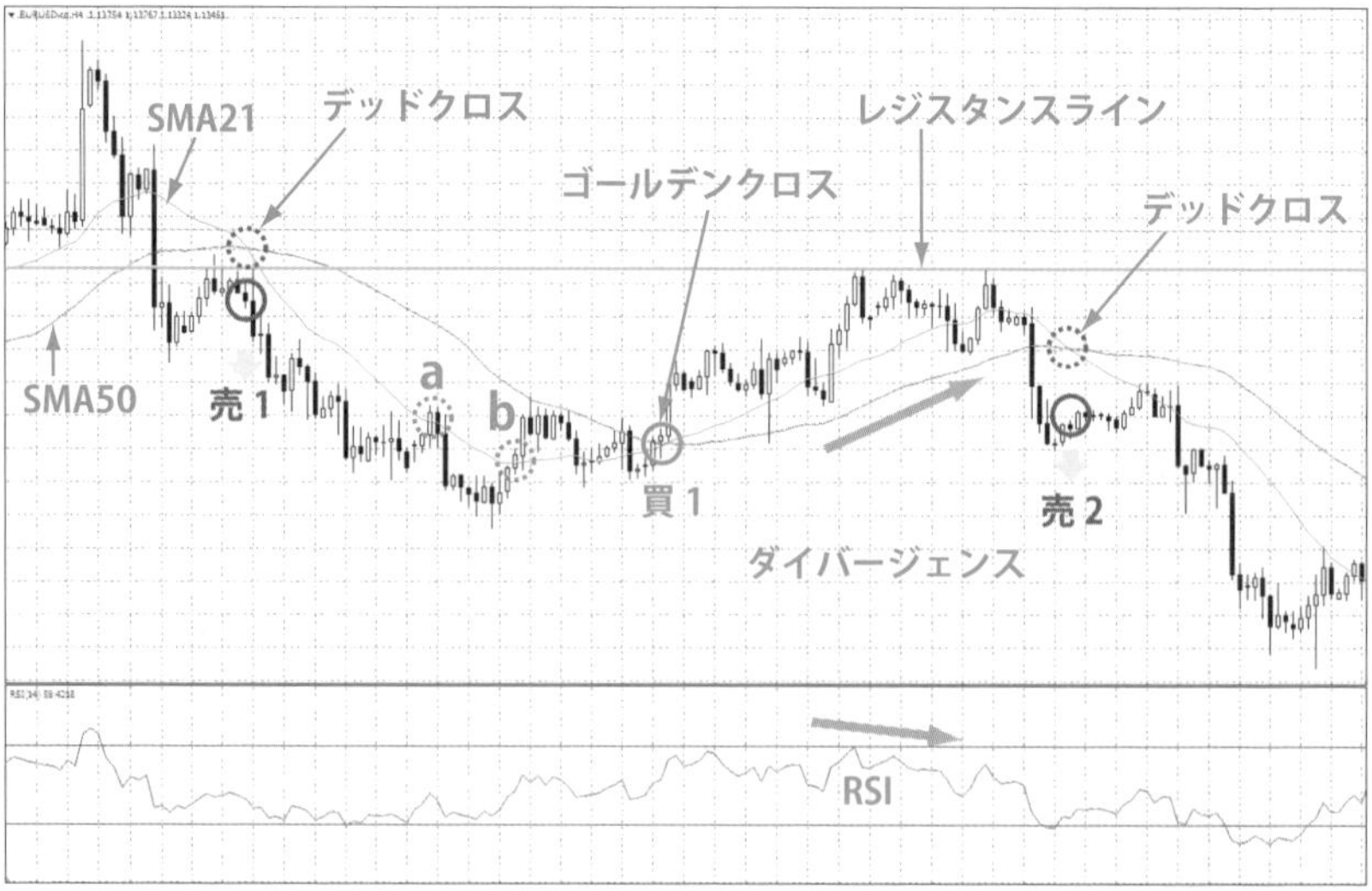

その後のレートはレジスタンスラインに達して上値を3回ほど抑えられており、また、RSIも**ダイバージェンスを発生**していることから「そろそろトレンド転換かな？」と察知できます。

そして、SMA21がSMA50を上から下へ抜ける「**デッドクロス**」が発生したのでそれを根拠に売りエントリー（**売2**）ができます。

復習ポイント❹

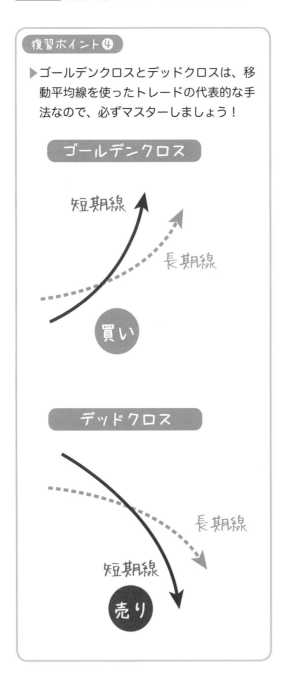

▶ゴールデンクロスとデッドクロスは、移動平均線を使ったトレードの代表的な手法なので、必ずマスターしましょう！

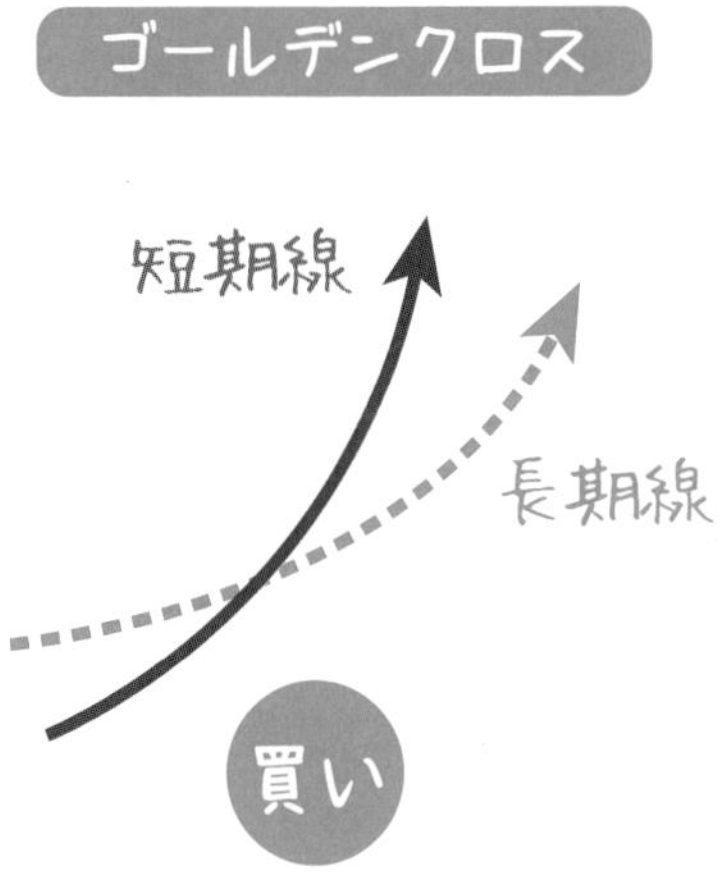

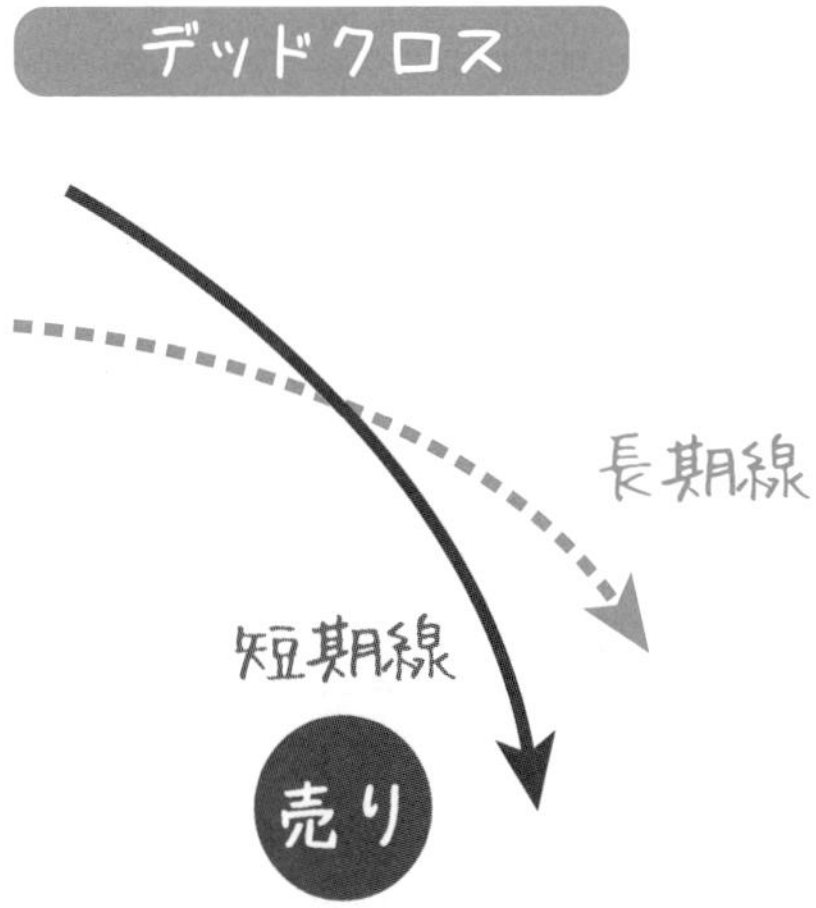

04

演習問題4
移動平均線のダマしを見極めよう

Q ダマしのシグナルを見つけてください

どんなテクニカル分析でも「100%」正確に未来を予想できるものは存在しません。場合によってはダマしとなり、失敗するケースもあります。ただし、経験値を上げて手法の精度を高めることで、**ダマしに遭う確率も減らす**ことができます。

今回のチャートでは、一見すると簡単にエントリーポイントを見つけられそうですが、ダマしの**リスクが高まっているシグナル**が出ており、それに気づけばダマしを回避できるでしょう。

使用するチャート分析

- 単純移動平均線（SMA）の期間21、50
- 水平線

● **どんなトレード戦略が思いつくでしょうか？**
今回は「水平線」の役割転換が起きている点に注目しましょう

SMA21
SMA50

米ドル／円　15分足チャート　2018年6月

ヒント

- クロスしている移動平均線の向きに注目しましょう。
- 水平線の役割転換を認識しましょう。

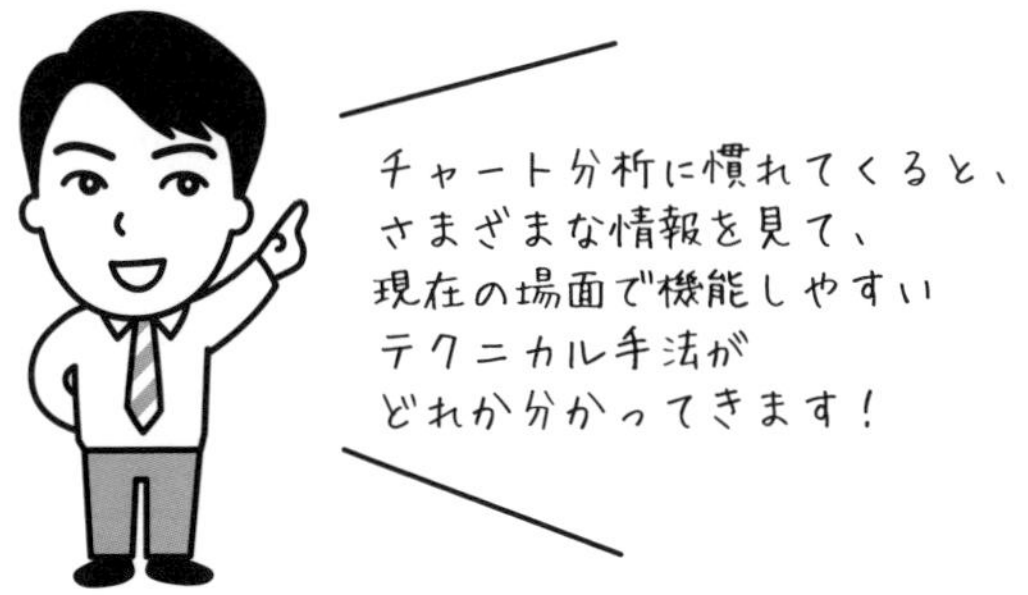
チャート分析に慣れてくると、
さまざまな情報を見て、
現在の場面で機能しやすい
テクニカル手法が
どれか分かってきます！

A

デッドクロスで売りシグナル？　移動平均線の方向でわかります

cの時点ではSMA21がSMA50を上から下へ抜けており、「**デッドクロス**」の**売りシグナル**のように思います。

ただし、**c**の時点で**SMA50は上向き**であり、中期のトレンドはまだまだ上昇であることから売りで仕掛けるにはまだリスクが高いと判断できます。

更に、移動平均線に加えて、**高値a**と**安値b**を結んだ**水平線がサポートとして機能**しており、問題のチャート時点でも反転が確認されることから、売りを仕掛けても水平線で反転して上昇するシナリオも描けます。

よって、ここは「**様子見**」をするか、SMA50のトレンドに沿って、水平線上での反転を根拠に**買1**で**エントリー**を行うことができます。

● デッドクロスで売りシグナル？　移動平均線が上向きなので様子見か買い

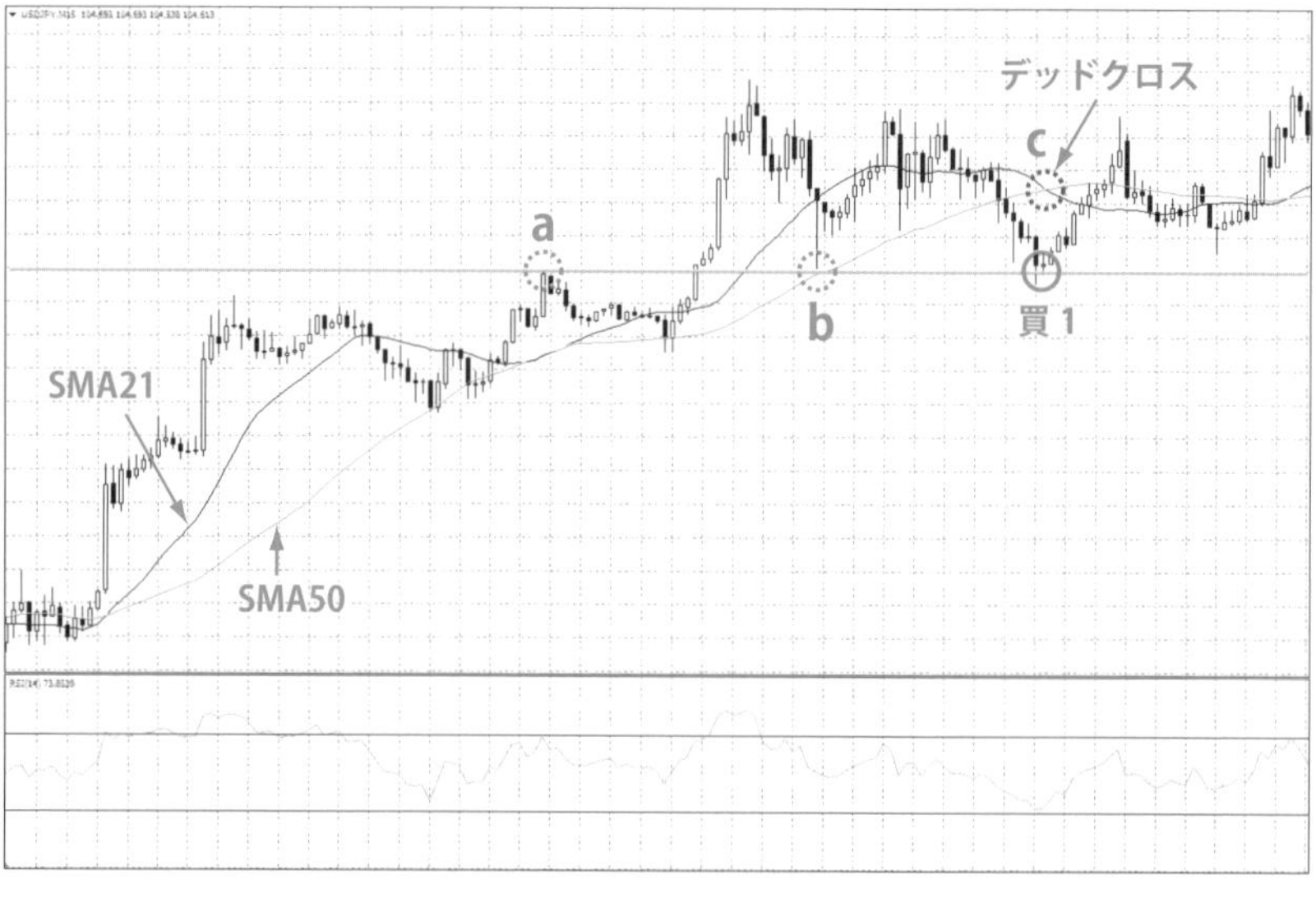

Episode 2

様子見は実力者にしかできない選択肢です

チャート分析で手法を覚えたての初心者は、いたるところが売買のチャンスに見えてくると思います。また、シグナルが出ていないにも関わらず、急に上昇する相場を見てついつい買ったり売ったりを繰り返してしまいます。

そんな時に意識して頂きたい感覚は、FX トレードで利益を上げることは、まさに「動物の狩り」と同じであるということです。例えば、肉食動物のチーターが遠くにいる獲物を見つけた時、何の考えもなしに見つけた瞬間に走り出しては獲物はサッと逃げてしまいます。これでは狩りも失敗に終わる可能性が高いと言えるでしょう。

逆に、獲物が近づいてくるのを徹底的に待って、徐々に自分と獲物との距離をじわじわと縮めて、確実に狩れそうだと判断して飛び出したら、成功する確率も高いです。

ここまで読まれた皆様であればもうお気づきだと思いますが、これはまさに FX と同じです。FX でも、為替レートが自分の売買ポイントとかけ離れた時点にある時は、トレードの成功率も低くなります。

一方で、**自分が狙ったポイントに相場が近づいてくるのを徹底的に待って**、手を出したくなる気持ちをグッと押さえて「これでもかというくらい待って」、狙ったポイントに来た相場に対してのみエントリーという矢を放つことで、**勝率は一気に上昇**します。

相場の世界では「**様子見こそ実力者の証拠**」と言われていますが、まさに、自分の得意とするポイントに相場が近づくまで、待てるか待てないかが、FX で稼げる人と稼げない人に分かれるポイントになってくるのです。

自分の得意とする
必勝パターンを見つけて、
技が発動できる環境になるまで
徹底的に待っていきましょう！

05

演習問題5 グランビルの法則を正確に理解しましょう

Q ダマしのシグナルを見つけてください

重要な箇所なので書籍の中で何度も触れていますが、**グランビルの法則でローソク足と移動平均線がクロスした際は、その時の移動平均線の「向き」に注意**する必要があります。

次のチャートでは、ローソク足がＳＭＡ21とＳＭＡ50を順番に上抜けしていますが、はたしてこれらは買いのサインとなるでしょうか？

グランビルの法則を正確に理解しているあなたなら、もうこの問題に迷うことはなく瞬時に判断できるでしょう。

使用するチャート分析

● **単純移動平均線（SMA）の期間21、50**

● どんなトレード戦略が思いつくでしょうか？
「グランビルの法則」で、移動平均線の向きに関する注意点を思い出しましょう

SMA21
SMA50

豪ドル／円　30分足チャート　2020年1月

ヒント

● レートが移動平均線を上抜けする時は、移動平均線の向きは「横向きまたは上向き」であることを確認しましょう。

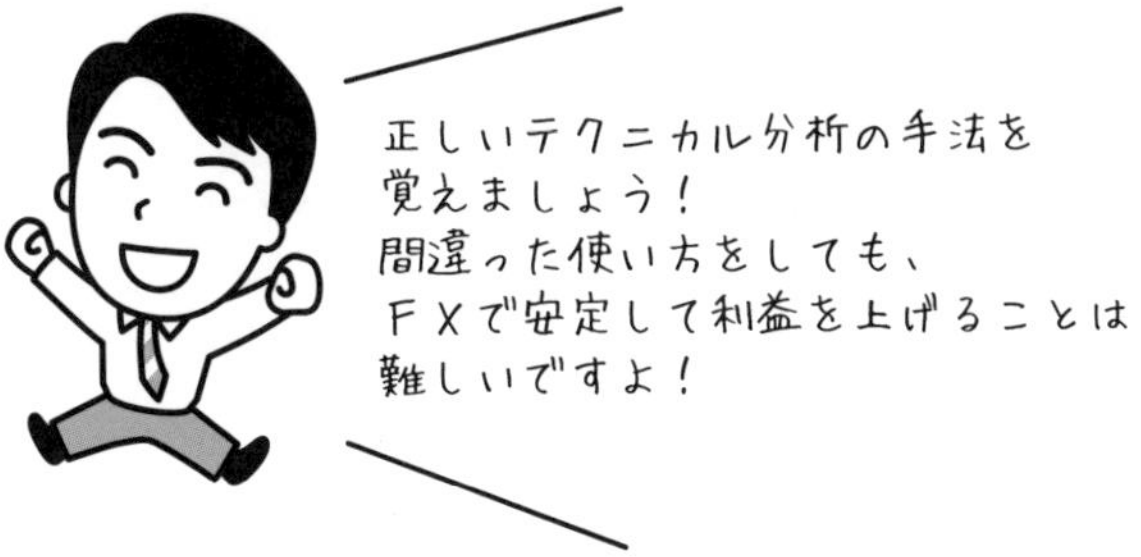
正しいテクニカル分析の手法を
覚えましょう！
間違った使い方をしても、
ＦＸで安定して利益を上げることは
難しいですよ！

A
移動平均線が下向きのときはローソクが上抜けても×

　aの部分でローソク足がSMA21を上抜けしていますが、その時の**SMA21の向きは下向き**なのでグランビルの法則における買いのポイントに該当しません。bも**SMA50の向きが下向き**なので同様です。

　その後の値動きを見るとSMA50は下向きのままで、レートは一旦SMA50の上に抜けたものの、売り圧力が強く再び下落しているのが確認できます。

　仮に、その後に売りエントリーを狙うならば、**移動平均線の向きが下向きでレートが下から上へ近づき反落する**売1の箇所です。

　利益確定は、ゴールデンクロスが発生した時点が良いでしょう（ローソク足がSMA21やSMA50を抜けた時点もありですが、その時はまだSMA21、50の向きは下向きなので保有し続けても良いと言えます）。

● 移動平均線の向きに注目してエントリーしよう

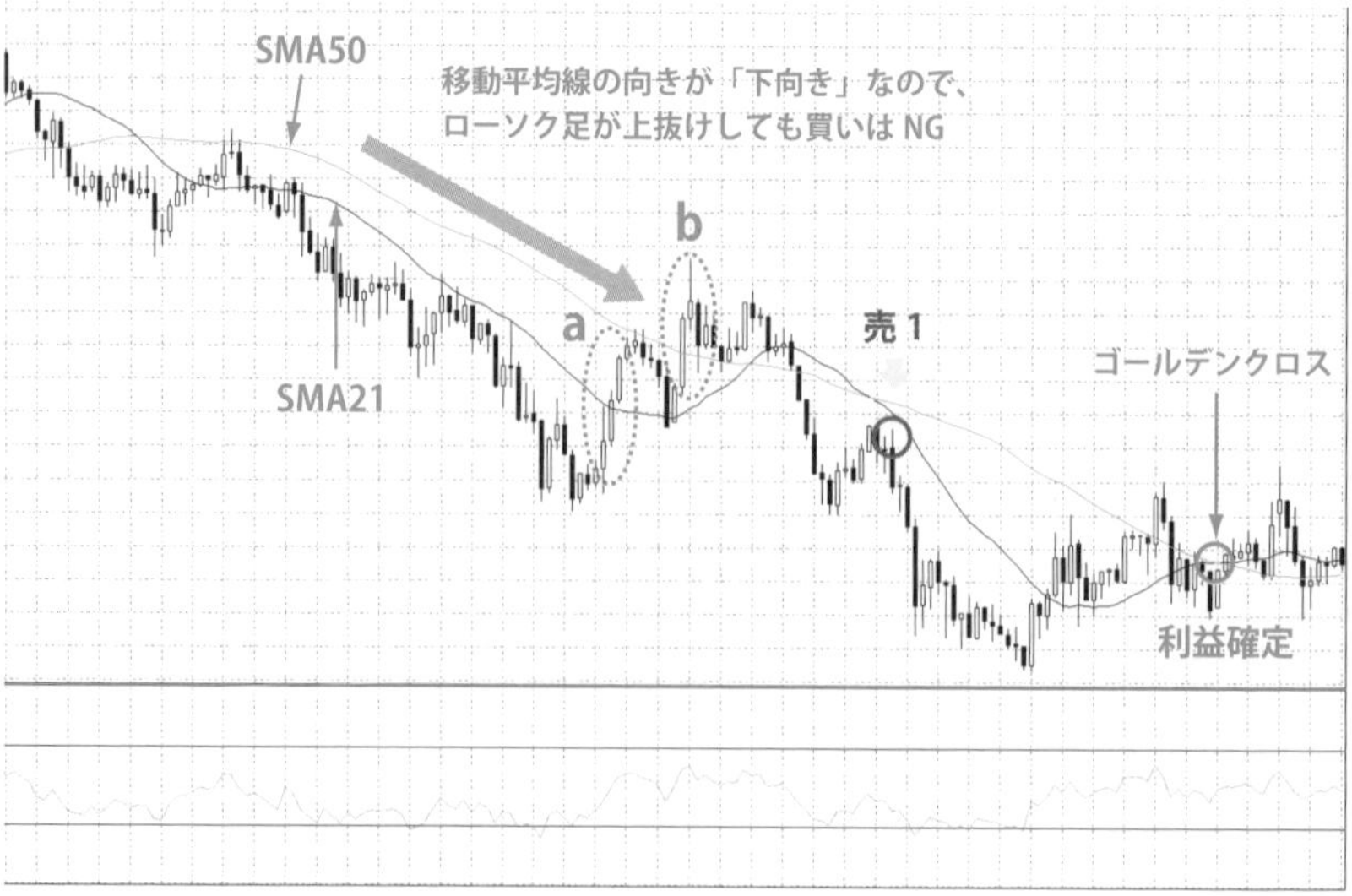

Episode 3

感情的になった瞬間にFXでは勝てない

FXは自分の大切なお金が増えたり減ったりするので、頭ではダメと理解していても、負けが続くと恐怖を感じたり、怒りを覚えたりします。しかし、感情にメンタルを支配された状態でトレードをし続けても、たいていの場合は悪い方向にしか行きません。

特に、**負けた分を取り返そうと熱くなるのは厳禁**です。マイナスを取り返そうと、ロットを通常の2倍にしたり、エントリー根拠でもない場面でトレードを繰り返すことは、ますます状況を悪い方向へ進めることになるでしょう。結果的に、当初のマイナスより更にマイナスが拡大することが大半を占めるでしょう。

そうではなくて、**負けた時こそ冷静に**なるのです。私は、1日のトレード回数や損失額に上限を設けることをおすすめしています。例えば、「1日にトレード回数は2回まで」「1日の損失額は5万円まで」といった形です。

そして、それに達したら潔くその日は相場から離れましょう。チャートを見るとついつい取引してしまう人は、パソコンやスマホの電源を切りましょう。それでも、相場が気になってログインしてしまう人は、何か別の予定を入れて、相場のことを完全に忘れることを意識しましょう。

感情が熱くなった状態では、負ける可能性が高くなるので、いかにそのような時に取引を控え、頭を冷やしてまた相場に戻れるかが大切になってきます。

感情はFXの大敵です！
いかに自分の感情を
コントロールできるかが
重要になってきますよ！

06

演習問題6
「スクイーズ」と「エクスパンション」に着目！

Q **ボリンジャーバンドでのエントリー&利確を見つけてください**

ボリンジャーバンドは**ボラティィリティ（相場変動率）の変化**を視覚的に表したものです。バンドが縮まっている時はボラティィリティが小さい時、バンドが広がっている時はボラティィリティが大きい時です。ボリンジャーバンドはそのバンドの動きに注目し、「**スクイーズ**」と「**エクスパンション**」を見つけることで、トレンド発生をとらえることができます。

次のチャートでは、ボリンジャーバンドを使って**どの時点でエントリー**し、利益確定はバンドがどうなったらするべきか考えてみましょう。

使用するチャート分析
- **ボリンジャーバンド　±2、3σ**

● **どんなトレード戦略が思いつくでしょうか？**
ボリンジャーバンドの「スクイーズ」と「エクスパンション」に注目しましょう

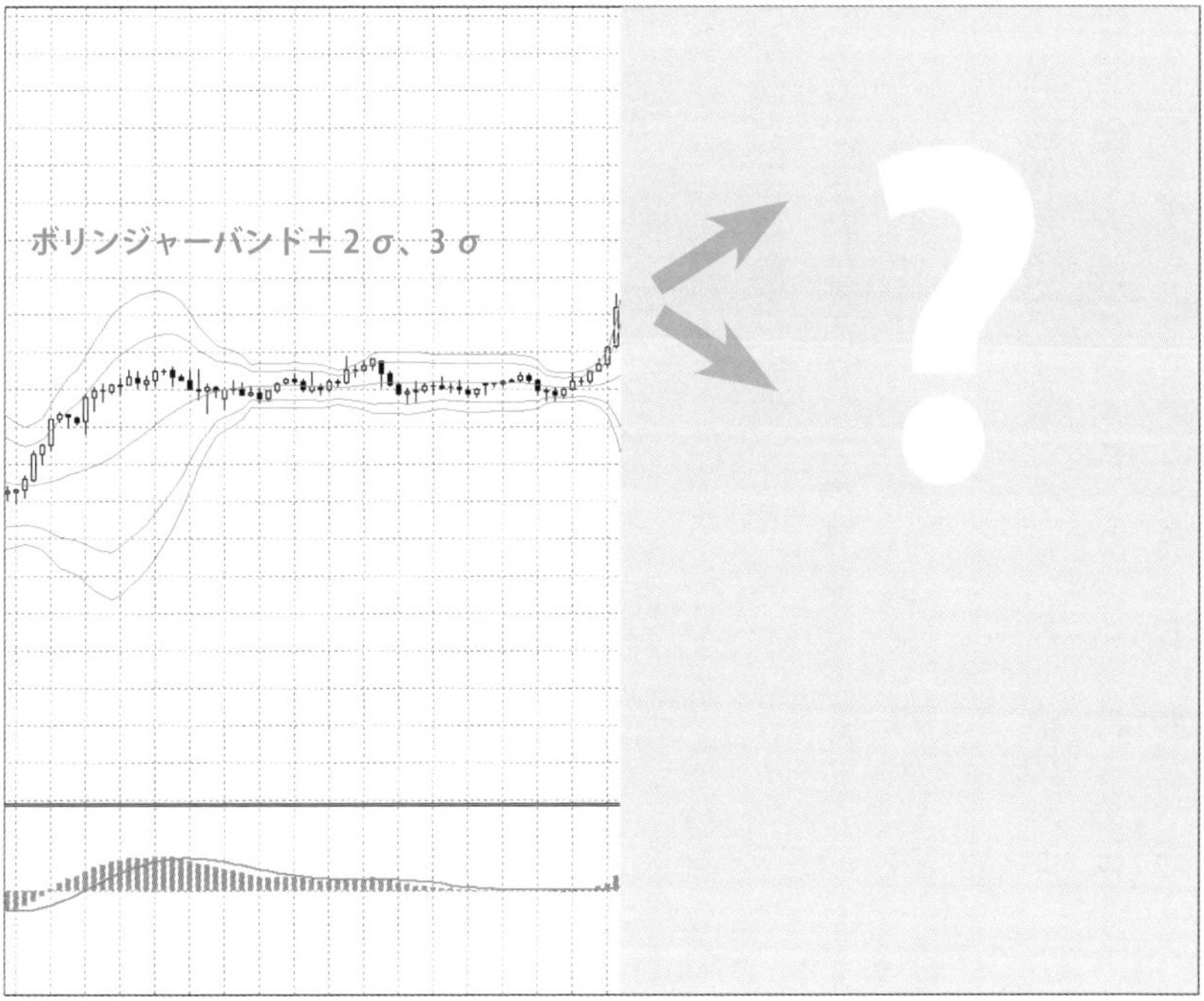
ボリンジャーバンド±２σ、３σ
?

米ドル/円　4時間　2020年3月

ヒント

●スクイーズ ⇒ エクスパンションの流れを再確認しましょう。

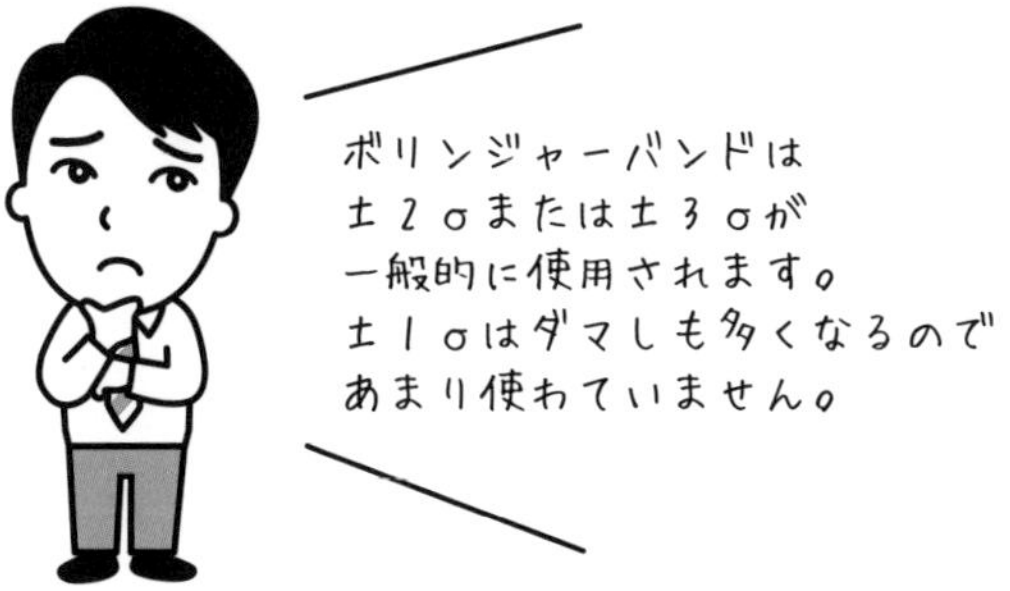
ボリンジャーバンドは
±２σまたは±３σが
一般的に使用されます。
±１σはダマしも多くなるので
あまり使われていません。

A

エクスパンションでエントリー反対の2σが縮まり出したら利確

ボリンジャーバンドの±2σ（または±3σ）のバンドが縮まっている状態が「**スクイーズ**」で、値動きが小さくなり次のトレンド発生に向けてエネルギーを貯めている状態です。

そして、スクイーズからバンドが両側へ一気に広がる状態が「**エクスパンション**」です。

今回のチャートはスクイーズから**エクスパンションが起こる直前と認識**できるので、ローソク足が**＋2σ（または＋3σ）の外側で確定**したのを確認して次のローソク足で**買いエントリー（買1）**できます。

また、**利益確定のタイミング**は、**反対側のバンドが縮まり出した時**が目安になり、実際にその後はトレンドが上昇から下降に転換しているのが分

● エクスパンションの＋2σの外にローソクが出たらエントリー

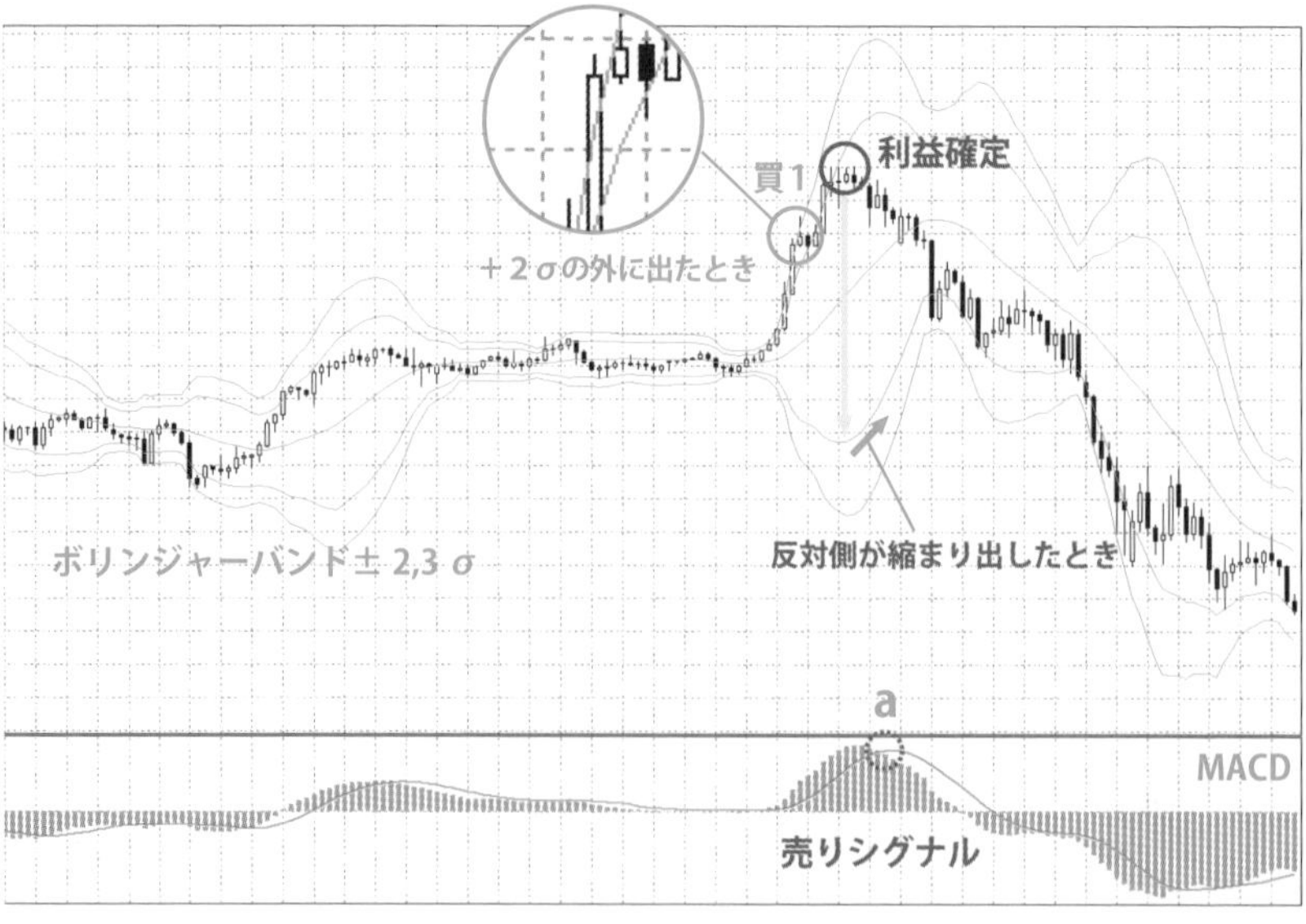

かりますね。

ちなみに、**MACD**を見ると、利益確定の直前にMACDラインの向きが上向きから下向きに変化している他、MACDラインがシグナルラインを上から下にクロスしており、**売りシグナルが出ている**ので、これも利益確定の根拠に使用できますね。

復習ポイント⑤

▶ボリンジャーバンドは相場のボラティリティの変化を示したものです。

▶スクイーズ：バンドが縮まって値動きが小さい時

▶エクスパンション：バンドが広がって値動きが大きい時

【トレードの流れ】

1. バンドのスクイーズを見つける
2. エクスパンションでローソク足が抜けた方向へエントリー
3. 反対のバンドが縮まり始めたら利益確定

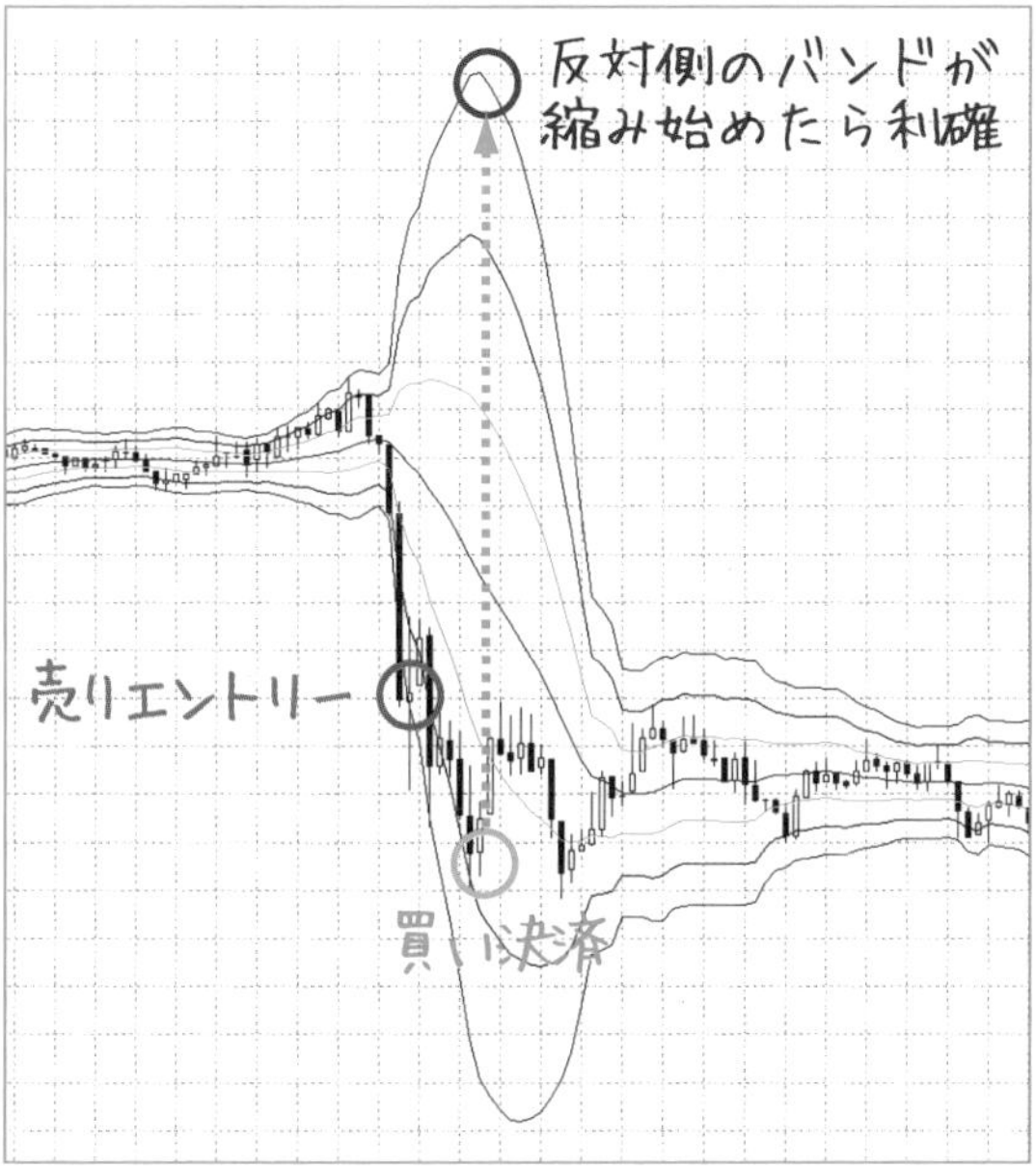

07

演習問題7

ボリンジャーバンドで連続して利益を上げましょう

Q

2回のトレードチャンスを見つけてください

次もボリンジャーバンドの問題です。

今回のチャートでは、ボリンジャーバンドを使って**2回トレードチャンス**があります。

ボリンジャーバンドのスクイーズとエクスパンションを使ったトレード手法を今回でマスターしましょう。

また、**MACDも補助インジケーター**として利益確定の時に使ってみてください。

使用するチャート分析

- **ボリンジャーバンド　±2、3σ**
- **MACD**

● どんなトレード戦略が思いつくでしょうか？
ボリンジャーバンドは連続したトレードでも活躍します

ボリンジャーバンド±２σ、３σ

ユーロ／米ドル　15分足チャート　2018年5月

ヒント

●スクイーズ ⇒ エクスパンションの流れを再確認しましょう。

ボリンジャーバンドは
オシレーターのＭＡＣＤと
セットで使われることが
多いですよ！

A

±2σの外に出たらエントリー MACDとダマしにも注意する

下落トレンドの後、バンドが縮まり**長いスクイーズ**が発生しています。

スクイーズが長いということは、売りと買いが拮抗している分、一度均衡が崩れて動き出すと、**一気にその方向にトレンドが出やすく**なります。つまり、トレンドの初動をとらえられれば、大きな利益を狙えるチャンスです。

実際にスクイーズの後にバンドが急に広がり出し、－2σ（または－3σ）の**外でローソク足が確定**したのを確認したら売1でエントリーできます。

その後、**反対側のバンドが縮まった時点が**利益確定1**のポイント**です。

● エクスパンジョン⇒スクイーズ⇒エクスパンションの流れをつかむ

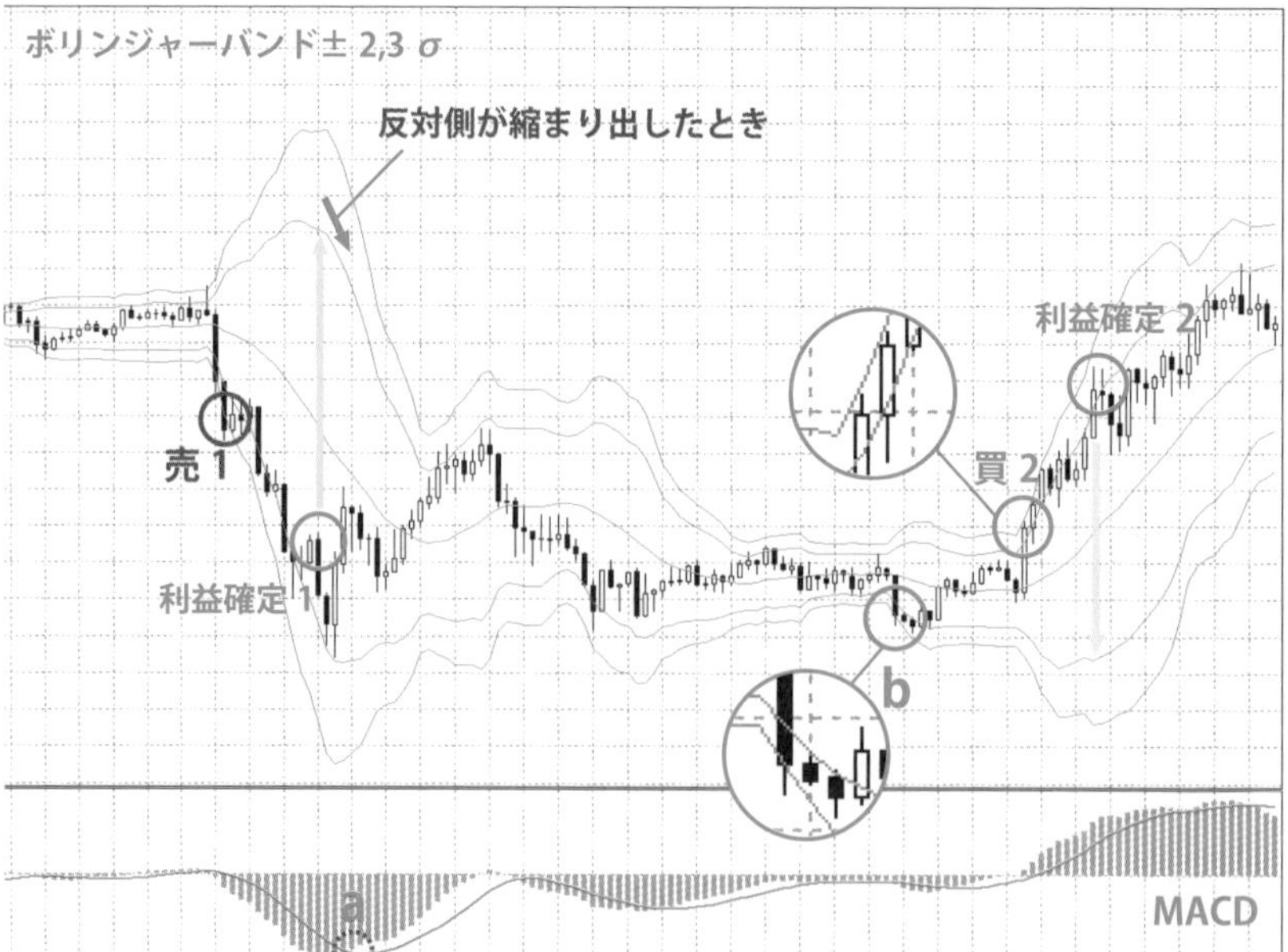

この時、**ＭＡＣＤもが下向きから上向きに変化**している他、**ＭＡＣＤラインがシグナルラインを下から上へ抜け**ており、トレンド転換が起きる可能性を示唆しています。

その後、バンドは再び縮まりスクイーズの発生です。

次のエクスパンションを狙うことになりますが、**b**の時点で－２σを抜けたもののバンドは広がらずダマしになっています。

このように**ボリンジャーバンドの手法も、ダマしに遭い失敗**するリスクも当然あります。そのようなときはすぐに損切りをして、次に気持ちを切り替えることが重要です。

そして、再度バンドが縮まり、**買２**の時点で＋２σを抜けてバンドが広がりエクスパンション発生です。

買２でエントリーした後は、利食いの目安は反対側のバンドが縮まり出した時点（**利益確定２**）が目安となります。

復習ポイント⑥

▶ **MACDの使い方**

① ＭＡＣＤラインとゼロ値とのクロス

② ＭＡＣＤラインの向きの反転

③ ＭＡＣＤラインとシグナルラインとのクロス

④ ＭＡＣＤラインのダイバージェンス

08

演習問題8

移動平均線とライン分析、RSIの組み合わせでトレードをしよう

Q

同じ方向を向く複数シグナルを見つけてください

今回のチャートでは、**2種類の移動平均線とRSI**のインジケーターを表示し、それに加えてライン分析を追加してトレードアイディアを考えてみましょう。

複数のシグナルが同じ売買方向を示す時、根拠はより強固なものになりますよ。

使用するチャート分析

- **単純移動平均線（SMA）の期間21、50**
- **ライン分析（水平線、トレンドライン）**
- **RSI**

● どんなトレード戦略が思いつくでしょうか？
「２つの移動平均線」と「RSI」、「水平線」に注目しましょう

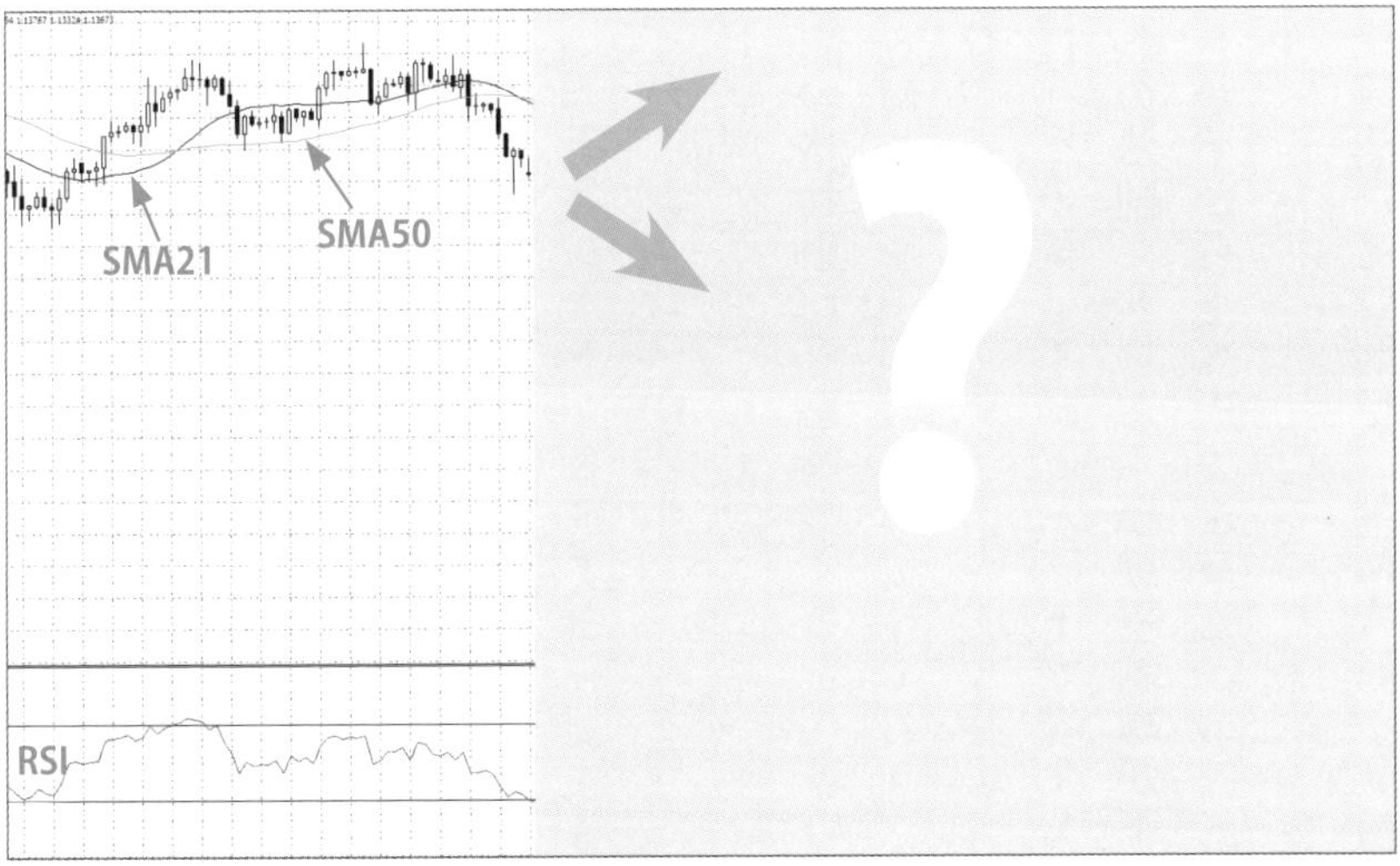
SMA21
SMA50
RSI
?

ユーロ／米ドル　4時間足チャート　2018年4月

ヒント

- 高値と高値を結んで水平線を引いてみましょう。
- ＲＳＩのダイバージェンスを見つけましょう。
- 移動平均線のクロスを認識しましょう。

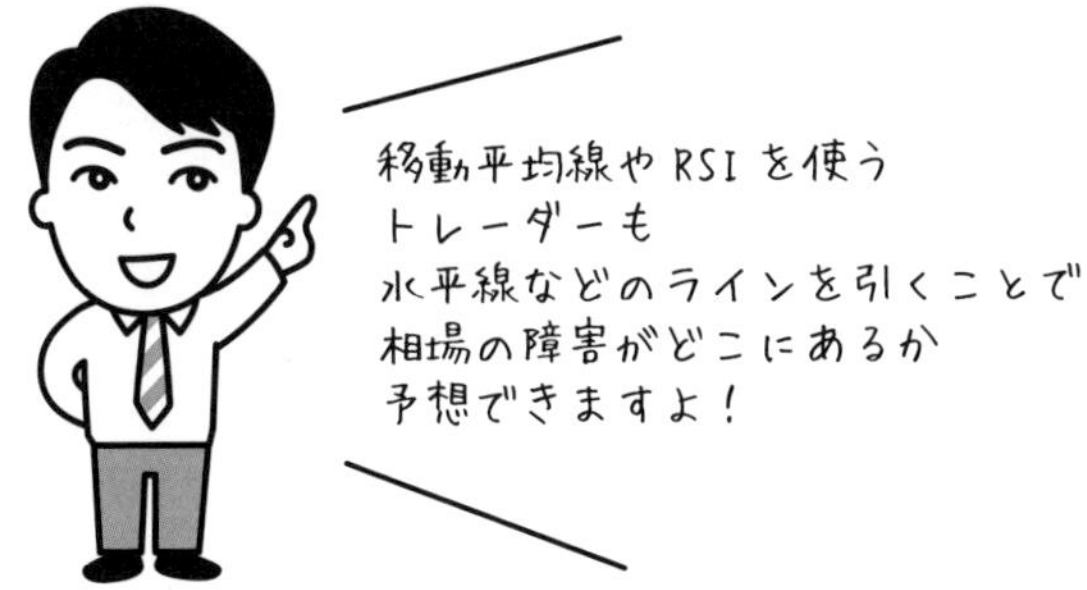
移動平均線やRSIを使う
トレーダーも
水平線などのラインを引くことで
相場の障害がどこにあるか
予想できますよ！

A ダイバージェンスで転換を察知しグランビルの法則で売りに入る

高値a、高値b、そして高値cを結んで**レジスタンスラインを引く**ことができ、3回も上値が抑えられていることがわかります。

そして、為替レートとRSIを確認すると、逆行現象の**ダイバージェンスが発生**しているので、「そろそろトレンド転換が近い」と予想できます。

2種類の移動平均線を確認すると、dの部分でSMA21がSMA50を上から下へ抜けており、**デッドクロスで売り**のエントリーポイント（売1）となります。

実際に、その後は下降トレンドが発生しており、**グランビルの法則**における「**移動平均線が下向きの場面でレートが下から上へ近づき反落**」の箇所（売2、売3、売4）でも売りを仕掛けることができます。

利益確定のポイントは、SMA21がSMA50を下か

● グランビルの法則を使うと、売りのポイントが複数あるのがわかる

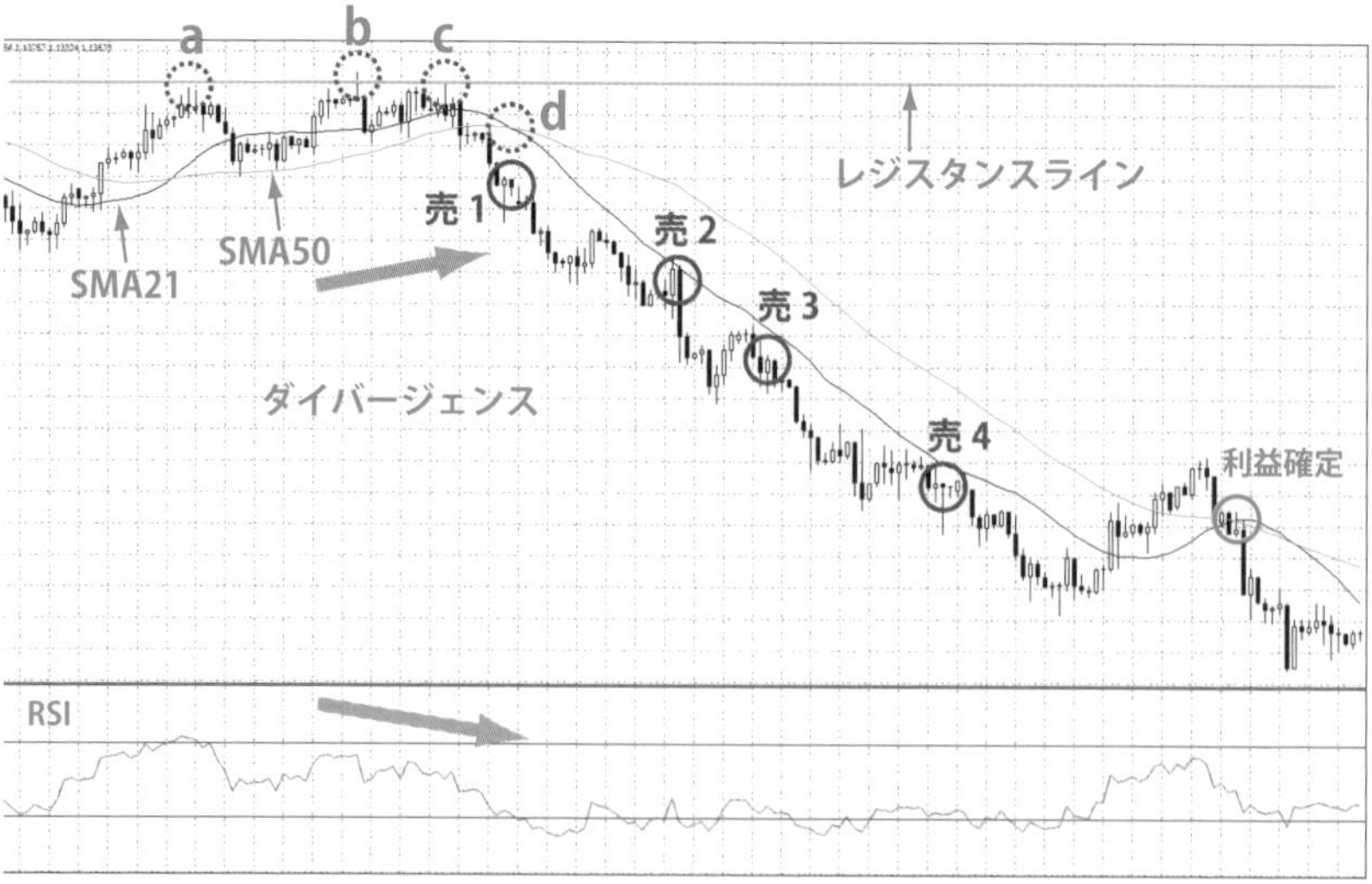

ら上へクロスした**ゴールデンクロス**の箇所が目安となります。
その後もレートは下落していますが、底と天井をピッタリ予想することは難しいので、頭と尻尾は切り捨てるくらいの気持ちを持ちましょう。

復習ポイント❼

▶トレンド転換を示唆するチャートパターン

・実際のチャートでは、若干形が崩れたり、ネックラインが斜めに引けるパターンもあります。

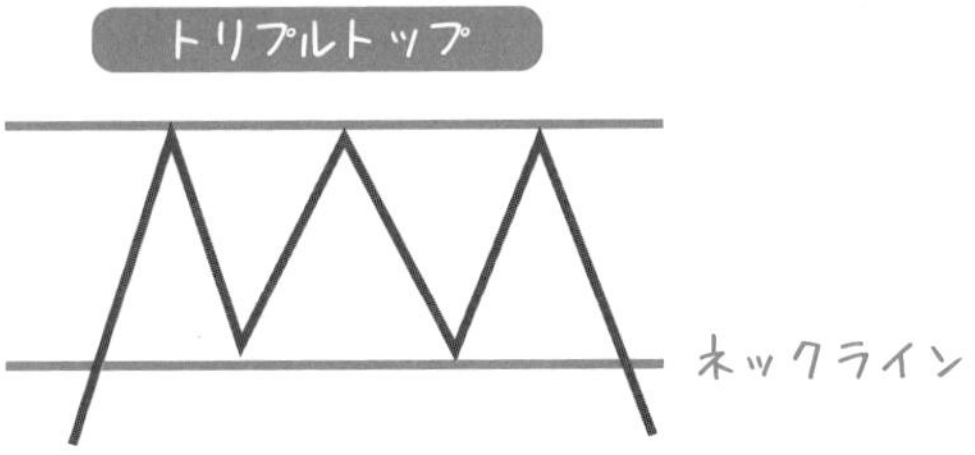

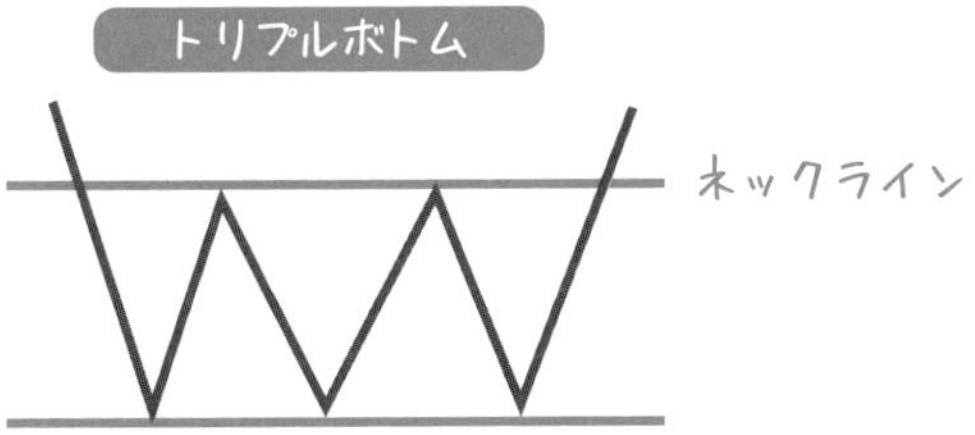

復習ポイント❽

▶今回も崩れたトリプルトップ（※ネックラインが斜め）が完成しています。

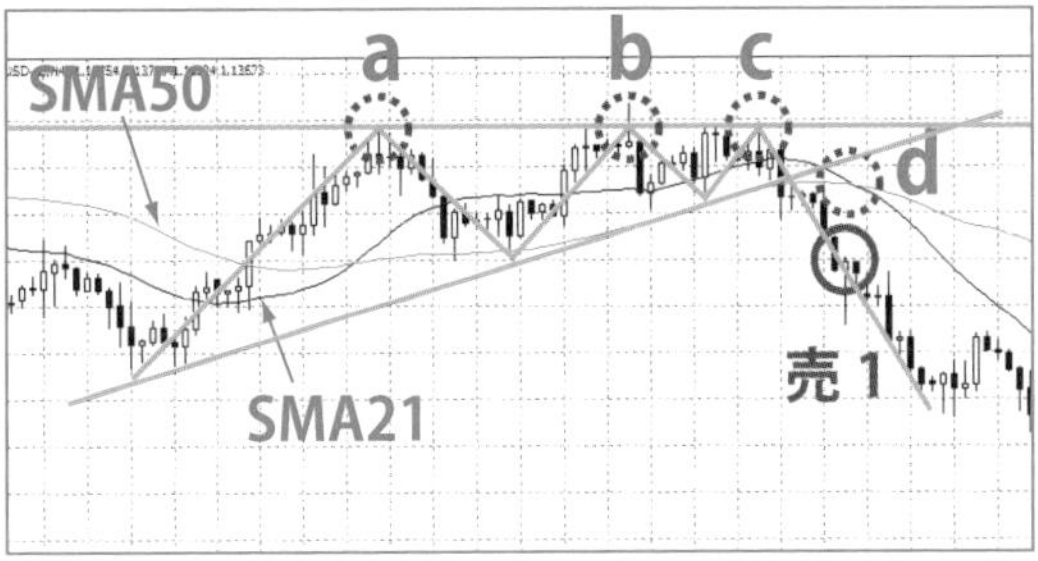

09

演習問題9 MACDをメインにトレードをしてみましょう

Q MACDだけでトレードアイデアを見つけてください

ＭＡＣＤは移動平均線を発展させたものであり、**ＭＡＣＤだけ**を使っても**移動平均線と同じような売買シグナル**を認識することができます。

今回のチャートでは、トレンド系のインジケーターはなしで、ＭＡＣＤをメインに使ってトレードアイディアを考えてみましょう。また、**補助的にライン分析を使う**のも効果的ですね。

使用するチャート分析
- ＭＡＣＤ
- 水平線

どんなトレード戦略が思いつくでしょうか？「MACDと為替レートの関係」と、「水平線」が引けないか考えてみましょう

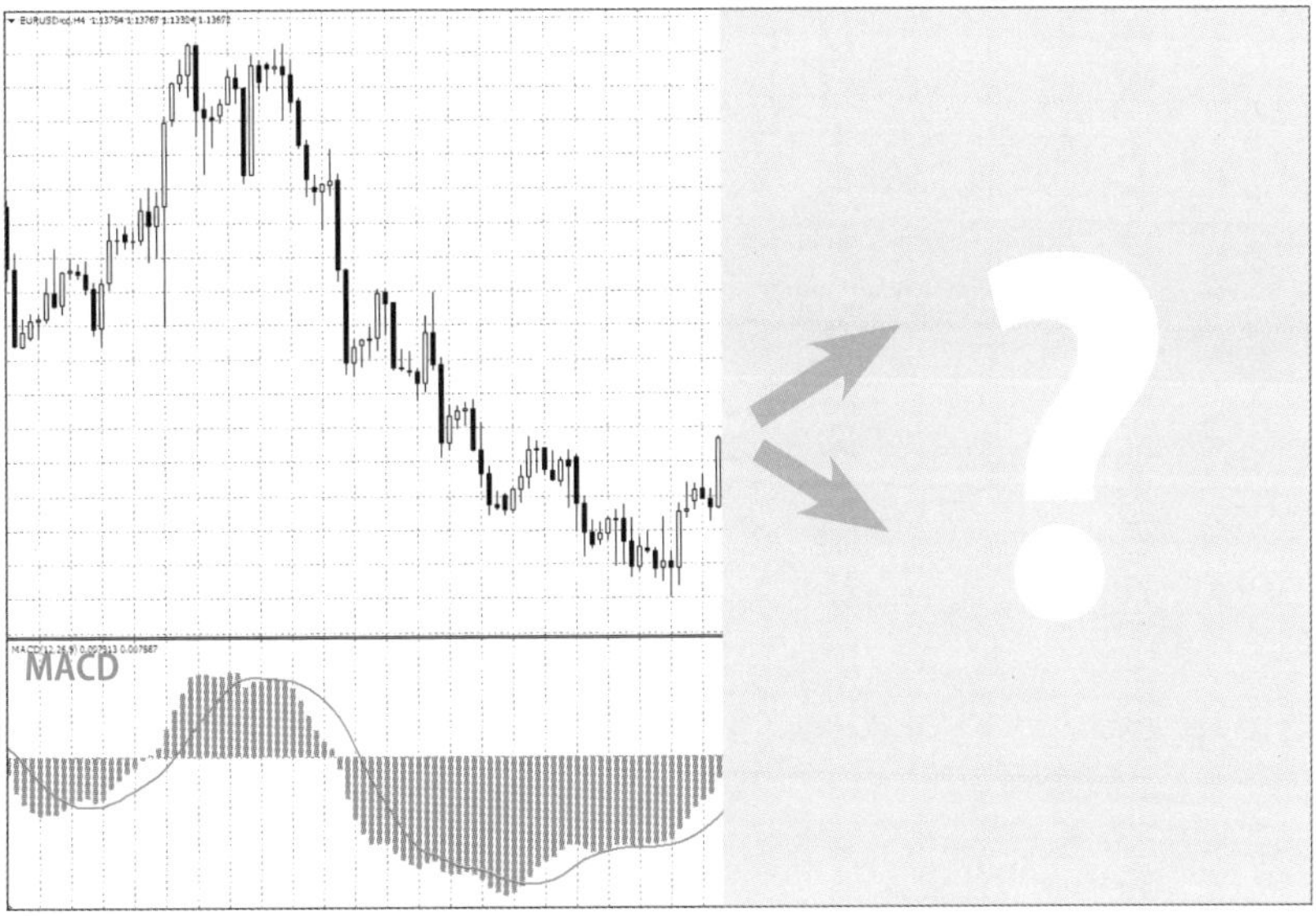
MACD
?

ユーロ／米ドル　4時間足チャート　2019年11月

ヒント

- MACDは移動平均線の発展形であることを思い出しましょう。
- 水平線の役割転換を見つけましょう。

MACDの使い方もしっかりと
ここでマスターして
使いこなせるように
なりましょう！

A MACDでダイバージェンスを見つけ、ゴールデンクロスで買い

MACDを確認すると、

①逆行現象である**ダイバージェンス**が発生し

②**MACDラインの向きが下向きから上向き**に変化し

③MACDラインが**ゼロラインとクロス**しているのが確認できます。

MACDラインが下からゼロラインとクロスするのは**ゴールデンクロスと同じ**なので、ここが買いポイント（**買1**）となります。

また、その他の根拠として、**安値a**、**高値b**、**安値c**を結んで**水平線**が引けており、**安値c**の時点で**サポートラインに支えられて反発**している点も買いの根拠をいっそう強めてくれていますね。

● MACDではダイバージェンス、ゴールデンクロスが確認できる

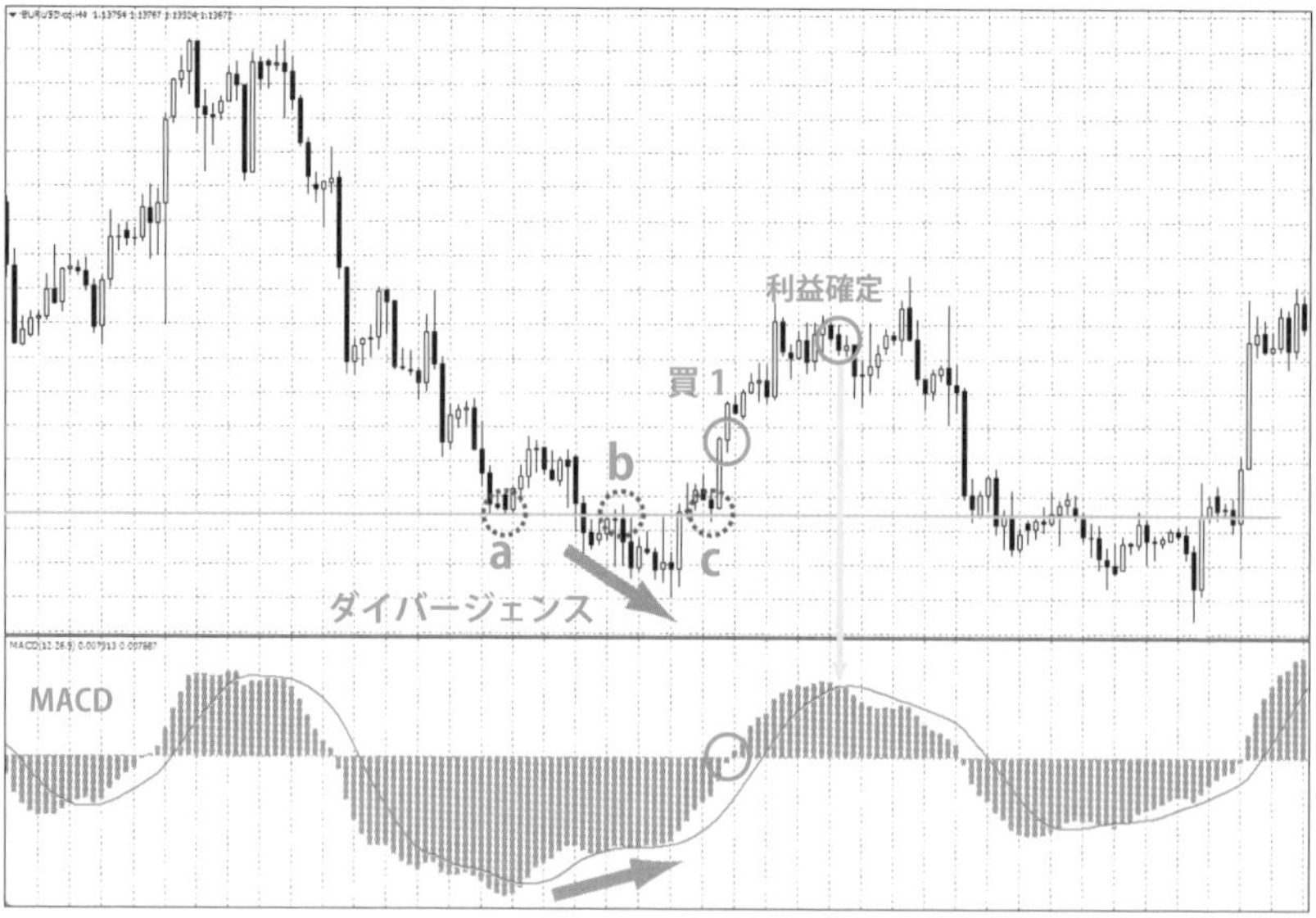

7時限目 FXの世界で稼ぎ続けるために

FXチャートの読み方は
マスターできましたか？
ここでは、やってはいけ
ない取引、情報収集、FX
で得た資金の分散化など
についてまとめました。

01 ＦＸ初心者が負ける4つの理由

1 負ける理由を事前に知り注意しよう

ＦＸで勝てていない人には、ある共通のパターンがあります。

逆に言うと、それらを事前にしっかりと理解し、回避するような行動を取るだけで、グッと稼げるようになります。

私自身の経験やＦＸ初心者の方と交流していく中で分かった、**負けている人の理由**は左頁下図の４つに集約されます。

リスクリワードはこの本で何度も解説してきたので、もう大丈夫でしょう。

これからは残りの３つ、**ナンピン買い**、**根拠のない取引**、**正常性バイアス**について解説します。

2 ナンピン買い（売り）は基本的にしてはダメ

ナンピンとは、買い建玉を既に保有していて、**価格が下がった時に更に買い増し**をして**平均購入レートを引き下げる方法**を言います。売りの場合も同じで、売り建玉を保有していて、価格が上がった時に売り増しをすることです。

ナンピンは、上手くやれば損切りを回避できる上に、より大きな利益を得られるので、まるで必勝法のように考えている投資家も多いです。

しかし、基本的にナンピンは邪道であり、短期トレードにおいてはデメリットの方がはるかに大きいです。

誤解を避けるために補足すると、**ナンピンにも有効な使い方があります**。それは、最初からナンピンを視野に入れて購入タイミングを分けている時や、レバレッジ1倍程度の積立・長期運用戦略を取っているケースです。これらは戦略的なナンピンの使い方と言えます。

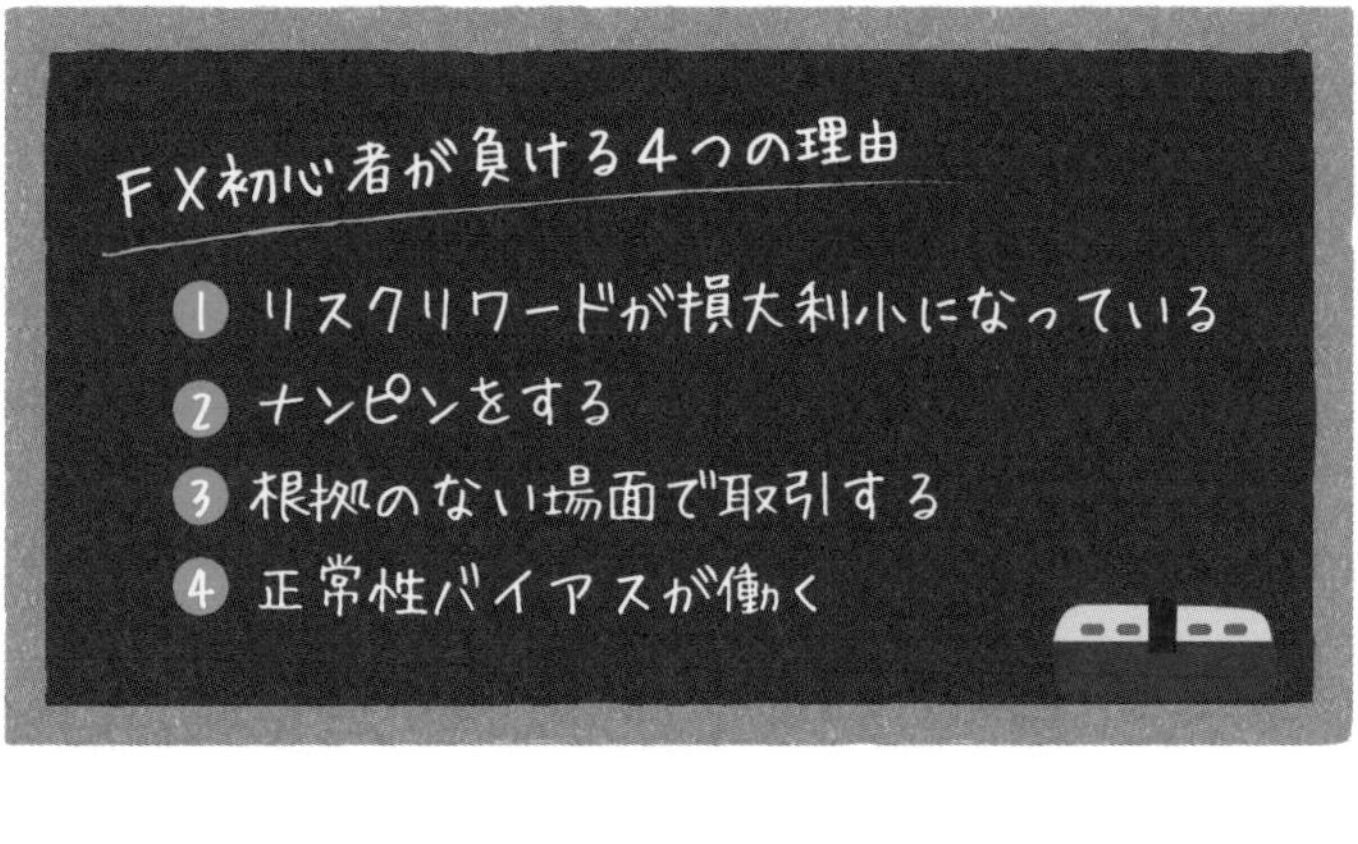
FX初心者が負ける4つの理由
1 リスクリワードが損大利小になっている
2 ナンピンをする
3 根拠のない場面で取引する
4 正常性バイアスが働く

ナンピンが有効な時

- **最初からナンピンをするつもりで資金を分散している**
- **レバレッジを1倍程度に抑えて長期運用戦略を取っている**

レバレッジをかけて短期決戦のつもりでエントリーしたのに、相場が逆の方向に動いて**損切りが嫌だという理由でナンピンをすることは厳禁**と覚えておきましょう。

3 根拠のない時は徹底的に様子見しましょう

トレード回数が多い人は、例外なく負けています。これは、スプレッド分だけコストがかさむこともそうですが、本来は**様子見するべき場面で手を出してしまい不要な負けが発生**しているからです。

チャートを見ていると、急な値動きに惑わされ、興奮して手を出したくなります。

また、最近だとTwitterやYouTubeなどで簡単に他の投資家の動きがわかり、自分も乗り遅れまいと焦ってしまう気持ちになります。

ただし、後から振り返って「手を出すべきじゃなかった…」と後悔しても手遅れです。ＦＸをしていけば、これから無限にチャンスが訪れます。

そのチャンスの中から、**自分の得意とする勝率の高いチャンスのみをいかに選択できるか**が、勝てる人と負ける人の境目になってきます。

勝ちパターンを見つけたら、それのみに集中し、それ以外は無視するようにしましょう。

4 自分だけ特別と思ってはいけません

人間には「**正常性バイアス**」と言って、何か**都合の悪い情報を「自分には関係ない」「自分だけは大丈夫」というように解釈**してしまう特徴があります。

東日本大震災の津波の時も、警報が出ているにも関わらず、それを知りながら逃げない人がいたと指摘されています。

そして、この正常性バイアスは相場の世界でもかなり悪い方向に働きます。特に注意したいのが**含み損を抱えている時**です。

例えば、悪いニュースが出ているのにそれを無視して、良いニュースのみを過大評価して**自分に都合の良いように物事を解釈**します。

また、含み損がどんどん拡大して損切りを早くするべきなのに、**自分だけはきっと助かると根拠のない希望**にすがります。

FXをする際には、常に**最悪のケースを想定しましょう**。そして、自分も危ないと常に考えることが逆に上手くいくコツだったりするのです。

02 役に立つFX情報サイト

1 REUTERS（ロイター）

チャート分析でトレードする投資家も、最低限の日々の**ファンダメンタルズ情報**は仕入れておくべきです。私が毎日チェックしている無料で使える情報サイトの1つ目は、国際ニュース通信社の「**REUTERS**（ロイター）」です。ロイターはイギリスに本社を置く海外企業ですが、日本語版のサイトもあって経済、株式、ビジネス、為替と様々なニュースを読むことができます。

特に外国為替情報に関しても情報が豊富であり、各時間帯の為替の値動きや、どんな材料で動いたのかを詳しくレポートでまとめてくれています。

● REUTERS（ロイター）　https://jp.reuters.com/

朝起きてその日の戦略を練る際に、前日の動向をチェックするだけでもその日の見通しを立てるのに役立ちます。

また、各金融機関のエコノミストやストラテジストなど、市場関係者の分析コメントも掲載されているのでとても参考になります。

2 Bloomberg（ブルームバーグ）

2つ目の情報サイトは、金融・経済の情報通信社として世界的に有名な「**Bloomberg**（ブルームバーグ）」です。ブルームバーグはアメリカの企業ですが、こちらも日本語版の情報サイトがあり、最新のマーケット関連のニュースを見ることができます。

為替は株式市場や債券市場、そして世界各国の金融政策や経済動向の影響を受けて動きますが、グローバルでどんなことが起きているのかを知る際に、ブルームバーグはとても役に立ちます。

● Bloomberg　https://www.bloomberg.co.jp/

ブルームバーグは金融機関で働くプロ（市場関係者）も情報ターミナルとして使っているので、FXトレーダーも必ず見るべきニュースサイトと言えるでしょう。

3 三井住友銀行 外国為替情報

3つ目の情報サイトは、3大メガバンクの1角である三井住友銀行の外国為替情報に掲載されている「**SMBC FX MARKET REPORT**」です。

法人や個人の外国為替取引を扱う三井住友銀行の市場関係者が執筆しているレポートであり、前日の相場回顧と本日の相場予想など、情報がよくまとまっています。

また、外国為替市場の第1線で活躍する銀行ディーラーの予想分布（ブルベアイメージ）なども載せてく

● 三井住友銀行　外国為替情報
https://www.smbc.co.jp/market/

れており、プロがどんな相場観を持っているのかを知ることができるので参考になります。

4 有料も含めた有益な情報ソース

その他、私が活用している情報ソースは次のサイトがあります。

「日本経済新聞」
「テレビ東京ビジネスオンデマンド」
「野村證券」
「三菱UFJモルガンスタンレー証券」
「各FX会社（10社以上）」

日本経済新聞は日本を代表する経済新聞であり説明は不要だと思いますが、経済やビジネス、マーケット情報まで幅広く情報が入手できます。

テレビ東京の**ビジネスオンデマンド**は、月額

● **日本経済新聞**
https://www.nikkei.com/

500円（税別）でテレビ東京の人気経済番組が見放題であり、私が特に見ている番組は「モーニングサテライト」です。

モーニングサテライトは、前日のマーケット動向や今後の見通しを市場関係者やエコノミストの方々が解説する番組で、平日は午前5時45分から毎日放送されています。

ビジネスオンデマンドであれば、毎日早くに起きる必要もなく、いつでも見ることができます。

また、野村證券や三菱UFJモルガンスタンレー証券、各FX会社では、口座開設（無料）をすると専用サイトにログインできて、エコノミストや専門家のレポートや動画解説を見ることができるので参考にするとよいでしょう。

● **野村証券のマーケット情報**
https://www.nomura.co.jp/market/#market_info

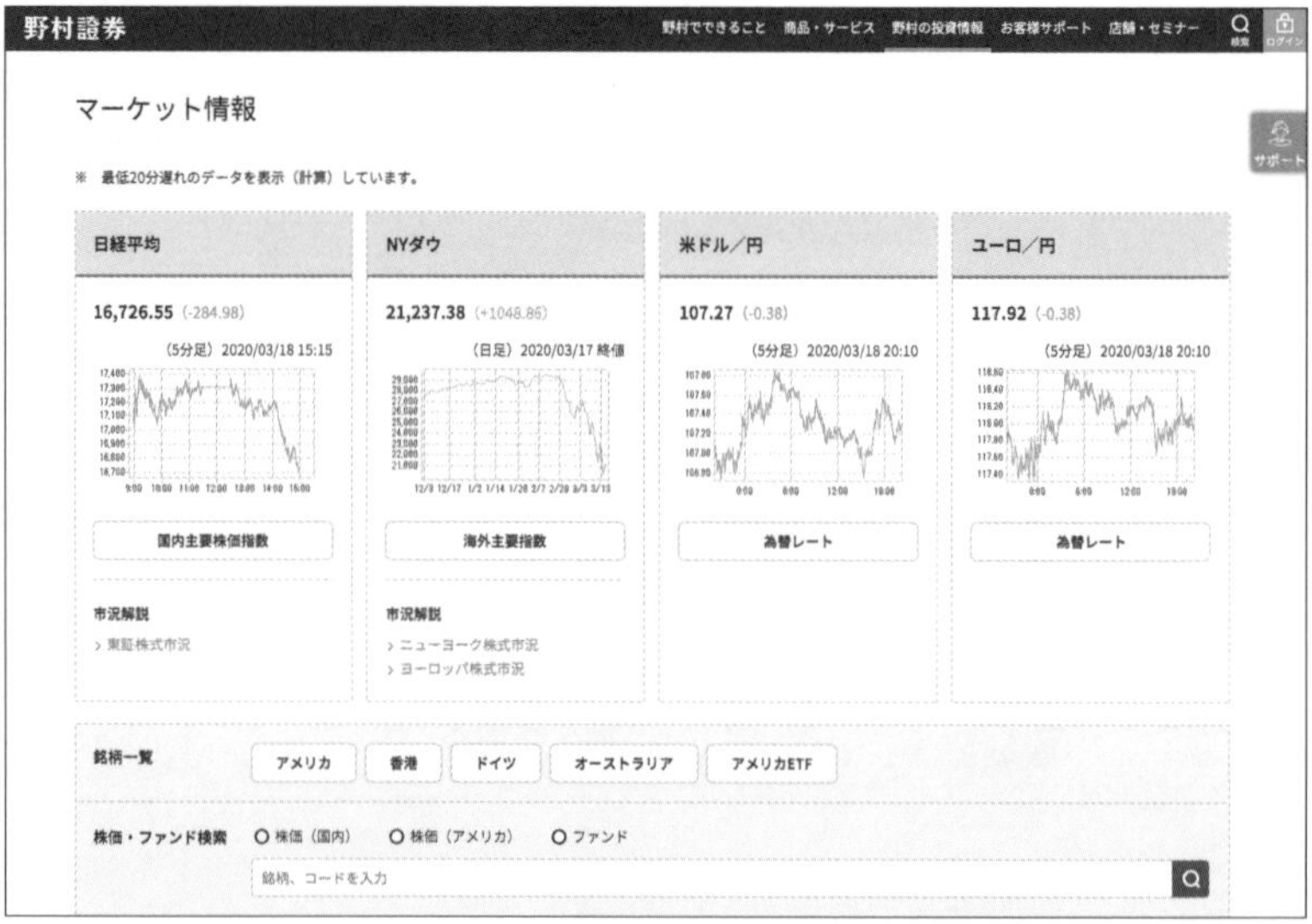

5 毎日のルーティーンを決めましょう

自分の生活スタイルや取引スタイルに応じて、FX投資家は毎日のルーティーンを決めましょう。例えば具体例として、専業投資家と兼業投資家で次のような1日が挙げられます。

● 専業投資家の1日

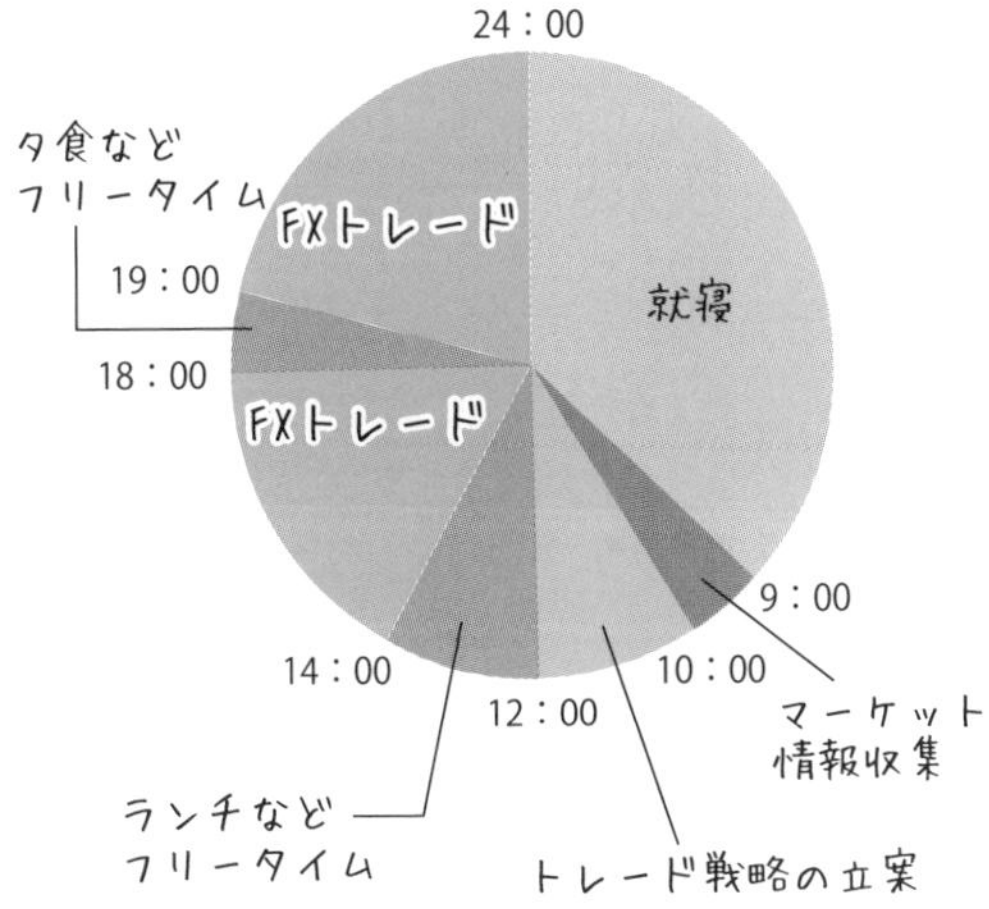

● 兼業投資家の1日

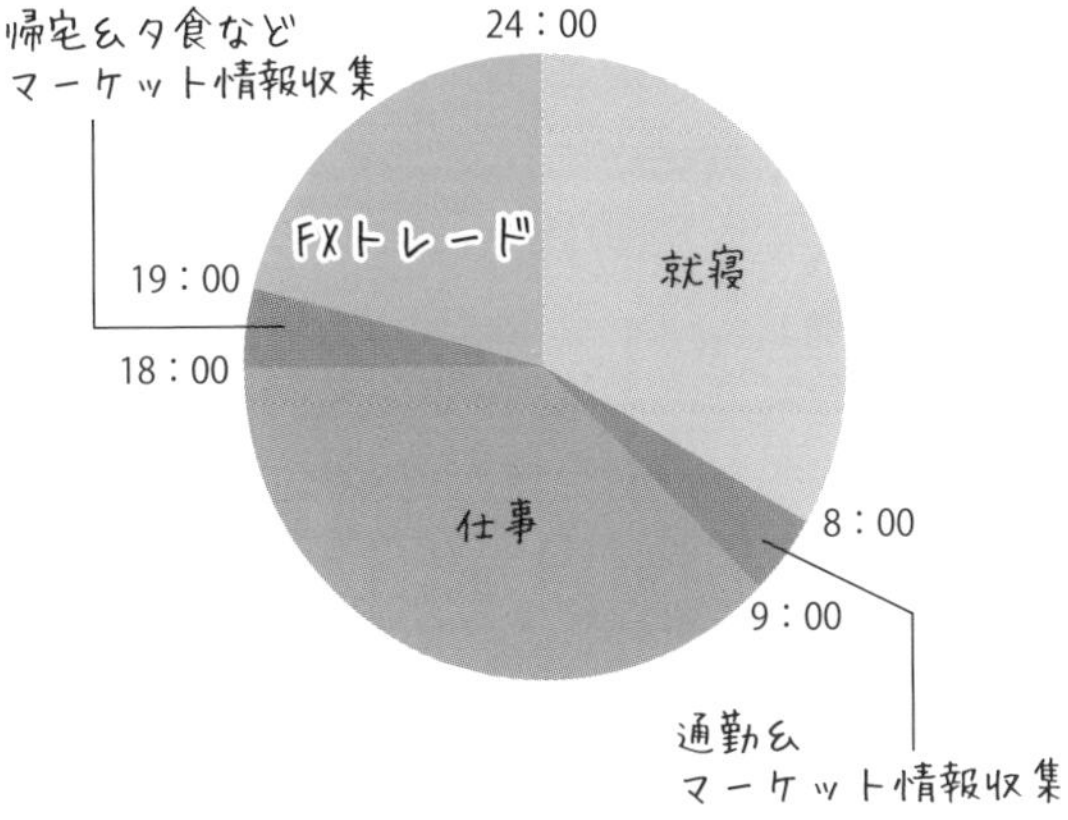

03 収入源の分散化を心がけよう

1 FX裁量トレード以外で稼ぐ方法を身に付けよう

ＦＸで一度稼げるようになると、稼いだ利益を**複利で運用**し、また更に利益が増え、雪だるま式に口座残高がどんどん増えていきます。マーケットで長期トレンドが続くような絶好調の時には、面白いように簡単にＦＸで稼げるときがあると思います。

ただ、ここで注意したいのが、稼げるようになったら**稼いでいるうちに資産を他へ分散投資**するということです。

ＦＸが投資である以上、「絶対に」「１００％」「確実に」稼げるなんてことはありません。今は調子が良いトレーダーも、相場環境は日々変わっているので、いつ歯車が詰まり調子が崩れるか分かりません。

そんな時に、収益の太い柱がいくつもある人であれば、一つの柱が倒れても他の柱がカバーしてくれるので、精神的にも心強いです。私が考えるに、投資で資産を増やし続ける実力者ほど、収入源の分散を心がけているように思います。

相場の世界には「**リスクヘッジ**」と言って、将来起こりうるリスクを予想してそれに備える体制を取る手法があります。そして、リスクヘッジは上級者・実力者であれば誰もが意識する概念でしょう。

逆に、運で一発大きく当てたが、すぐに相場の世界から消えてしまう人は、往々にしてリスクヘッジという考えがなく、今の状態が続くと勘違いしています。

そのため、日々の鍛錬を忘れ、稼いだお金をパッと浪費に使ってしまいます。相場のリスクをしっかりと認識していれば、相場の世界で長く生き残ることができたでしょう。

2 スワップポイント狙いの長期運用や自動売買も分散に有効

私はＦＸの短期トレード以外にも、10年以上の期間で運用する**スワップポイント狙いの長期投資**や、**リピート系のＦＸ自動売買**も運用しています。

これらは、デイトレードやスキャルピングのように短期間で一気に資産を増やすことはできませんが、コツコツ小さな利益が積み上がっていき、10年、20年、30年と長期で考えるとかなりの利益になると考えています。

また、ＦＸ以外にも、**株式投資**や**つみたてＮＩＳＡ**、**投資信託**などで**海外に分散投資**する運用ポートフォリオを構築しています。

相場のモメンタム（勢い）がある時は、短期で一気に利益を稼ぎ、それ以外では長期で積立を行いつつ、じっくりと資産をモリモリ増やしているのです。

一度このような状態になると、毎月の不労所得もそれなりに入ってくるので、例えば、短期トレードで調子が悪く稼げなくなっても、他がカバーしてくれるので何も困りません。

まずは、自分が最も得意とする分野を作ることが大事です。

そして、今回の書籍で解説したチャート分析を使って、ＦＸでトレードをしていきましょう。

その後は、どんどん投資対象や手法を拡大して、リスクを分散しつつ安定的に資産を増やしていくことを心がけていきましょう。

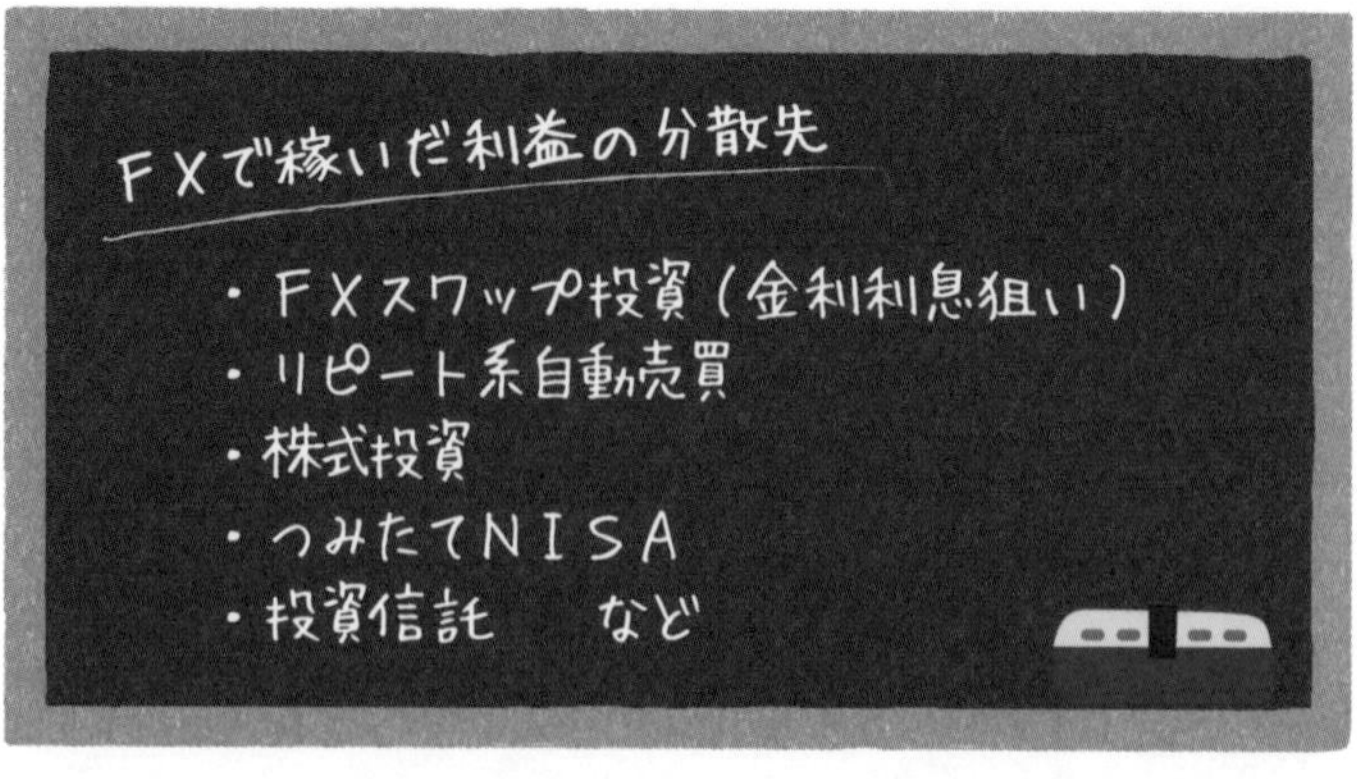
ＦＸで稼いだ利益の分散先
・ＦＸスワップ投資（金利利息狙い）
・リピート系自動売買
・株式投資
・つみたてＮＩＳＡ
・投資信託　など

あとがき

本書を最後まで読まれた方であれば、実際にチャート分析をすると、驚くほど本書で学んだ内容と同じようなパターンが出現していることに気が付くのではないでしょうか?

本書で紹介したチャート分析を徹底して行うだけで、FXの勝率は大きく上がり、利益を残すことができると思います。

ただし、人間は自分のお金でリアルトレードをすると、頭では「ここで手を出してはいけない」「今すぐ損切りしないといけない」と分かっているのに、なかなかその通りに実行できない人がほとんどです。

FXで稼ぐためには、まず自分に打ち勝つ必要がある
頭では分かっているけど、なかなかその通り実行できない人は、相場というより自分に負けている状態です。

また、投資でもスポーツでも何でもそうですが、あらゆる分野で成功している人間は、自分を厳しく律します。逆に、何も結果を出せず上手くいっていない人は、失敗や負けをすぐ他人や環境のせいにし、自分と向き合うことを避けます。

投資でも、失敗から目を避け、責任を他に転嫁することは誰でもできる簡単な行為ですが、それでは一向に成長することはありませんし、成功も訪れないでしょう。

投資は相場という他の投資家との闘いでもありますが、自分自身との闘いでもあります。そして、それは投資を続けていく限り、資産が百万、千万、億と増え続けても変わりません。私も未だに己と戦い続けています。

本書を最後までお読みになったあなたであれば、ＦＸは「努力もせず楽に稼げる」「絶対稼げる必勝法」なんて存在せず、ひたすら地道にコツコツスキルを高めていくことが重要であると理解されたと思います。

そして、ＦＸで上手くいかず失敗が続いた時は、ぜひ本書をもう一度読み返してみて下さい。1段、２段とステージが上がった目線で読むと、また、新たな発見があるかと思います。

最後に、数ある書籍の中から本書を選んで頂きありがとうございました。少しでも皆様のＦＸスキル向上に役に立つことを願っております。

また、ブログやＹｏｕ Ｔｕｂｅなどでも発信していますので、是非そちらものぞいてみて下さい。


元メガバンク為替ディーラーが教えるＦＸ初心者講座（https://fx-megabank.com/）

鈴木　拓也

著者の運営する Web サイト

元メガバンク為替ディーラーが教えるＦＸ初心者講座

https://fx-megabank.com/

著者の運営する YouTube

元メガバンク為替ディーラーが教える FX 講座

https://www.youtube.com/channel/UC1YCT9S8BFkXMYfOn6x0sgg

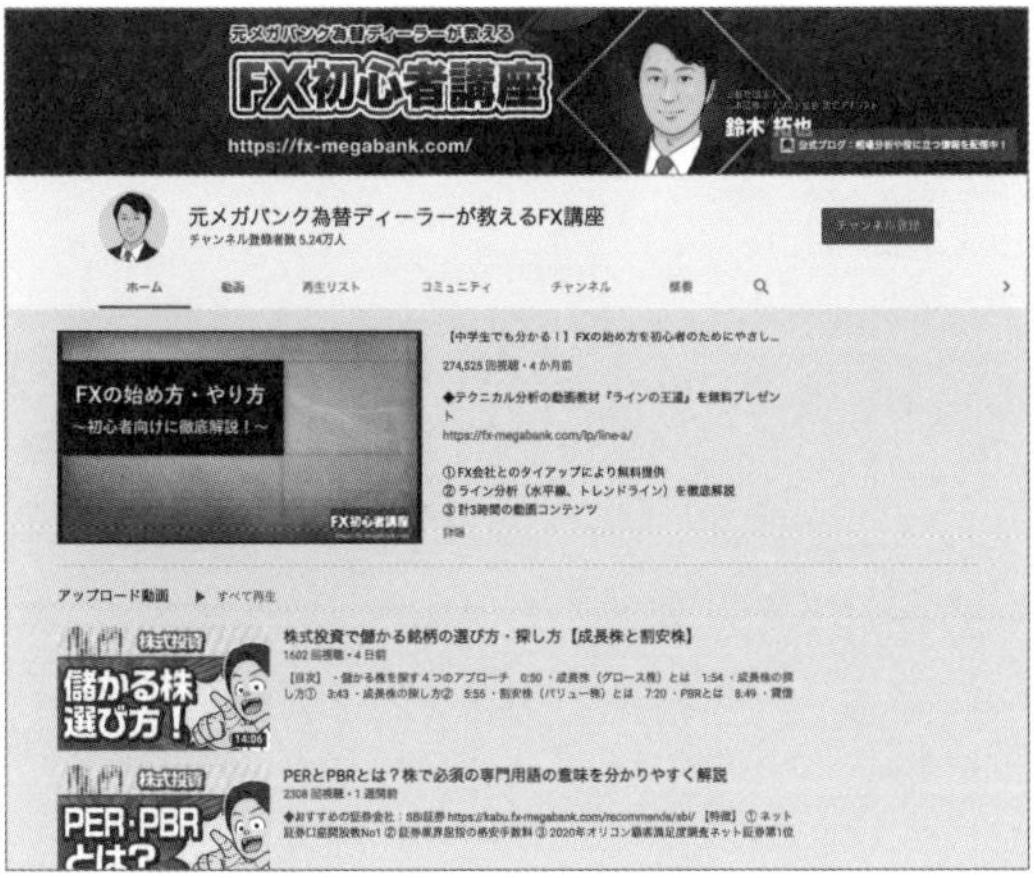

世界一《せかいいち》やさしい　FXチャートの教科書《きょうかしょ》　1年生《ねんせい》

2020年 5 月31日　初版第1刷発行
2024年 3 月31日　初版第5刷発行

著　者　鈴木拓也
発行人　柳澤淳一
編集人　久保田賢二
発行所　株式会社　ソーテック社
〒102-0072 東京都千代田区飯田橋4-9-5　スギタビル4F
電話：注文専用 03-3262-5320
FAX：　　　　03-3262-5326
印刷所　図書印刷株式会社

ISBN978-4-8007-2080-1